大学生涯与职业发展

主　编　张德伟　陈　燃
副主编　张学超　邵光辉　董治安　柴雨萌

哈爾濱工程大學出版社
Harbin Engineering University Press

内容简介

本教材围绕高校学生发展的实际需求，结合新时代“两个一百年”契机下我国职业变化的新要求，挖掘学生自身潜质，引导学生更加有效地把握大学的生活和学业。本教材结合大学生成长需求将生涯理念贯穿生活实践的具体操作，同时兼顾不同高校办学理念和人才培养特色的实际需求，力求编写符合大多数高校学生成长发展路径的生涯规划教材。

图书在版编目(CIP)数据

大学生涯与职业发展/张德伟，陈燃主编. —哈尔滨：哈尔滨工程大学出版社，2019.8
ISBN 978-7-5661-2452-4

Ⅰ.①大… Ⅱ.①张… ②陈… Ⅲ.①大学生-职业高等学校-教材 Ⅳ.①G647.38

中国版本图书馆 CIP 数据核字(2019)第 190163 号

选题策划 史大伟 薛 力
责任编辑 史大伟 李 暖
封面设计 李海波

出版发行 哈尔滨工程大学出版社
社　　址 哈尔滨市南岗区南通大街 145 号
邮政编码 150001
发行电话 0451-82519328
传　　真 0451-82519699
经　　销 新华书店
印　　刷 北京中石油彩色印刷有限责任公司
开　　本 787 mm×1 092 mm 1/16
印　　张 11.25
字　　数 282 千字
版　　次 2019 年 8 月第 1 版
印　　次 2019 年 8 月第 1 次印刷
定　　价 36.00 元
http://www.hrbeupress.com
E-mail:heupress@hrbeu.edu.cn

前　言

一个人若看不到未来，就把握不住现在；一个人若把握不住现在，就看不到未来。生涯发展教育的本质就是：让学生看到自己相信的未来。本教材围绕高校学生发展的实际需求，结合新时代两个一百年契机下我国职业变化的新要求，挖掘学生自身潜质，引导学生更加有效地把握大学的生活和学业。我们针对当前市场上生涯教材较少结合学生成长需求，且未将生涯理念贯穿生活实践的具体操作，也较少兼顾不同高校办学理念和人才培养特色的实际需求这两项不足，力求编写以我校本科学生成长特点为背景，且符合大多数高校学生成长发展路径的生涯规划教材。

在编写上，本书第 1 章“认识职业生涯规划”着重介绍职业生涯规划的含义及其对个人发展的重要作用，通过引用体验活动，帮助学生更加真切地感受生涯规划对个人未来成长产生的深远影响。第 2 章到第 4 章是生涯规划中自我探索部分，包括“兴趣探索”“能力探索”“价值观探索”三部分内容。通过这三个部分探索中的具体活动，引发大学生对个人特质的深入思考，了解并接纳自己的唯一性及与众不同之处，为后续的生涯目标以及行动计划等的制订奠定“知己”方面的基础。第 5 章“自我探索的综合”是将自我探索的三个方面综合，帮助学生形成一个完整、立体的个人特质形象，避免过于强调某一方面的个人特质。第 6 章和第 7 章是环境探索部分，包括“内部校园资源探索”及“外部职业世界探索”，第 6 章侧重大学生在校学习阶段对其进行校园环境以及校园资源的讲解和介绍，同时帮助大学生探索大学成长的不同发展道路，例如：“学术研究型”“复合素质型”“科技创新型”“开拓创业型”“实践探索型”等。第 7 章侧重对校外职业环境的介绍，通过介绍职业的发展历程以及当前职业环境的快速变化，促进学生对职业环境的整体认知。第 8 章是“生涯决策”，指导大学生在面对生涯抉择时如何统筹综合各角度的参考因素，按照理性分析加感性体验的方式选择当前最为适合的目标选项。第 9 章是“制订计划与行动”，帮助学生根据个人行为特点设计制订更加切实可行的行动方案，从而将生涯规划从理想追求落实为现实转变。第 10 章是“生涯的平衡”，生涯规划是学业、生活、情感等多方面综合作用的结果，因此本章鼓励学生关注生涯不同角色间的平衡以及生涯不同发展阶段的平衡，促进个人的全面提升。本书各个章节的顺序是按照生涯规划的基本流程编写，这是人们进行规划的探索步骤，因此我们建议大家按照章节的先后顺序进行阅读、学习，当然对于具有一定生涯规划能力的学生而言，也可以着重关注某个章节内容。

本书每一章大致分为如下几个部分：

- “知识点导读”：说明本章重点内容、需要掌握的相关方法或技能。
- “生涯故事”“生涯故事讨论”“案例总结”：以大学生身边发生的典型案例为导入引起学生对本章内容的共鸣，通过案例故事后的话题讨论促进学生带入个人观点并对话题进行深入思考，最后以总结的方式帮助学生对相关问题形成全面、正确的观点认知。
- “生涯理论”：介绍该章节涉及的职业生涯规划理论知识，促进对该章知识的深入理解。

• “训练活动”:介绍与该章内容相关的训练活动及实践操作方法。

• “深度阅读”:针对希望深入了解该章知识的人群,助其拓宽相关知识的应用层面。

• “课堂收获”:使学生加深对大学生涯与职业规划的理解,逐步明确自己的发展定位并设立自己的职业目标。

• “推荐阅读”:提供继续学习的其他资源或途径。

本书适合作为教师的教学指导书籍,授课教师可以根据各章中的“生涯理论”“深度阅读”“推荐阅读”等部分学习相关课程知识,借鉴“知识点导读”设计教学安排,并参考“生涯故事”“生涯故事讨论”“案例总结”“训练活动”等部分内容丰富教学资料。

本书也适合作为大学生个人自学的指导用书,学生可以根据“生涯故事”找到符合个人需求的章节,并通过“生涯故事讨论”和“案例总结”对相关问题进行深入思考并初步形成认知。此后通过“训练活动”中提供的相关活动内容进行自我的探索与分析,寻求对于生涯困惑的答案。对于希望深入细致了解生涯相关知识的学生,可以通过“生涯理论”和“深度阅读”得到更加专业的讲解和扩展。

本书虽已校核,但疏漏之处在所难免,广大读者如有意见和建议,欢迎致函作者邮箱,收件必复。最后衷心希望关注生涯成长发展的教师或学生细细品味,本书的出版如能对教师教学或同学们生涯发展有所帮助,我们全体编委将不胜欣喜,也衷心期待大家在未来人生道路中勇往直前,所向披靡!

编　者

2019 年 6 月

目　录

第1章 认识职业生涯规划

【本章回答的问题】

- 什么是职业发展?什么是职业生涯规划?
- 如何规划自己的大学生活,让它既丰富多彩,又充满“正能量”?
- 在重要抉择时迷茫,该如何进行选择?有效的决策方法都有哪些?
- 大学的时间都去哪儿了,我该如何制定我的大学生涯规划?

1.1 知识点导读

(1)掌握大学生涯规划基本方法和步骤,树立大学生正确职业发展与人生层面长远规划理念,培养职业生涯规划意识,结合自身实际情况,科学制订自我;

(2)认识职业发展及大学生涯规划重要性,增强职业发展和就业意识,主动将生涯规划理念融入大学生活;

(3)认识职业生涯规划将为同学们提供人生选择的独特思维方式,铸就属于自己的成长模式。

1.2 生 涯 故 事

李泽的专业选择

李泽是土木工程专业大一学生,高中时期就对小发明、小创造有浓厚的兴趣,上了大学之后希望多参加一些科创比赛。但是他的母亲反对,母亲认为学好理论知识才是最重要的,毕竟上学是以学习为主的;他的父亲则认为他应该多参加学生社团活动,提高自己的综合能力,为以后找工作打好基础。三种选择看似都有道理,李泽很苦恼,不知道哪一种才对自己的未来比较有利。

工科学生大学学习期间,有五种可参照的成长路径:学霸型、科创型、创业型、综合型、随波逐流型。李泽想要走科创这一条路,因为他觉得做科创不是不务正业,自己很有兴趣,并且愿意为此付出全部的时间精力。为了安抚父母,他和父母说:有很多科创“牛人”通过参加科创比赛获得了很多硕果,比如各种资助和奖励、荣誉证书、个性化保研资格等,自己为什么就不可以做到这些?为什么做科创就不能学好专业知识?科创型人才的简历怎么就比不过综合素质型人才的简历呢?做科创明明就是把自己的专业知识学以致用,人各有志,李泽觉得自己就是喜欢科学研究。但是他的父母还是表示不理解,让李泽更加苦恼。

1.3 生涯故事讨论

阅读“生涯故事”,思考下述问题,并将你思考后的答案记录在下面。

(1)“我”这样理解这个故事:

(2)这个故事中,李泽对自己的成才之路有哪些看法:

(3)如果我是故事的主人公,“我”的选择是:

(4)如果我是学生家长,“我”的选择是:

(5)如果我是职业生涯咨询老师,“我”的选择是:

(6) 以上各种选择之间的差异是怎样的?“我”最终的选择是:

(7)这个故事给“我”的启示是:

1.4 案例总结

在职业目标选择中,我们时常为自己划定很多条条框框,认为自己这个不合适,那个不喜欢,如同戴着枷锁跳舞一般,把自己限制得死死的。案例中,李泽对自己的评价是“喜欢科创,愿意为此付出全部时间精力”,因此得出的结论是“我就要这一条路,只想专心做科创”。但事实并非如此,很多时候事情不是只有一个选择,有些时候科创可以和其他事情并行。很多学生中的“大神”都是科研能力高超,同时学习还很好。李泽完全可以在课上好好听讲,课下好好做科创,抽出时间参与一些学生活动,提升自身素质和能力,也许毕业的时候会有更多的惊喜等待着他。所以在考虑问题时,我们需要时刻警醒地认识到这些“非理性观念”(大众通常会通过小概率事件衍射整体发展趋势,在短期或者试验基数极小的情况下得出先入为主的理论偏见,这种现象严重影响整体发展趋势的准确性,这就是所谓的“非理性观念”)。

在中国的传统教育中,常常有“只有成绩好的孩子,才值得爱”的说法,使得父母的爱只是关注于孩子的外在成绩,而忽视了孩子的内心感受,孩子的兴趣、爱好,甚至是价值观被长期束缚。在升学录取、专业选择等重要决策时,往往由家长和老师包办代替,以至于孩子长大成人后面对纷繁的人生时往往无从下手,左右为难。想要解决这个难题,首先要利用合理的沟通手段帮助他学会思考,用正确的途径解决问题,进行爱好、人格、个人技术等方面的探索,不断澄清自己,再结合外部环境,综合各方面影响因素做出正确的决策和判断。

1.5 生涯理论

职业生涯规划的重中之重是:理清生涯与职业生涯之间的相关性,在探索两者关系的联合性时,还需了解职业生涯定义与实践过程的特点、形式、外部因素、拓展概念、存在方式及实施方法。

1.5.1　生涯

“生涯”在我国最早出现在庄子“吾生也有涯，而知也无涯”中，“生”意为生命，“涯”意为边界。从生而为人，至落叶归根，人生的整体过程有开端有终点，这就是生涯的全部人生含义。“career”在英语中就被翻译为生涯，原意为“带有两个圆形轮子的马车”，我们可以引申为人生之路、人生轨迹或者人生轨道。舒伯作为职业领域非常有权威的研究者，认为“生涯”可以解释为生活事件变化推进的方向和过程，浓缩集合了个人一生之中的各种角色和职业，并推演成为带有个人特色的发展状态。

“生涯”这个透着学术化色彩的词，在正常的人类实践过程中，更容易被替换成易于理解的另一个词语——“人生”。生涯可以由三个完整层面组建：岁月，即人类的年龄或生命的演进；范围，即人之一生所扮演的各种角色；深度，即人类投入角色的精力与成本。总而言之，生涯在整体性表达方面是宽泛复杂的，具有极其宏大立体的内涵与表征特性。在职业生涯学科推进的过程中，出现众多观点分歧，但是众多学者最终达成一点共识，就是职业生涯可以反映出生涯的基本特征。

一是独特性。人生中的职业发展都是独一无二、各具特色的，同一种职业可以由很多人来承担，但是生涯却是每一个人独有的。独特的个性表现以及对待事物的价值取向都有特别明显的自我烙印。因此，在同样的职业中，每个人做出的努力不同，其得到的事物反馈也存在明显变化。我们的世界没有完全相同的物质存在，千姿百态、绚丽多彩构成了这个雄壮宏伟的世界，每个人都有自己专属的生涯，不会与他人相同。

二是终身性。生涯是一个人一辈子的事情，包含求学、就业、退休后的生活，它是一个终身发展的概念。在人生不同的阶段，都有自己不断的发展、追求和任务。如果今天做一个生涯规划，明天又有别的生涯规划，就不能称为生涯规划，只能算是计划而已。这个蜕变与发展的生涯历程，就是我们整个的生命历程。

三是综合性。生涯是人生扮演的各种角色的整合。职业不能占据我们整个生命长度，即使在“职业人”阶段，职业也不能占据我们生活的全部。我们除了从事职业，还要担当家庭和社会角色，如子女、父母、朋友、学生、公民等。生涯是一个综合的概念，它包含了人生整体发展的各个层面。

四是发展性。生涯是人生发展的整个历程，贯穿人从生到死的过程，且在人生发展的不同阶段呈现出不同的形态和特点，因而具有发展性，且随着个人成长、经验积累、社会发展而变化。

1.5.2　职业生涯

职业生涯是指人类作为单独个体，在一生中全部与职业行为相关联的行为活动及有关认识程度、价值取向、个人意志及愿望等持续发展性过程。从具象层面分析，其是以个人心理状态、生理反应形式、智慧发展程度、专业技能掌握情况、人文伦理等关于独立人的潜能开发为典型基础，以个人工作行为确定性和动态发展变化、日常生活工作成绩的审核、福利薪资，以及工资待遇情况、个人职称、职务变动为主要标志，以满足需要为原则的实践和内心层面的活动体验的总结经历。

在分类层面，其通常可分为外职业类型和内职业类型。

内职业生涯的发展是外职业生涯发展的前提,内职业生涯的发展带动外职业生涯的发展,它在人的职业生涯成功乃至人生成功中具有关键性作用。因而在职业生涯的各个阶段,我们都应重视内职业生涯的发展,尤其是在职业生涯早期和中前期,我们一定要把对内职业生涯各因素的追求看得比外职业生涯更为重要。

1.5.3 职业生涯规划

1. 职业生涯规划含义

生涯规划,即面对自己未来做好构思和安排,针对预期的目标,配合时间先后,加以有效处理。职业生涯规划,又称为“职业生涯设计”,是指个人结合自身情况及眼前机遇和制约因素,为自己确定最佳的职业奋斗目标,选择职业发展道路,确定教育、培训和发展的计划等,并为自己实现职业生涯目标而确定行动方向、行动时间和行动方案。

2. 职业生涯规划类型

按时间维度,职业生涯规划可分为以下四种类型:一是短期规划。即1~2年的规划,主要是确定近期目标,规划近期所要完成的任务;二是中期规划。一般指2~5年的职业规划,是最常见的一种职业生涯规划;三是长期规划。一般指5~20年的规划,主要是设定一个较长远的职业目标及为此制定具体的执行措施;四是人生规划。指整个职业生涯阶段的规划,时间长达几十年,主要是设定整个职业阶段的发展目标和行动规划。

3. 职业生涯规划内容

职业生涯规划主要有三个方面的内容。一是个人特质的澄清与了解,包括个人的需要、兴趣、能力及价值观等。了解自己,是职业选择或生涯设计的最基础要求。清楚知道自己的优缺点,在进行职业生涯规划时,可加重对自己最有利的选择筹码。二是教育与职业资讯的准备,包括了解行业的特性、工作内容、工作发展前景、从业所需能力、从业待遇等信息,并积极做好职业发展所需的教育背景、经验和能力的准备。个人可以通过家人、朋友、师长等,书籍、视听材料及网络媒体等渠道获取资讯。如果缺乏对职业世界的了解,职业选择时将会盲从,不切实际,个体的职业认定也更加容易受到刻板印象或他人观念的影响。三是个人与环境关系的协调,环境因素大多是指社会、经济、文化、组织、家庭和机会因素,这些往往是个人无法掌握或控制的,如家庭重要成员的意见、社会重大事件的影响或区域的经济发展状况等。这些因素可能是助长因素,也可能是限制因素。提前了解和判断环境因素,将有助于个人顺应环境发展趋势,积极把握有利资源,避免那些与环境、现实条件相悖的选择。

1.6 训练活动

练习1:画出你的生命线

在一张空白纸的中央画一条水平线,在线的最左边标出生时间,在线的中间标现在时间,在最右边标未来时间。然后回顾成长过程中的里程碑或特殊事件,按时间顺序,用一个点表示,正面经验的点标在线的上半部分,负面经验的点标在线的下半部分,(从现在往后的部分你可以在稍后预想)然后依照顺序连接起来,如图1-1所示。

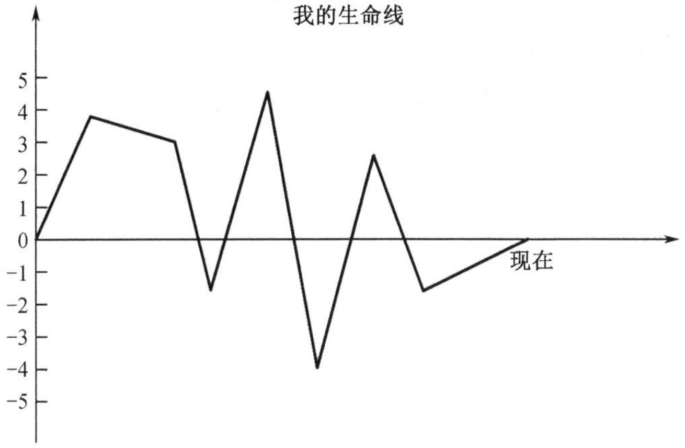

图 1-1　生命线

通过生命线，你能看到生命故事的起伏跌宕，而当下只是其中的一个点。当我们拿出这线中的任何一个点，你都可以讲一段生命的故事。所不同的是：你是站在主导者的角度还是受害者的角度。不同的角度会讲出不一样的故事，并影响未来的建构，学生在小组内分享自己的生命线的故事，开始不断澄清和认识新的自己。

练习 2：生涯彩虹图

生涯彩虹图体现了人生各角色的投入程度随时间维度变化而发生变化的过程，如图 1-2 所示。为学生提供了一个参考框架和思考平台，审视自身对职业、家庭及其他生涯领域的关注程度，尤其是角色转换过程中的思考。从彩虹图中，首先可以看到，人生的每个阶段都有当下最重要的角色任务，所以角色安排要有轻重缓急。其次，人生的大部分阶段都不会只有单一角色。再次，学生的工作者角色出现在人生最精华的年龄段（25 岁以后至 65 岁左右），从长度、宽度、厚度来看，都占据了极其重要的部分，因此，职业角色是我们一生的核心角色，需要特别关注。

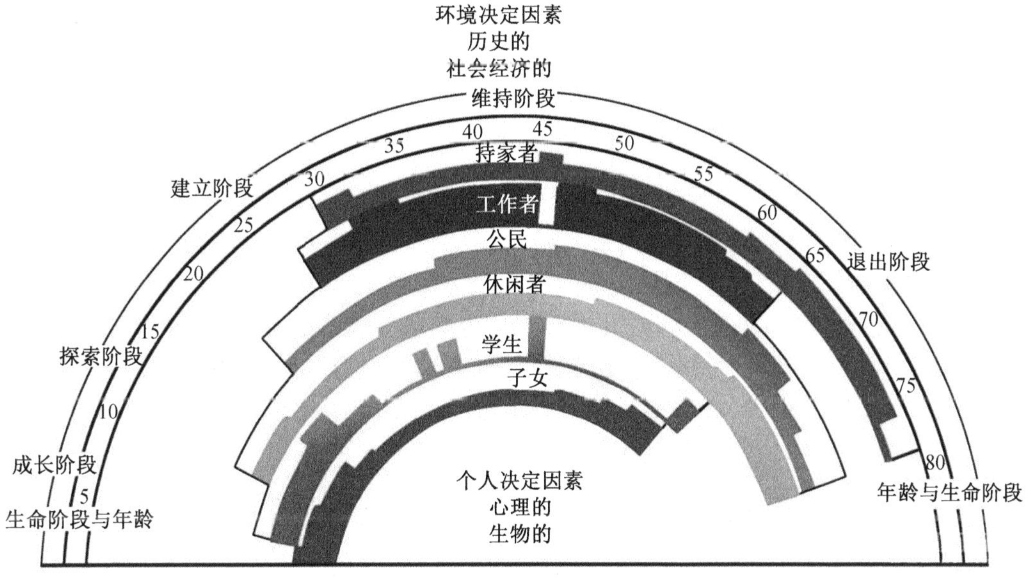

图 1-2　生涯彩虹图（舒伯，1984 年）

生涯彩虹图中将生涯长度、宽度及厚度做了立体、直观的呈现。对学生个体而言，更要关注生涯角色如何在所处的环境（家庭、学校、社会环境、工作场所等）中通过各种有计划或非计划事件（如上学、入职、结婚、升职、生育、退休等）加以铺陈及演进，学生个体是如何在这个过程中促进、成就自身发展的。

1.7 深度阅读

1.7.1 生涯理论与你：职业生涯发展理论简史

特质论：人职匹配，机械－齿轮

1910 后，工业革命后期，大量专业职位空缺，无业农民急需工作。

生涯发展论：完成任务，旅途－路人

1950 后，二战后，渴望稳定与幸福，人本主义思潮。

学习适应论：持续发展，环境－生长

1970 后，后工业时代，职业加剧变化，人的终身学习。

建构论：意义价值，画布－艺术家

2000 后，信息时代，无边界与多变职业，内在与外在成功。

1.7.2 匹配（帕森斯，特质－因素论，1909 年）

合适的才是最好的，选择和努力同样重要。既然没有勇气回去重考，也没有机会转专业，也接受不了肄业，那么只能接纳当初准备不足或者盲目选择带来的现实，因为历史没有“如果”。你还可以翻盘，那就是准备跨专业就业或者立志跨专业考研，而不是以不感兴趣为借口，让自己在游戏和刷剧中沉沦。想一想，高中的那些课程，你也无所谓兴趣不兴趣，照样通过了考试，这就说明，你的学习能力是没有问题的。人无完人，匹配而已。上了大学，就不要再抱怨你的学校和专业，毕竟，今天的选择和你高考的分数是匹配的。结婚后，就不要再挑剔你的配偶，正是因为对方的不完美，所以才选择了你。

1.7.3 平衡（舒伯，生涯发展理论，1957 年）

不要担心这个阶段的不匹配，可以为实现下个阶段的匹配去卧薪尝胆。

人生有不同的角色，不要顾此失彼，要学会平衡。有本事玩游戏，就要有本事不挂科，这就叫角色平衡。真正的学生干部，是学习和工作两不误，否则，你只能叫干部，不能叫学生干部。未来，你找到的任何工作，其内容都是由两部分组成的，一部分是你喜欢的，一部分是你不喜欢但又不得不完成的，所以那些枯燥的、你感觉没用的课，其实是用来锻炼你的平衡和适应能力的。今天，你遇到的所有奇葩，将来走向社会都会遇到。所以逃避成长是不可能的，你必须学会与狼共舞，让自己将来更好地适应社会。

1.7.4 适应（工作适应论，1964 年）

只有组织满意度和个人满意度保持平衡的时候，才算你真正适应了环境。

相对于个人的兴趣和性格而言，找工作主要看你拥有的技能和当下的需要。因为你的老板只会关注“你能不能干好”，不会关注“你是不是喜欢”。对于找工作，原则上你喜欢什么就可以做什么，事实上你只能在自己可以胜任的工作中选择一个待遇相对好的。你期待通过工作满足自己的需要，而工作唯一考核你的，就是你的工作能力是否达到了组织的要求。学习的动力在哪里？看看外面的房价，查查银行的余额，再看看企业的招聘要求，以及照照镜子……你可以不喜欢你的专业，那么，你又为自己喜欢的专业做什么了？所以，很多时候，你不是不感兴趣，只是因为懒。面对挑战，我们永远只有两个选择：要么认命，要么拼命。

对于那些注定改变不了的人和事情，我们只能降低期待，否则，就会持续撞墙。

成功者才有机会改变规则，失败者永远在抱怨规则。所以，假如你看不惯，那就选择励志，这样才有可能成为规则的制定者。

1.7.5　选择（CIP 理论，1991 年）

造成决策困难的原因主要有三种：信息不足，方法不会，信念不对。暑假去参加社会实践，有助于你了解真实的自己和现实的世界。很多时候，你缺的不是选择，而是行动。要不要考研呢？跟着已经决定考研的同学复习两个星期，你也就有答案了。要不要读博呢？联系导师，然后坚持每天看 3 个小时导师指定的文献，一个月之后，你也就坚定了。完美的选项是不存在的，我们必须学会取舍，而且，一旦选择，必须付诸行动。跨越选项看目标，才是选择的根本。所以，如果你不知道你要去哪里，那么对路径的比较是没有意义的。打开导航系统选择路线，你必须先输入目的地和始发地。所以，你不是缺乏选择，而是目标和个人定位不清。无论是考研、找工作、考公务员、创业、出国……这些都不过是你实现自己未来目标的途径而已，所以，当你面临这些途径选择的时候，不妨停下来，问一问自己：无论将来做什么，我期待的生活究竟是什么样的？哪个选择会让我离那里更近？无论是和谁结婚，你都可以想一想：我要的生活究竟是什么样的？可以和我共建这样生活的人必须具备哪些条件和品质？去幼儿园和小学门口转转，你就会发现：婚姻根本不是两个人的事儿，一定是两个家庭的结合。所以，到底是众叛亲离只为爱情，还是理性选择共创和谐，自己想一想吧。

1.7.6　学习（SCCT 理论，1994 年）

恰当的自我效能感可以避免我们眼高手低和妄自菲薄。自己到底几斤几两，还是要在实践中去探索和客观认知。兴趣是可以被培养的，自我效能感和结果期待是提升自控力的根本。很多时候，你不是不感兴趣，而是没有勇气去尝试。

不要过早地排除那些你不了解的选项。失恋了，更应该努力，让自己变得更加优秀，否则，怎样让前任后悔，让现任坚定，让暗恋开口。抛弃你，是他的错，毁掉你，是你的错。敌人的强大带给我们的压力，远远小于朋友的幸福。幸运绝非偶然，准备得越充分，你会越幸运。

1.7.7　行动（后现代主义：叙事疗法，焦点短程解决技术，教练技术等）

阻碍人们行动的三大原因：目标不清，动力不足，计划不合理。

目标不清,要去具体化;动力不足,要澄清趋利避害的价值;计划不合理,要引导其考虑现实性。你说的要多读书,具体指的是用多长时间?读多少本?读到什么程度?根据以往的实践经验,你觉得什么样的计划对你来说是靠谱的?

你说要提高自己的英语水平,怎样才能算你的英语水平比现在有提高了?在不影响正常工作和生活的前提下,你觉得什么样的学习计划是合理的?当你遇到挫折和挑战,甚至想要放弃的时候,什么样的信念可以刺激你?瘦身计划总是不成功,我们还是先理清一下,瘦了到底对你有什么好处?不瘦又有什么可担心的?假如既没有什么现实的好处,也没有什么可担忧的,就说明,你的内心其实已经接纳自己了,你要做的就是释然。当改变的痛苦远大于维持现状的痛苦的时候,人们就会选择放弃改变。“不积跬步,无以至千里”,成功都是从量变到质变,而不是一键切换。梦想总是要有的,去试一试吧,万一成功了呢!万一放下了呢!万一有意想不到的收获呢!

1.8 课堂收获

1. 在本单元中,给我留下最深刻的理论知识有哪些?
2. 在本单元中,我的收获和提高有哪些?

1.9 推荐阅读

1. 古典. 拆掉思维里的墙[M]. 北京:北京联合出版社,2016.
2. 费瑟斯通豪. 远见:如何规划职业生涯3大阶段[M]. 北京:北京联合出版社,2018.

第2章　兴趣与职业发展

【本章回答的问题】

- 如何运用职业兴趣相关理论,找到自己合适的目标?
- 如何通过兴趣探索自己的职业方向?
- 如何结合兴趣探索作出正确的职业选择?

2.1　知识点导读

(1)学习职业兴趣相关概念和理论;
(2)掌握培养职业兴趣的方式方法;
(3)培养兴趣,提升职业选择的能力。

2.2　生涯故事

李倩的困惑

李倩是一名刚刚进入大一的女生(贫困生),高中毕业以较好的成绩考入了某知名高校工程力学专业。她现在的成绩在工程力学专业排名前二,但工程力学并不是李倩的第一志愿(调剂的第四志愿)。根据她现在的表现,在工程力学专业将来是有可能获得国家奖学金的(奖励金额8 000元)。但她想转到自动化专业,因为这个专业是她高考填报的第一志愿。她也了解到自动化专业里面学霸很多,到这个专业获国家奖学金的可能性很小。同时,李倩对力学兴趣虽然不是很浓,却也并不反感。但是如果放弃了转专业的机会,自己心里又觉得遗憾。并且转到新的专业,就要离开自己的室友,去融入新的集体,自己真的能做到吗?如果她转去了这个专业,没有很好地融入集体,和原来的同学也疏远了,那怎么办呢?眼看转专业的申请时间一天天临近,机会又只有一次,李倩真的是不知道该怎么办才好。人生没有预演,每一天都是现场直播,在得与失之间抉择,真的就是与未来的一场博弈!

2.3 生涯故事讨论

阅读“生涯故事”，思考下述问题，将你思考的答案记录在下面。

1. 李倩的困惑是什么？

2. “我”认为根本原因是：

3. 如果我是故事主人公的同学，“我”会这样解开这个困惑：

4. 如果我是学生的家长，“我”会这样建议：

5. 如果我是被咨询的职业发展课程教师，“我”会这样建议：

6. 这个故事给予我的启示是：

2.3.1 案例总结

从这个案例中，我们可以看到李倩的困惑在于是遵从自己的兴趣转专业，还是继续学习兴趣不浓但也不反感的力学。李倩之所以会有这样的困惑，根本原因在于她对自己的职业兴趣没有充分了解，不知道自己未来的职业方向和目标。这个故事告诉我们高考填报志愿，结合自己成绩的同时，应尽可能地遵从自己的兴趣倾向来选择相关专业。

2.3.2 兴趣理论

1. 兴趣

兴趣是人类在获取认知、了解随机情况下客观的物体，并高频率参与此种形式的积极心理趋势；换句话说，就是人类利用正向态度寻觅随机事物的理解倾向。根据目的性的不同，可分为直接、间接两大类。对于歌唱、摇滚、书法、歌剧、羽毛球的自然喜爱，很大程度上是因为活动的本质会对个体产生积极引导，通过多样性的活动激发自己的兴趣，并得到让人回味的满足感，这通常被定义为直接兴趣。数学对于大多数人来说都是复杂又阻隔重重的，但这并不妨碍你对它依旧保持兴趣，显然学习数学并不会在精神和身体上令你得到放松和舒适感，但是学好数学的好处，你是非常明确的，社会上多少高精尖的工作需要数学的思维能力，多少前沿技术以及自然学科的科研试验需要扎实的数学功底做铺垫，是这些影响你人生轨迹的结果和不得不努力的客观现实在吸引你不断学习数学，这我们总结为间接兴趣。

两者之间的联系密切，在大多数情况下可以进行转化融合，高效率活动以及正向人生态度都隐含着两者密不可分的关系。兴趣对人生求职路以及工作态度有着至关重要的影响，概括总结为以下三个部分：生涯抉择路依据兴趣来铺设；工作绩效提升依靠兴趣来激发，并充分展现个人才华；确保职业稳定以及劳动可心度维持高水平的绝对因素。

2. 职业兴趣

职业兴趣是单一群体向往特定职业进展中展示出来的独特性取向。可令单独群体在选择职业过程中凭借择优权考虑部分职业，这种方式对于定位和选择职业意义深远并影响深刻，这样的选择能够正向影响办公效率以及潜在待发掘能力。人所具有的对某一事物的兴趣不会自动去改变，这一特性对于人生选择及生涯发展的基础稳定性会起到一定作用，可是按照实际情况与需求来看，个体完全可以凭借不懈的努力、从一而终的规划、坚定信念的改变、全面丰富的发展来培养。通常可以按照以下五大方向进行优化：培养广泛的兴趣；将积极培养间接性兴趣作为重点；整体规划中需要明确中心兴趣；在业余时间积极进行职业实践培训；公正并理性评价个人能力从而明确兴趣。

2.3.3　兴趣类型理论：霍兰德兴趣模型

既然兴趣如此重要，那么很多学生会不禁发问：我的兴趣是什么，又有哪些职业可以让我废寝忘食去努力？我们首先应该弄清兴趣究竟有哪些类型。

1. 核心假设

谈到兴趣类型，就不得不提起霍兰德，他曾于 1995 年获美国心理学会颁发的杰出贡献奖。职业兴趣六边形模型（RIASEC）确立了职业咨询的权威地位，他制作的量表在全世界都有极为广泛的应用。

霍兰德兴趣类型理论有四个核心假设：

a. 霍兰德六类（现实型（R）、研究型（I）、艺术型（A）、社会型（S）、企业型（E）、常规型（C）），总结人格特征；

b. 人类所处环境通常也会相对应地具有六大类；

c. 人们寻求能够与自己兴趣、能力相匹配的职业环境，如现实型的人倾向于去寻找现实型的职业环境。

d. 单一个体所具有的兴趣与个体从事具体职业类型的匹配程度确立了职业稳定度、满意性和个人价值成就感。

2. 类型特点

了解了职业兴趣六大类型的名称及其相互之间的关系之后，也许你会问：这六大类型的个体各有什么特点？又适合什么职业环境呢？下面我们对其进行详细的描述。

a. 社会型（S）

个人特征：乐于主动与陌生人进行沟通，结交新朋友的意愿强烈；与人沟通能力卓越，对于国家大事以及时政新闻都有欲望发表自己的想法；渴望在社会环境中扮演重要角色，在社会义务与责任层面有强烈的参与感，并具有维护社会道德的强烈使命感。

典型职业：最常见的职业选择为教育工作者，包括各种教师、教育行业的行政人员；社会工作人员包括实践咨询人员、企业或事业公关人员。类似职业共性特点为：愿与人打交道，从事资讯传播、协助、启蒙、救助、拓展开发等事务。

b. 企业型（E）

个人特征：对于事件的最终结果、目的方法、利益得失性考虑深远，有满腔热血、雄心壮志，自身具有一定的领导能力；在与人竞争、试图冒险等情况下都有强烈的喜悦感；习惯性以掌控权力大小、社会地位、金钱等，通常喜欢衡量办事潜在价值。

典型职业：最常见的职业选择为项目部门经理，国家政府机关的工作人员、律师事务所律师、私企领导者。这些职业人都具有相似的职业特点：具备监督管理能力、领导团体能力、经营实践能力。

c. 常规型（C）

个人特征：对于其他个体的领导持接受态度，对于权力和社会地位的渴望程度相较于其他类型人才更低;尊重当权者的权威地位,尊重领导人颁布的各项规章制度;办事心细、按部就班,能够按照事先的计划办事。作为社会人特征方面,更喜欢以明哲保身、谨小慎微的方式处于职业环境中,虽然自身对于冒险和相互竞争并没有极大的兴趣,但是在关键时刻的自我牺牲意识明显。

典型职业:最常见的职业选择为打字复刻人员、经济出纳员、博物馆及图书馆归纳人员、行政机构经理助理、精算师、文秘、办公室白领等。在细节上极其注重,对于细小精确的琐事有足够的耐心,对于条理不清的事件可以进行系统、规范化整理。

d. 现实型(R)

个人特征:反感与人保持长时间的社交活动,不善于与人沟通,对待事物发展层面持有保守状态;利用工具进行实务操作能力强,手脚灵活,身体协调性能好;对待人与事物的态度都比较谦虚,非常喜欢独自完成各种事情。

典型职业:最常见的职业选择为技能型(瓦匠、技术工人、汽车或机械修理工、木匠、中西餐厨师、种植作物型农民);技术型(各种高精密技术机械装配工、软件及计算机硬件修复人员、人像摄影师、胶卷制作员)等,擅长利用各种工具、机器并通过极强的动手能力来进行社会效益型工作的职业。

e. 研究型(I)

个人特征:与实际型人员的特点相反,研究性人员的动手能力较弱,但极其擅长利用抽象思维能力联想与构思新事物的运行规律;乐于动脑来解决问题,在独立创造新事物方面有着极强的理解能力,拥有渊博的学识和智慧的大脑;大脑的逻辑分析能力突出,非常喜欢精确统计分析,不断探索未知的领域。

典型职业:最常见的职业为科研开发人员,在进行估测数据、衡量事件进展趋势、观察事物发展模式、完成技术路线理论分析等方面极为擅长。

f. 艺术型(A)

个人特征:艺术型人才的自我表达能力优于众人,对于新鲜事物与怀旧主义精神的包容度都极高。乐于创造新鲜独特、独一无二的成果,渴望展示个人的风格;做事情讲究理想完美主义,但有时会不切合实际,艺术型人才通常难以被掌握其想法,心态较为复杂。

典型职业:最常见的职业为艺术型(话剧导演、室内设计师、摄影师、电视广告制作人、雕刻艺术家、演员等),音乐型(古典歌剧演唱家、词曲设计人、乐队指挥),文学型(长篇、短篇小说家,现代诗人)。

作为社会个体,能够同时顾及个体以及环境的选择是极其不容易的。举个例子来说:艺术类型中的现代诗人如果可以在一个开放、自由、思想跳跃的工作环境中进行艺术创作,这可以成为完美契合的“人职协调”。可想而知,任何人都希望工作环境是舒适无压力的,在舒适的环境中能够最大程度地激发创作灵感,并且工作效率会大幅度提升。退而求其次,第二种情况是“人职次协调”,举例来讲,就是将研究型人才放在适合现实型人才的环境中,虽然这并不属于最优搭配,但是由于现实型与研究型的环境特点存在某种高切合度的关系,研究型人员凭借自身努力去适应最终也可以达到协调统一的境界。最不理想的状态就是所选环境与个人职业特色是完全排斥的,工作人在这样的环境中完全得不到积极性引导,并且长时间在不适合自己的环境中生活工作,会造成工作人身心压力剧增并产生消极影响。此情况称为“人职不协调”。总结多种职业类型与实际所处环境的关系,可知两者之间的相关联度呈正态关系。

2.4 训练活动

练习:职业兴趣探索——六岛环游。

不考虑其他客观因素,完全凭借自我感知进行选择,以下呈现的六个不同岛屿,你最想要先踏进哪个区域?

图 2－1　六岛环游

A 岛:高雅热烈岛。充满了 KTV、摇滚艺人、爵士音乐馆、后现代艺术雕塑等,弥漫着丰厚的文化浪漫主义气息。A 岛居民热爱动感音乐、街舞、绘画,并且天性浪漫热情。许多文艺界的朋友都喜欢来这里找寻灵感。缺点是在激情之余,这里严重缺乏条理和逻辑性。

I 岛:深思冥想岛。充满了各式各样的图书馆、覆盖世界前沿技术的科技展览馆、历史文物典藏的博物馆。在岛居民善于进行理论性分析、自然学科的学习、细小事件的观察,各种学科的顶尖技术人才经常交流科研经验。缺点是这群关注终极问题的思考者,很少能享受到一些"庸俗"的快乐。

C 岛:现代秩序岛。城市的建设完全依靠最先进的技术,行政等机关单位都极为完善。生活在如此井然有序且科技发达的城市,岛内居民的性格都比较冷漠并且理性,处理事情方面一丝不苟,极为讲究规则和和谐;在组织策划活动方面时刻保持高效率的节奏。缺点是这里生活得如此稳定,以致所有能发生的情况都有了规定,他们只要翻本子就可以了。

R 岛:原始自然岛。原始自然,一切不经人为修饰,目光所及之处都是自然清新的景象。居民依靠手工劳动自力更生、自食其力,日出而作、日落而息;想吃什么就自己动手种什么、养什么;如果屋子漏雨了就自己修,就连盛放食物的锅碗瓢盆都是自然石料打磨的;岛内居民喜欢户外锻炼。缺点是这个岛上的人普遍闷头干活,沟通和交流不多。

S 岛:和善热情岛。热情好客是岛内居民的良好品德。为了大家之间的联系更加密切有爱,组织者建设了统一无间的服务网,大家可以在服务网内互帮互助,整个岛屿都充满着浓浓的人文气息。缺点是这里的人们过于温暖平和,他们经常被认为缺乏竞争意识。

E 岛:富裕显赫岛屿。财富积累以及商业运营是该岛主要的运行模式,目之所及尽是摩天大楼、高级酒店、金融股票大厅等高端场所。人来人往都是声名显赫的 CEO、律师、企业家、公司职业经理人等。

2.5 生涯理论

2.5.1 兴趣的三个层级

兴趣是一种带有情感色彩的认识倾向,它以认识和探索某种事物需要为基础,是推动一个人去认识事物、探求事物的重要动机,是一个人学习和生活中最活跃的因素。我国著名的心理学家林崇德说过:"天才的秘密在于强烈的兴趣与爱好。"爱因斯坦也曾说过:"兴趣是最好的老师。"由此可见,兴趣其实是促使我们在某一领域追求成功的驱动力。兴趣也可以被分为三个层次:感官兴趣、自觉兴趣、志趣。

感官兴趣:通过直观的感官刺激产生的兴趣。比如,当你走进办公大楼电梯的时候,突然听到旁边人的手机铃声是一首你很喜欢的歌曲,拿出手机准备摇一摇搜歌,却又被微信朋友圈中新的段子所吸引。这些基于感官刺激的兴趣,就属于感官兴趣,它就像你刷完一天的朋友圈或者微博之后的感觉,虽然当时很爽却没能留下什么印象。

自觉兴趣:当你在情绪的参与下,把兴趣从感官推向了思维,由此产生了更加持久的兴趣。这就是认知行为参与的兴趣。比如,当我们在饭店吃了一道菜,觉得特别好吃,然后对怎么做出来的开始感兴趣,这就是自觉兴趣。随着思维的加入,你的兴趣会更加持久并定向在一个领域,从而在脑子里形成回路,产生能力。

志趣:志趣已不仅仅是兴趣,而是把自觉兴趣通过学习变成能力,通过能力寻找平台获得价值,在众多价值中找到自己最有力量的一种生涯管理技术。比如,台球小王子丁俊晖从 8 岁半就开始练习台球,初一辍学后每天平均练习 10 个小时,18 岁成为英国锦标赛冠军时,已经练习超过 1.75 万小时了。是不是很震惊?这群世界级的高手在自觉兴趣之上,发展出一种更加强大而持续的兴趣,去对抗高手之路上的重复与倦怠。这就是人类最高的兴趣等级——志趣。志趣的秘密不仅在于有感官和认知能力,还加入了更深一层的内在发动机——志向与价值观。

2.5.2 如何培养兴趣

理解了兴趣三层级,就很容易知道如何培养一个兴趣。

兴趣培养三步法:

第一步,发现兴趣。让自己先沉浸在足够的感官体验中去发现兴趣,获得兴趣的第一步动力。第二步,找到资源。在感官兴趣还没有消退时,为兴趣找到学习资源,尽快掌握更多的知识,使自己的感官兴趣进化到自觉兴趣。第三步,兑换价值。给自己找一个兑换价值的方式,把这个兴趣和你最感兴趣的价值绑定。

别把自己的目标设定得太高,以免产生失落感。不断地重复这个过程,兴趣会慢慢固定下来。比如看到古典老师的《拆掉思维里的墙》里面的插画,你觉得很漂亮,很有意思,你

也想培养一下绘画的兴趣,那么你可以按照如下三步去培养:

第一步,在自己的城市里,只要有画展就去看,让自己多多沉浸在画作中,看看别人画的画有多好,多有创意,让自己受一遍刺激;去买几本绘画图集,让自己再受一遍刺激;和画画很好的人去交流,还是让自己受刺激。把自己沉浸在不断的刺激之中,感官兴趣会得到充分的满足。

第二步,你可以从网上了解更多学习绘画的知识,比如是学习素描还是学习水彩?如果没有绘画基础,可不可以学习自己想学的画风?或者先买几本学习绘画的书,来了解一下基础知识;也可以报一个绘画培训班,找到绘画高手,让他指导你。

第三步,刚开始不要把自己的目标定得太高,冲着当画家的念头去练习往往会很容易失落。你可以试想下次外出旅行时,可以将自己见到的景色用笔画下来,而不是用相机拍下来,这也是一种别样的旅行纪念。

分析结果

6 个岛屿代表着 6 种典型的职业生涯兴趣类型。

其中,第一个是主要兴趣,第二、三个是辅助兴趣。

(1)选择 R 岛——现实型

喜欢的活动:愿意从事事务型的工作,喜欢户外活动或操作机器,而不喜欢在办公室工作。

喜欢的职业:制造业、渔业、野外生活管理业、技术贸易业、机械业、农业、林业、特种工程师和军事工作。

(2)选择 I 岛——研究型

喜欢的活动:处理信息(观点、理论),喜欢探索和理解、研究那些需要分析、思考的抽象问题。喜欢独立工作。

喜欢的职业:实验室工作人员、生物学家、化学家、社会学家、工程设计师、物理学家和程序设计员。

(3)选择 A 岛——艺术型

喜欢的活动:创造,喜欢自我表达,喜欢写作、音乐、艺术和戏剧。

喜欢的职业:作家、艺术家、音乐家、诗人、漫画家、演员、戏剧导演、作曲家、乐队指挥和室内装潢人员。

(4)选择 E 岛——企业型

喜欢的活动:喜欢领导和影响别人,善于为了达到个人或组织的目的而说服别人,希望成就一番事业。

喜欢的职业:商业管理、律师、政治运动领袖、营销人员、市场或销售经理、公关人员、采购员、投资商、电视制片人和保险代理。

(5)选择 S 岛——社会型

喜欢的活动:喜欢与人合作,热情关心他人的幸福,愿意帮助别人解决困难。

喜欢的职业:教师、社会工作者、牧师、心里咨询员、服务性行业人员。

(6)选择 C 岛——常规型

喜欢的活动:组织和处理数据,喜欢固定的、有秩序的工作或活动,希望确切地知道工作的要求和标准。愿意在一个大的机构中处于从属地位。

喜欢的职业:会计师、银行出纳、簿记、行政助理、秘书、档案文书、税务专家和计算机操作员。

2.6 深度阅读

2.6.1 霍兰德职业兴趣测试

霍兰德将人的职业兴趣分成了六个维度,而职业同样也有这六种类型。一个好的职业选择,就是能将个人兴趣和职业类型尽可能地匹配起来。

本测验量表(霍兰德,1994 年)可以帮助你发现和确定自己的职业兴趣与能力特长,从而更好地做出求职择业的决策。

正式评估:

职业倾向自我探索

(The Self-Directed Search, Form R, 4th Edition, 1994)

原著者/ John L. Holland, PhD.

中文译者/ 金蕾莅, PhD.

本测验旨在帮助学生探索可能从事的职业,请遵循题目引导,认真答题。

姓名________________ 填写日期________________

性别________________ 年　龄________________

年级________________ 专　业________________

第一部分　你心目中的理想职业/专业

请把最想做的 3 种工作按顺序写下来。

职业(专业)一:________________

职业(专业)二:________________

职业(专业)三:________________

第二部分　兴趣

下面列举了各种活动,请就这些活动判断你的偏好。L 代表“喜欢”, D 代表“不喜欢”或者“无所谓”。请在相应的○里打√。

R	L	D
修理电子产品	○	○
修理车	○	○

组装产品	○	○
做木制品	○	○
技术教育课	○	○
机械制图课	○	○
木工技术课	○	○
自动化机械课	○	○
与技术人员工作	○	○
室外工作	○	○
操作自动化仪器	○	○
L 的总数	（	）

I	**L**	**D**
阅读杂志	○	○
实验室工作	○	○
从事科学项目	○	○
研究科学理论	○	○
从事化工工作	○	○
应用数学解决问题	○	○
物理	○	○
化学	○	○
数学	○	○
生物	○	○
研究学术	○	○
L 的总数	（	）

A	**L**	**D**
制图	○	○
设计海报	○	○
管弦乐队演奏	○	○
练乐器	○	○
拍照	○	○
写戏剧	○	○
艺术课	○	○
编谱曲	○	○
与艺术家工作	○	○
为他人跳舞	○	○
阅读文学类文章	○	○
L 的总数	（	）

S	**L**	**D**
会见咨询师	○	○
阅读社会书籍	○	○

	L	D
慈善工作	○	○
帮助他人解决问题	○	○
研究犯罪问题	○	○
阅读心理学书籍	○	○
上人类关系课	○	○
教书	○	○
照看病人	○	○
讲课	○	○
志愿者	○	○
L 的总数	( )	

E	**L**	**D**
商业策略	○	○
创业	○	○
销售会议	○	○
行政管理短期课程	○	○
担任组织负责人	○	○
监督工作	○	○
会见领导	○	○
领导团队实现目标	○	○
参加竞选	○	○
担任顾问	○	○
阅读文章	○	○
L 的总数	( )	

C	**L**	**D**
填写报税表	○	○
数学计算能力	○	○
使用办公设备	○	○
做开支记录	○	○
建立记录软件	○	○
会计课	○	○
商业数学	○	○
建立生活清单	○	○
检查瑕疵	○	○
更新文档	○	○
办公室工作	○	○
L 的总数	( )	

第三部分　能力

Y 代表你完全能做或者能做得很好的活动，N 代表从来没做过，或者做的很差的活动。

请在相应的○里打√。

R	**Y**	**N**
使用电锯等工具	○	○
画图纸	○	○
给汽车换轮胎	○	○
使用电钻等电动工具	○	○
给木制品刷漆	○	○
修理电器用品	○	○
修理家具	○	○
使用手工工具	○	○
修理水管	○	○
制造木工作品	○	○
粉刷房间	○	○
Y 的总数	(	)

I	**Y**	**N**
解决数学问题	○	○
进行科学实验	○	○
元素半衰期	○	○
使用对数表	○	○
使用计算机	○	○
描述白细胞	○	○
解释化学方程式	○	○
卫星不会坠落到地球的原因	○	○
写科学报告	○	○
宇宙大爆炸理论	○	○
DNA 作用	○	○
Y 的总数	(	)

A	**Y**	**N**
演奏乐器	○	○
参加合唱	○	○
独唱	○	○
演戏	○	○
朗诵	○	○
画画	○	○
编曲	○	○
设计海报	○	○
写诗	○	○
写演讲稿	○	○
拍摄照片	○	○

Y 的总数 (　　)

S	Y	N
发现与不同类人交谈容易	○	○
擅长解释事情	○	○
做组织者	○	○
他人常向我诉说困扰	○	○
教小孩子	○	○
教成年人	○	○
帮助人们	○	○
对社会关系理解很好	○	○
教别人	○	○
使别人轻松	○	○
相比物和观念,我更擅长与人打交道	○	○

Y 的总数 (　　)

E	Y	N
如何成为领导	○	○
优秀的演说者	○	○
组织销售活动	○	○
组织工作	○	○
有抱负的人	○	○
让别人按照我的方式做事	○	○
很好的推销能力	○	○
很强的辩论能力	○	○
非常有说服力	○	○
很不错的规划技能	○	○
某些领导力	○	○

Y 的总数 (　　)

C	Y	N
将函件或其他文件分门别类管理	○	○
从事办公室工作	○	○
使用打印机	○	○
很快地完成文案工作	○	○
使用数据处理设备	○	○
进行收支记录	○	○
准确记录销售额	○	○
使用计算机输入信息	○	○
撰写商业信函	○	○
完成办公室工作	○	○
细心	○	○

Y 的总数　（　　）

第四部分　职业

这是你关于很多工作态度和情感的清单。如果某个职业你很感兴趣或者很受吸引，则在相应的 Y 下面的○里打√；如果你不喜欢或者没兴趣，则在 N 下面的○里打√。

R	Y	N
飞机机械师	○	○
汽车机械师	○	○
木工	○	○
司机	○	○
测量师	○	○
建筑工地现场监理员	○	○
无线电工程师	○	○
交通机车工程师	○	○
机械员	○	○
电器员	○	○
农业员	○	○
飞行员	○	○
电子员	○	○
焊接员	○	○

R 类 Y 的总数　（　　）

I	Y	N
气象学人员	○	○
生物学人员	○	○
天文学人员	○	○
医学人员	○	○
人类学人员	○	○
化学人员	○	○
研究科学家	○	○
科学作家	○	○
地质人员	○	○
植物人员	○	○
技术员	○	○
物理人员	○	○
社会科学人员	○	○
环境分析者	○	○

I 类 Y 的总数　（　　）

A	Y	N
诗人	○	○

	Y	N
音乐家	○	○
小说家	○	○
演员	○	○
自由作家	○	○
编曲	○	○
记者	○	○
艺术家	○	○
歌唱家	○	○
作曲家	○	○
雕刻家	○	○
剧作家	○	○
漫画家	○	○
娱乐艺人	○	○

A 类 Y 的总数　（　　）

S	**Y**	**N**
职业咨询师	○	○
社会学者	○	○
高级教师	○	○
物质依赖治疗师	○	○
青少年犯罪专家	○	○
语言治疗师	○	○
婚姻咨询师	○	○
临床心理学家	○	○
人文社会教师	○	○
私人咨询师	○	○
青少年野营主管	○	○
社会工作者	○	○
康复咨询师	○	○
乐园主管	○	○

S 类 Y 的总数　（　　）

E	**Y**	**N**
采购员	○	○
广告宣传主管	○	○
工厂管理	○	○
商业贸易	○	○
晚会主持人	○	○
销售员	○	○
房地产销售员	○	○
百货经理	○	○

销售经理	○	○
公共主管	○	○
电视经理	○	○
小企业	○	○
法官	○	○
机场经理	○	○
E 类 Y 的总数	(	)

C	**Y**	**N**
账目员	○	○
预算员	○	○
会计师	○	○
金融调查员	○	○
银行出纳员	○	○
税务专家	○	○
物品管理员	○	○
计算机员	○	○
金融员	○	○
成本估算员	○	○
工资结算员	○	○
银行督察员	○	○
会计职员	○	○
审计职员	○	○
C 类 Y 的总数	(	)

第五部分　统计和确定你的职业倾向

请将第二部分至第四部分的测验分数(每题:L 和 Y 得 1 分)按 6 种职业倾向分别填入下表,并纵向累加。下面列出 6 种能力,请与自己的同龄人比较一下,对自己的实际情况进行评估。总分即表示了你的职业倾向性程度。

测试	R	I	A	S	E	C
感兴趣的活动(兴趣)	10	5	10	10	7	9
擅长的活动(能力)	10	7	6	10	9	8
喜欢的职业(回馈)	6	6	6	9	8	3
总分	26	18	22	29	24	20

第一位　　　第二位　　　第三位

综合职业码(从综合得
分中选出三个得分高的,由

高到低排列,记入字母)

非正式评估:

非正式评估中,采用开放式的问题,通过举例或回忆生活情境,详细描述内容来进行判断。常用的问题如下表,每个问题尽量详细使用实际例子说明,并根据自己的感受将具体事件归到六种类型中的一类,在对应栏里打"✓",最后计算出出现次数最高的前三个,将三个代码写到非正式评估那一栏。

非正式评估最常使用的三个问题如下:

1. 你最喜欢的活动、最擅长的事情、最崇拜的人等表单中左侧列出的问题,对应正式评估中的兴趣、能力和回馈这三种结果。

2. 你为什么喜欢、擅长、崇拜?了解背后原因。

3. 你觉得在这体现了霍兰德理论中的哪种类型特点?与学生探讨他喜欢、擅长、崇拜的人或物,了解究竟是哪种特质吸引了他,从而确定该事件的代码。

	R	I	A	S	E	C
最喜欢书籍 1						
最喜欢书籍 2						
最喜欢书籍 3						
受到表扬的能力 1						
受到表扬的能力 2						
受到表扬的能力 3						
最崇拜的人 1						
最崇拜的人 2						
最崇拜的人 3						

通过正式评估和非正式评估得出最后的霍兰德结果:

来源	霍兰德结果
正式评估	
非正式评估	
最后结果	
总分	

补充说明:

1. 得到自己的职业代码 RIC(工科学生);

2. 霍兰德(人格的分类)代码代表职业群;

3. 选出自己理想的职业,进行职业探索;

4. 如果找不到职业代码对应的职业，就找到和 RI 相似的职能进行探索；
5. 如果仍然找不到，就搜索与 IS 相关的职业信息；
6. 如果仍找不到，就进行与 E 或者 S 相关的职能搜索。

作为职业划分基础上的提升，六边形模型被引用广泛，如图 2－2 所示。从图中可以看出，每种个性类型与其他类型之间均存在不同程度的关系：

第一，相邻关系，如 ES、CR。由于共同点较多，R、I 型人不偏好交往，两种职业环境中少有机会与人接触。

第二，相隔关系，如 AR、CS。共同点较相邻关系少。

第三，相对关系，如 AC、CA。人格类型共同点少。

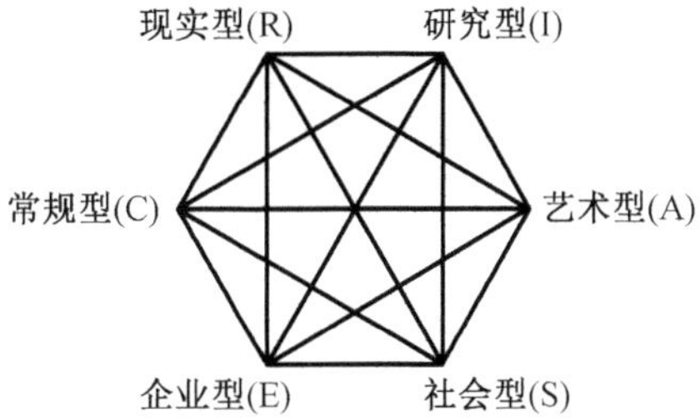

图 2－2　六边形模型

如图 2－3 所示，6 角代表类型之间内在联系，按照模型定位。相邻维度越接近，相关程度越高；距离越远，差异越大，每种存在 3 种关系，用中、低来表示。依据六边形模型理解不同匹配方式。

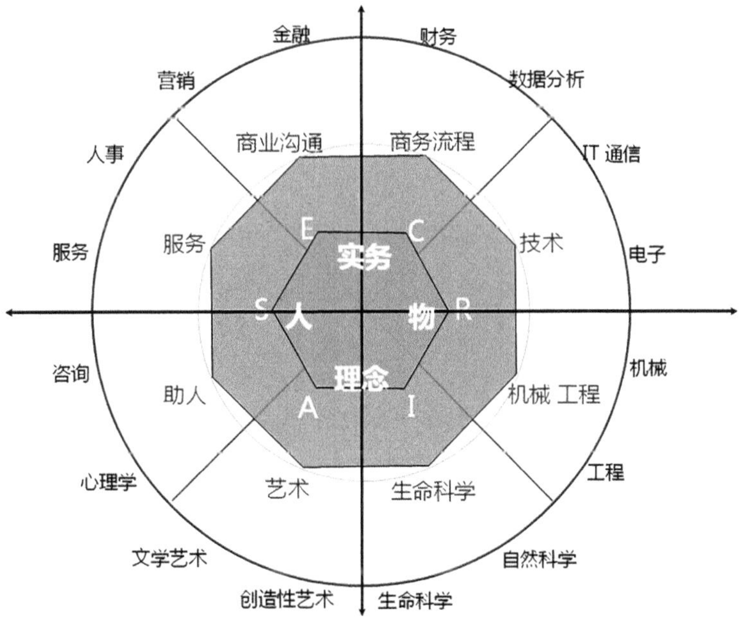

图 2－3　类型之间的关系

2.6.2 职业兴趣与就业

有的人对各行各业都怀有兴趣;有的人对其他事物视而不见,听而不闻。

必须在正确的指导下建立广泛的兴趣,获得丰富的知识,使活动富有创造性。只有稳定的专业兴趣才能促进你对问题的深入了解,从而获得系统而丰富的知识。

(1)拓宽职业选择认知范围。对职业性质了解越细致,职业兴趣就会越广泛,择业余地也会相对宽广。

(2)明确社会责任心的重要性。大多数人不会在首次步入职场就获得令自己满意的职业,当你还没有足够能力可以自我选择时,应该将自己的心理预期适度调整降低;适应当前较为艰难的生存环境,培养自身在困境中的抗挫折能力。

(3)就业为首,择业放后。毕业后首个工作可能是碰巧、被迫、家人安排、学校推荐等情况下签订的。这些情况下签约的工作,在很大程度上是不符合求职者自己的心理预期的。刚开始步入工作岗位时,同学们可能会对工作毫无兴趣,但是通过后期不断地适应职业环境以及自身专业技能的提升,特别是在一个完全无兴趣的岗位获得奖励时,个体会循序渐进地接受当前所处的环境以及职业类型。

(4)量体裁衣。第一次选择自己的职业时,首先应该明确自身所具备的综合素养以及适应恶劣环境的能力。只有根据自身素养选择的职业才会最大程度发挥工作的效益,在这种高效率并专业的工作氛围下,个体才会有不断进步、不断推新的动力,从而促进自己进步、提高,最终将自己修炼成为一名卓越人才。

2.7 课堂收获

1. 在本单元中,给我留下最深刻印象的理论知识有哪些?
2. 在本单元中,我的收获和提高有哪些?

2.8 推荐阅读

1. 帕尔默. 九型人格[M]. 北京:华夏出版社,2016.
2. 刘泱育. 方汉奇传[M]. 江苏:江苏人民出版社,2016.

第3章 个人技能

3.1 知识点导读

(1)了解明尼苏达工作适应论原理,并能够根据该原理合理调整个人职业选择标准;
(2)了解技能三分法,并了解不同维度技能间的相互关联;
(3)理解技能对个人职业生涯发展的影响;
(4)掌握不同维度的个人技能探索的操作方法;
(5)能够根据个人能力,科学制订自己大学能力提升计划。

3.2 生涯故事

张康在高中时期是学习成绩优异的佼佼者,并且一直担任班长,他具有很好的组织能力和表达能力,是老师、同学、家长眼中的“别人家孩子”。经过高考严酷的洗礼,张康被梦寐以求的高校录取,成为一名内燃机动力专业大一年级的学生。

张康兴趣爱好广泛,喜欢各种新鲜事物,在高中时期迫于高考的压力,他只得将精力都投放在学习当中。但是张康一直憧憬在大学拥有自由的时间、独立的空间,可以充分发挥自己在其他方面的优势和特长。因此入校不久,张康通过自荐成为班级学习委员,同时他还加入了学校青年志愿者协会,希望通过学习之外的学生工作全面提高自己的综合能力素质。

张康参加的“校青协”每个周末都会组织成员为学校周边的孩子进行课业辅导;还会组织成员进入社区,进行法制宣传;或是到养老院照顾孤寡老人。张康通过各项活动快速地结识了许多来自不同院系的小伙伴,他的大学生活变得充实并且多彩。每当回顾起那些因为自己的付出而露出笑脸的人,张康总会感到快乐和满足。

但经过一段时间社团工作之后,张康发现社团工作并不是只有那些快乐、“有意义”的内容,它还包含许多搬桌椅、打扫房间、收发材料等“无意义”的工作。而且作为社团最低年级的部员,张康没有太多参与决策讨论、发挥创意思维的机会,多数时间他都是执行社团部长的工作安排,按部就班地完成任务,因此张康对社团工作的新鲜感逐渐降温。

与此同时,张康发现他的学习状态也相较于高中时期下降了很多,尤其在一次高数课堂上,他发现自己无法快速地跟住老师的讲课思路,对于当时的知识点脑中一片空白,张康心里开始发慌了。进入大学,在更加广阔的视野中,张康发现身边每一个同学的实力都不容小觑,并且每个人都满怀激情,踌躇满志。张康不再是人群中瞩目的焦点,他似乎只是众多学生中普通的一员，就连自己长期引以为傲的学习能力都受到了挑战，虽然他担任班级学习委员的工作，但大学课程的掌握不再像曾经那样游刃有余，学习成绩也无法进入班级前列。高数课堂引发的慌乱让张康陷入深深的失落和焦虑之中。

大学快节奏的教学进度和来自全国各地的优秀同学使得张康失去学习成绩的优势；简单重复的社团工作也令张康对加入社团的初衷产生了动摇；远离亲友的独立生活以及建立全新的人际关系耗费了张康很多精力……此时此刻，张康对自己的能力产生了质疑：他期望保持以往的学习状态和成绩，却没有适应老师的授课方式和教学要求；他希望通过加入社团培养策划、协调能力，但类似的工作不会交给大一新生；他希望在社团中突显表达沟通、创意设计的优势，但似乎没有看到进步；他愿意真诚结交新友，却发现很多思维上的分歧。尽管一些高年级学长给张康提出学习方面的经验和建议，也鼓励他要保持乐观开朗的心态与身边人交流，积极投入社团工作中，最终一定会有满意的收获，但张康他依旧有许多不确定：不确定哪些技能还可以称为自己的优势；也不确定社团工作是否真的会提升自己的综合素质；更不确定自己应该以怎样的方式与他人交往；甚至不确定自己是否能够找回以往的学习状态和自信……

3.3 生涯故事讨论

1. 高中时期，你曾期望自己在大学提升、培养哪些技能？

2. 大学阶段，你参加或打算参加什么学生组织或社团，为什么参加？

3. 假如你是张康的朋友，对于他进入大学后对自己能力方面的质疑，你会给他哪些建议？

4. 你的大学学习中是否存在案例故事中张康对社团活动的矛盾情绪，你将如何调整自己？

5. 对于大学的学习特点，你是否能够很好地适应？你采用或打算采用哪些好的方法和经验以提高自己的学习效果？

3.4 案例总结

在案例中,我们看到张康作为一名进入大学不久的新生,对新社会环境、新学习任务、新人际关系的不适应,引发他对个人能力方面的疑惑和负面情绪。曾经一份针对高校新生适应性的调查显示:有50%以上的学生在刚进入大学之后都存在类似张康同学的困惑,大学适应性问题普遍存在于大一新生当中。如何帮助同学们减少或消除相关的困扰呢?我们可以从提高技能的角度展开讨论。

无论是张康无法维持高中时期的学习状态和学习成绩,还是他希望在"校青协"社团中得到锻炼与提升,再有他期待拥有和谐、友好的人际关系,这些都是张康对他个人不同技能的要求,分别体现在学习技能、工作技能、人际交往技能等方面。

但是当人们遇到与张康类似的困惑时,经常习惯于用过去的辉煌对比当前的失意,以此降低困惑程度或印证现今的不足之处。同时,我们也容易深陷在对当前失败事件的原因分析当中,通过反复的分析、比较,虽然能够找到自己的诸多不足,但是也会使人沉浸在一个负面的、自我否定的情绪当中。可我们真正需要的是那些积极正向的、充满建设性意见的行动方案。因此,让我们换个角度,从过去经历当中抽取那些成功事例,来获得积极动力;从未来的目标当中,探索期待的结果,寻找实现途径。

例如学习技能,大学课程难度加深,广度拓宽,课堂教学节奏加快,自学增多,这些改变的确对学生的逻辑思维能力、自主学习能力、创新能力等方面产生更高的要求,但作为通过严酷高考筛选的大学生而言,大家已经满足这些能力素质的基本要求,之所以出现对自身学习能力的质疑,往往是因为大家将学习注意力无法集中、上课跟不上进度等经历泛化,将"几次经历"变成"一直这样"。而同学们需要转变的,是寻找那些"例外"的注意力集中、跟紧教学内容的特殊时刻,总结这些"例外"时刻的成功原因,将这些原因移植在今后的课程学习之中。这些成功本身就源于同学们的自身特质,因此,大家可以很好地掌控它们,发挥更加有益的作用。

再例如工作技能,本章后面将会介绍到这类技能大多表现为可迁移技能,它们都是在平时的工作中点滴积累而成的。无论是表达,还是策划,抑或是协调,这些技能都无法一蹴而就,只有经过长期反复的练习,才能达到我们期待的熟练运用。这也是人们常说的"量变引起质变",只有点滴的积累,才能达到质的飞跃。因此,案例中张康对参加社团工作的动摇,其实也是没有意识到他正在进行的是量的积累。我们身边的每一位能力非凡的社团骨干,其实都是在起始阶段的简单任务中不断蜕变成长的,最终他们将丰富的经验转化为娴熟的技能。

再例如人际交往技能,它不仅需要个人掌握交往技巧,更为重要的是个人所具有的某些意志品质。意志品质的培养不可能在短期内塑造,它经过人们在实践中的多次验证,产生认同,然后才能持续刻意地调整,转化成个人习惯。从技能的角度来看,意志品质就是自我管理技能,它同样属于技能范畴,是个人在思维认知层面具备的优势。

由此可以看到,刚进入大学的失落和焦虑也许是因为同学们在新环境下的不适应而造成的。其实,我们每个人自身都拥有优势技能,只是尚未被发现,并且这些优势技能远比我们以为了解到的多。我们需要做的就是调动各种方法去发掘和启动它们,并且从积极正向的角度,让这些技能不断发展强化,最终帮助我们成为心目中理想的样子。

3.5 生涯理论

3.5.1 明尼苏达工作适应论

根据前面的案例分析,可以发现个体整个生涯问题的探索都是围绕着一个问题,即“我都可以做什么”而展开。因此,思考“我能给这个世界带来什么”这件事情的核心,其实就是思考我们的技能有哪些。提到技能,自然联想到技能在对应行业、企业与职位当中发挥的作用。在现今社会经济高度发达,职业环境变化迅速的时代,技能是人们立足于职场的根本。关于技能和企业之间的关系,1964 年明尼苏达大学的学者进行了详细的研究,形成系统的明尼苏达工作适应理论。

明尼苏达工作适应理论是由罗圭斯特和戴维斯等人在明尼苏达大学提出。它强调人境符合的心理学理论,简单来说就是只有当工作环境能满足个人的需求(内在满意),个人也能满足工作的技能要求(外在满意)时,个人在该工作领域才能够得到持久发展。这个理论研究最初旨在帮助明尼苏达大学职业评估中心的残障人士适应工作,后经不断修正,逐渐发展至适用于一般人群。

明尼苏达工作适应论,研究人与职业之间的匹配适应关系,其中人以独立个体作为研究对象,职业则包括了企业客观环境和人文环境两个方面。适应论认为职业的选择固然重要,但是选择之后,人的适应问题更加需要关注。就如同,大家高考结束之后选择个人喜欢的专业、高校非常重要,但是进入大学之后,对高校学习、生活的适应过程更值得注意。再例如,大学毕业时的第一份工作选择非常重要,但是进入企业后的职场适应和过渡更加重要。一旦选择确定之后,人们需要提升的就是对环境的适应能力了,如图 3-1 所示。

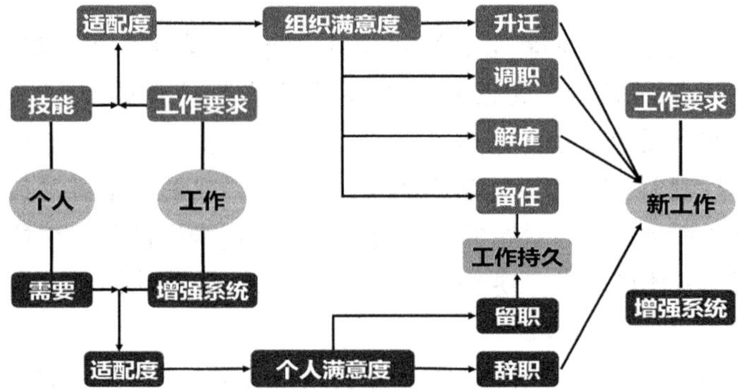

图 3-1 明尼苏达工作适应论

明尼苏达工作适应论从个体与企业两个不同的角度,提出了适应论的组织满意度和个人满意度概念。下面首先介绍组织满意度,如图 3-2 所示。

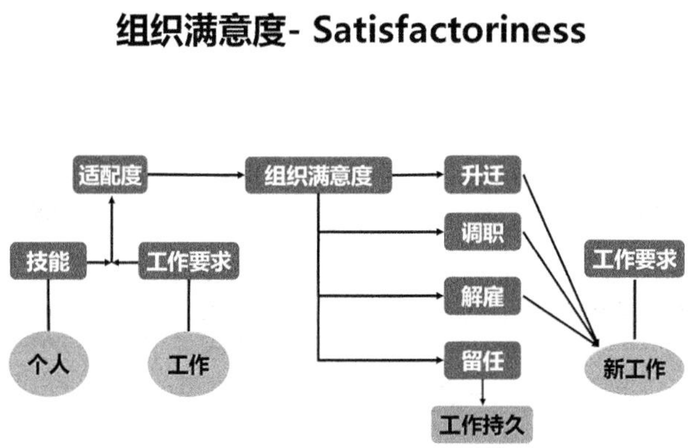

图 3－2　组织满意度

企业依据工作要求对个人的技能提出一些限定,个人能够提供的技能与企业工作要求之间产生不同程度的匹配,企业对其后续提供的工作岗位也相应产生差别:当个人技能超出企业要求的时候,组织满意度较高,那么个人有机会获得升迁;当个人技能与企业要求持平的时候,组织满意度合格,那么个人可以继续在原岗位留任;当企业对个人还有其他技能要求的时候,个人有可能调任;当个人技能长期没有达到企业要求的时候,那么个人将会被降级或解雇。接着,无论个人面临升迁、调任,还是解雇,他都将进入一个新的环境当中,接受新的适应性匹配,如此重复循环。通过组织满意度模型,我们能够发现企业对个人的关注点主要集中在技能这个方面,正如同人们在求职中经常被提及的问题:你能给企业带来什么? 除技能之外,个人特质还包括兴趣、性格等,但显然技能是决定与职位是否匹配的主要因素。这也为同学们将来投递简历、参与面试提供一些借鉴,应当证明你对某个职位的胜任力,加强技能层面的展示。

明尼苏达工作适应论还从个体角度提出了个人满意度的概念,如图 3－3 所示。个体根据自己的价值追求对企业的回馈提出一定的需求,个人不断提高的价值需求与企业给予的回馈之间也存在着一定的匹配,只不过这个匹配结果更加简单:当企业回馈能够持续满足个人价值需求的时候,个人在工作岗位上继续工作;当企业回馈已无法满足个人价值需求的时候,个人将选择辞职离开,进入到一个新的环境当中,开始新的适应匹配。

组织满意度与个人满意度两个部分组合在一起就构成了完整的明尼苏达工作适应论,只有在个人技能达到企业要求,同时企业回馈也能够满足个人需求的时候,系统才达到平衡,个体才能够在一个工作岗位上稳定进行下去。通过明尼苏达工作适应论模型,我们能够发现,企业组织对个人生涯发展拥有决定其升迁、解雇、调职、留任的四种选择,而个人只能选择要么留任,要么离开。那么无论企业做出什么样的决定,都将影响人们的薪资、福利、晋升等需求,也就是说企业决定了人们的外职业生涯。另一方面,员工的个人满意度的考量内容,也就是他的价值观,包括成就感、社会贡献、自我实现,等等,这些内职业生涯的发展是不会受到外界干扰的。

两种择业标准都存在于我们的头脑当中,当人们调用外职业生涯进行择业时,实际上就已经将职业发展的主动权交给了企业,因为无论是加薪还是升职,它们都不是人们自己决定的,这些追求都建立在企业的组织满意度低这个基础之上。许多同学步入职场,感觉

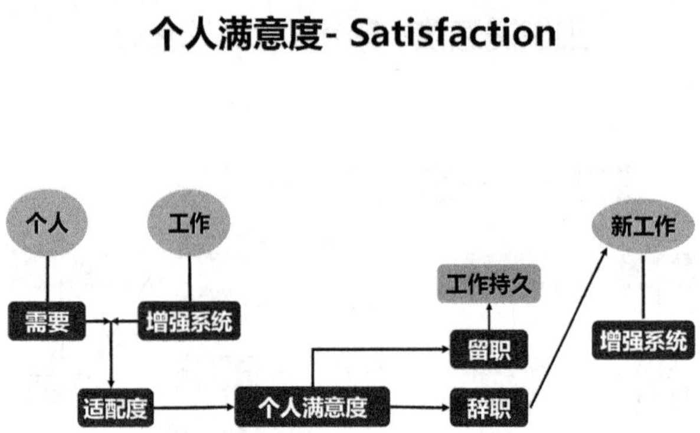

图 3-3　个人满意度

深深的无力,就是因为他关注的事情都不由自己掌控。与之相对,当我们将关注点转移到内职业生涯之时,你会发现职业的成长是这么自由:我们无法决定薪资的增长,但却可以驾驭技能的熟练;我们无法要求级别的晋升,却可以掌控专业的精深;我们无法改变职场的氛围,却能够升华个人的认知。伴随着个人内职业生涯的积淀与发展,势必会引发外职业生涯的改善,最终同样能够实现生涯的可控和独立。这也就解释了为什么那些关注薪资待遇的人频繁跳槽,始终抱怨着工作的不尽如人意;而那些关注自身技能和品行修养的人,看似默默无闻,但却一飞冲天。

那么如何更好地掌控我们个人的生涯呢?最好的办法就是去提升决定人们内职业生涯的个人满意度。例如,个体的精力投入程度、技能专业程度、价值追求,等等。明尼苏达工作适应论告诉我们,若想获得独立快乐的结果,人们需要一方面对外拥有合理化的期待,同时另一方面,对内不断提高自身的能力素质。

3.5.2　技能三元素

在日常生活中"技能"或"能力"等词汇都用于表述人们具有完成某项工作的水平。通常,人们不会将他们做出明显的区分和界定。而实质上,"技能"是指人们通过后天的学习和练习而获得的能力;"能力"则涵盖范围更广,它包涵两个方面,一个是人们先天具备的遗传禀赋,另一个才是后天习得的技能。因此在本章的介绍中,我们将能力与技能区分为两个不同的含义,技能是能力的一部分。我们说技能是人们完成某个具体任务所用到的动作方式和动作系统,它有时表现为体力上的操作活动,有时表现为脑力上的心智活动。例如,一名篮球运动员,他能够精准地命中篮筐,能够流畅地运球、跑跳,这些后天习得的技能都是体力上的表现。再比如解决一道高等数学问题,我们能够迅速地形成解题思路,能够准确地选择合适的原理公式,也能够粗略预估大概的计算结果,尽管我们尚未实际动手运算,但在我们的脑海中已经形成了具体的动作方式和动作系统。所以无论篮球还是高等数学的技能被评价为不够熟练,都是指动作流程尚未形成一个系统,动作方式还不够娴熟,这些技能都可以通过后天的不断练习得以提升。因此,本章所提到的技能具有强大的自控性,它可以通过人们后天的努力而改变。

当提及技能之时,人需要回答三个问题:第一,我学会了什么知识;第二,我能做什么事情;第三,我以什么样的表现完成这项工作。进入大学,同学们首先需要思考的是这个问题:我进入大学,来学习什么? 第一,学习什么知识——我们的基础课程、专业课程,其他选修、自修课程;第二,学习做什么事情——我们的实习、实践、科创训练、社团锻炼;第三,学习以什么样的表现完成工作——我们的意志品质、为人处世、工作结果。

技能的三个层面也就是辛迪·梵和理查德·鲍尔斯对技能划分的三种类型:专业知识技能、可迁移技能和自我管理技能。

1. 专业知识技能

专业知识是以思想内容的形式被人们所掌握的人类历史经验的总结,个人掌握的专业知识就是存储在头脑中的信息,专业知识技能需要通过教育或培训而获得,它可以用名词来表示,例如,中国古代历史、英语、微积分、数字电子技术等。无论是英语词汇还是数学公式,专业知识技能的熟练掌握都需要在理解的基础上反复背诵和记忆。对于专业知识技能的回顾与总结,大家可以通过训练活动 3 - 2“发现我的专业知识技能”进行了解。

因为专业知识技能是由特殊的词汇、程序和学科内容构成的理论知识,它需要经过专门、全面、系统的培训。大学生具备的专业知识技能大多与其所学专业课程紧密相关,况且大学生长期生活在校园环境中,受到分数评价体系的影响较深,绝大多数学生都格外重视个人专业知识技能在未来职业发展中的重要作用,将它视为职业生涯发展的唯一资本。一些学生发现兴趣与专业不匹配,往往陷入厌倦和焦虑的情绪当中,认为今后就业选择空间大大缩小:不甘心从事本专业工作,又不具备跨专业择业条件。对于类似问题,我们可以转换一个角度考虑。第一,人们的兴趣来源除了与生俱来的特质之外,还包括一些成功带来的认可。当人们不断熟练完成某件事情,获得外界肯定与称赞的时候,他对这件事情的热情就会提升。当类似的事情不断被出色完成,外界认可始终持续的时候,他对这件事情的热情将会持续积累,最终发展成兴趣。因此,对于不喜欢的专业,同学们是否可以尝试增加对它的精力投入,通过努力使之成为自己熟练并且擅长的事情,最终发展成为兴趣。第二,专业知识技能的确很重要,但技能除了“学习过什么”,还包括“能做什么”和“做得怎么样”,对于计划跨专业就业的同学而言,完成一项工作不仅依靠懂得什么知识,更需要灵活应变的头脑和优秀正直的品质,况且专业知识技能可以在工作的应用中不断补充和加强。

2. 可迁移技能

可迁移技能就是个体所能胜任的活动,具体表现为一个人所能从事的工作性质。例如组织、策划、沟通、分析、搜索,等等,这些技能往往在生活中逐渐形成和发展,并且可以迁移到工作的各种活动之中,完成相似的诸多任务。因为此类技能具有很强的通用性,所以被称为可迁移技能。例如一个擅于表达个人观点,并且可以对身边朋友产生重要影响的同学,他可以将这个技能迁移到完成销售、培训等工作之中。对于个人可迁移技能的回顾与总结,大家可以通过训练活动 3 - 3“分类我的可迁移技能”进行了解。

可迁移技能是企业招聘最为看重的技能,也是个人最能长期运用和凭借的技能。随着信息时代的快速发展,新理论、新科技时刻改变着人类的生活,同时也快速更新着人类原有的知识体系。例如,在最近 150 年的科技发展中,人类的交通工具先后经历了马车、柴油汽车、汽油汽车、电能汽车,未来还将朝着智能汽车、核能汽车方向发展。认知的更新使得人们需要不断学习最新的专业知识技能,而可迁移技能是专业知识基础上的运用,它并不会随着专业知识技能的更新而改变。同学们掌握了英语这项专业知识技能,可以运用它与他人“交流”“沟通”,也可以“教授”“指导”英语科目,或是“编辑”“写作”英语文章,随着社会人文环境的发展变化,英语词汇本身可以演变出新的含义,也会有更多新词汇诞生,人们的英语专业知识必须保持与时俱进。但是"编辑""写作""教授""指导""交流""沟通"这些可迁移技能却相对稳定地存在,它们支撑着人们持续稳定地在工作岗位完成新任务的挑战。相比于专业知识技能依靠记忆和背诵去掌握,可迁移技能更侧重个体的行动,它的熟练掌握依靠不断地练习。作家格拉德威尔在《异类》一书中提出"一万小时定律",他说:"人们眼中的天才之所以卓越非凡,并非天资超人一等,而是付出了持续不断的努力。一万小时的锤炼是任何人从平凡变成世界级大师的必要条件。"格拉德威尔论述的就是持续训练对可迁移技能的培养。对于许多大学生而言,高校期间的学习就是为将来在某个领域成为专业人才积蓄能力,那么就请从现在开始,在你渴望成功的领域上启动一万小时的练习计划吧!

3. 自我管理技能

自我管理技能就是一个人所表现出来的特征和品质,它涉及个体在具体环境之中如何管理控制自己:是主动承担还是被动等待;是真诚友好还是疏离冷淡;是敏锐洞察还是粗枝大叶。自我管理技能往往被人们忽略,被剔除在技能培养的计划之列。但事实上,自我管理技能的运用将直接影响人们完成工作的结果。例如,某学生学习英语专业,说明他懂得英语相关知识;他掌握教授的技能,说明他可以完成教授英语这件事情;但是他教授英语这件事情完成的结果如何,终将取决于他的自我管理技能。条分缕析、口齿清晰地讲授还是杂乱无章、逻辑混乱地讲授,显而易见,这两种工作的效果是截然不同的。再例如,某学生掌握了微积分知识,也能够完成题目运算,但是他的自我管理技能是严谨认真还是马虎粗心,将决定了运算结果是否有效。因此,一个人怎样运用已知的专业知识,或是用什么样的态度去完成工作,比了解、从事工作本身更为重要。荀子曾说:"锲而舍之,朽木不折;锲而不舍,金石可镂",爱因斯坦也说过:"成功等于1%的天才加上99%的汗水",优秀的自我管理技能是通往成功之路的有效保障。对于个人自我管理技能的回顾与总结,大家可以通过训练活动3-4"发掘我的优秀品质"进行了解。

另外,我们发现通过各种考核的时候,专业知识技能和可迁移技能占更多的主导地位,但是面对后续更高更远的生涯发展,优秀的特征品质将发挥不可替代的作用。例如,通过高考的筛选进入知名大学,我们主要凭借书本知识与应试技能,但是在适应高校生活并实现全面的发展成长,却需要拥有勤奋、独立、自信、积极、认真等自我管理技能。再比如,获得一份工作,人们需要一定的专业知识和从事工作的可迁移技能,可是在职业道路上的进步和发展,则主要由责任心、创意性、合作力、踏实程度、主动性等特质决定的。因此,这也告诉我们,当我们希望自己变得更加优秀、更加出色的时候,培养那些优秀品质就显得尤为重要。自我管理技能的培养就是一个内化于心、外化于行的过程,它需要个体首先认同该品质的作用和意义,然后对照榜样不断模仿和练习,最终领悟并使其成为自身具备的独特品质。

3.6 训练活动

根据前面介绍的技能三分法，我们分别对自己在不同层面的技能进行深入发掘，共同完成下面几个练习。

训练活动 3－1　一起夸夸我自己

1. 世界上最了解你的人莫过于你自己，那么现在给大家 5 分钟的时间，请你尽可能多地写出自己拥有的技能。

2. 倘若进一步要求你总结的个人技能不得少于 20 项，你还有哪些补充吗？如需要，你可以询问身边亲友，征询他们的观点。

3. 在小组内分享你的技能清单，并比较哪些是小组成员间出现频率比较高的技能，哪些是你独有的技能。

4. 根据辛迪·梵和理查德·鲍尔斯对技能划分的三种类型，你在每个类型中都具有哪些技能？

训练活动 3－2　发现我的专业知识技能

从步入学校开始，同学们就在各种学习、培训中积累着自己的专业知识技能。一方面大家认同专业知识技能对个人发展的重要性，另一方面我们又总是忽略掉许多自己已经具备的专业知识技能。下面请同学们根据各种学习途径，全面归纳自己的专业知识技能吧。

1. 长期在学校课程中学到的知识，例如高等数学、英语等。

2. 在实习、兼职、社会实践中学到的知识，例如办公软件等。

3. 通过课外兴趣班、辅导班学到的知识，例如珠心算、钢琴等。

4. 在专业科创活动、科创团队中学到的知识，例如电脑制图软件、某专业原理等。

5. 娱乐休闲、兴趣爱好、家庭生活中学到的知识，例如 Photoshop、毛线编织等。

6. 通过阅读书籍、观看影视资料等方式自学到的知识，例如 PPT 制作等。

以上是总结现今你所具备的专业知识技能，对于未来，你还希望自己学习到哪些专业知识技能？你计划通过什么样的方式学习掌握它们？请将你的计划写下来。

知识的组合可以使我们适应更广、更复杂的环境变化，提升我们的职场竞争力，为此，请各位同学思考以上你的专业知识技能可以形成怎样的组合，从而帮助你完成新的任务。

训练活动 3－3　分类我的可迁移技能

可迁移技能就是我们可以完成的行动类工作，同学们可以参考以下可迁移技能列表，尝试对个人的技能进行划分。

可迁移技能词汇表

达到	照顾	巩固	指导	执行	运送	建设	洞悉	适应	制图	联系	发现	管理
选择	控制	拆除	宣传	分类	烹调	展示	劝告	打扫	协调	证明	幽默	攀登
复制	草拟	分析	训练	纠正	绘制	预测	收集	符合	训练	申请	上色	咨询
驾驶	评价	交流	计数	编辑	安排	比较	创造	授予	装配	比赛	培养	鼓励
声称	决定	忍耐	评估	完成	定义	加强	协助	构成	代表	提高	参加	领会
运送	娱乐	审核	计算	证明	建立	权衡	集中	设计	估计	议价	详述	评估
美化	调和	探测	膨胀	预算	面对	发展	解释	购买	联结	发明	探索	计算
保存	诊断	表达	概念化									

(1)按照技能的熟练程度,将列表中的技能填写在下面的表格当中。

非常熟练	比较熟练	一般	不太熟练	完全不熟练

(2)请重新审视你对上面技能的划分和填写,查看是否有需要调整的内容。尤其需要关注中间填写在“一般”栏目中的技能,这个栏目的技能并不利于同学们后续的分类管理,因此接下来我们会省略该竖列的技能,将之删除,请你再次考量,是否将“一般”竖列中的技能调整到其他类别,或是确定放弃。重新填写调整后的技能分类。

非常熟练	比较熟练	不太熟练	完全不熟练

(3)人们在完成各种工作时难免会带入个人情感,体现在我们对完成这件事情是喜欢还是排斥的感兴趣程度。因此对于技能的划分,不能不考虑兴趣的影响。接下来在技能熟练程度划分的基础上,再增加兴趣维度,按照由喜欢到排斥的程度,考虑相同熟练程度下的可迁移技能划分。

	非常熟练	比较熟练	不太熟练	完全不熟练
喜欢				
不知道				
不喜欢				

(4)同样处于中间的"不喜欢"栏目不利于同学们对技能的澄清,因此依旧需要对这个栏目的内容进一步界定,对于继续保留在这个栏目的技能,我们仍将暂且忽略。请填写调整后的可迁移技能划分表格。

	非常熟练	比较熟练	不太熟练	完全不熟练
喜欢				
不喜欢				

以上就是结合技能与兴趣两个维度的划分,它可以帮助我们将可迁移技能划分为四个部分:第一分部是由"非常熟练""比较熟练"与"喜欢"交叉构成的技能,称为优势区技能;第二部分是由"不太熟练""完全不熟练"与"喜欢"交叉构成的技能,称为潜力区技能;第三部分由"非常熟练""比较熟练"与"不喜欢"交叉构成的技能,称为退路区技能;第四部分由"不太熟练""完全不熟练"与"不喜欢"构成的技能,称为盲区技能。对于不同区域的技能,我们可以采取不同策略,或提升,或规避,以便更加顺利和高效地实现生涯成长。同学们可以进一步参考深度阅读,学习针对不同区域技能的实施策略。

训练活动 3-4　发掘我的优秀品质

(1)在人际交往或是学习工作中,往往有一些特征品质被人们普遍认可。那么在日常人际交往中,你更愿意与哪些特征品质的人相处?在学习工作中,你认为哪些特征品质是取得成功的重要因素?

____

____

(2) 在小组中分享你的观点,并根据小组内其他成员的意见,找出那些被大家广泛认同的特征品质。

____

____

(3)请熟悉你的亲友、同学用 3 ~ 5 个形容词或副词描述你在他们心中留下的主要印象。为了尽量展现你最完整的特征品质,请至少征询 8 人以上,并将他们对你的描述记录在下面。

(4)看到他人对你自我管理技能的评价,你的感觉如何?哪些是你能够预料到的?哪些是你自己尚未意识到的?

(5)请参考下面的自我管理技能词汇表,看看还有哪些是你认为自己具备的特征品质。结合身边好友和同学对你的评价,选择5~8个你认为最擅长或最有优势的自我管理技能记录下来,这些将是你今后侧重发挥的优秀品质。

可迁移技能词汇表

诚实	正直	自信	开朗	合作	耐心	细致	慎重	认真	负责	可靠	幽默	友好
真诚	热情	投入	高效	冷静	严谨	踏实	积极	主动	豪爽	勇敢	忠诚	直爽
现实	执着	机灵	感性	善良	大度	坚强	随和	聪明	稳重	热情	乐观	朴实
渊博	机智	敏捷	活泼	灵活	敏锐	公正	宽容	勤奋	镇定	坦率	慷慨	清晰
明智	坚定	乐观	亲切	好奇	果断	独立	成熟	谦虚	理性	周详	客观	平和

有创意　有激情　有远见　有抱负　有条理　想象力丰富　善于观察　坚韧不拔

足智多谋　精力旺盛　头脑开放　多才多艺　彬彬有礼　善解人意　吃苦耐劳

训练活动3-5　撰写成就故事

在我们的人生经历中,总有那么一些事情令我们为之自豪。也许这件事情在别人眼中微小到不值一提;也许这件事情并不算通常意义上的成功;也许这件事情与你的学习和工作毫无相关,但每当想起它,你依旧会发自内心地为自己完成这件事情而感到骄傲。例如,你自己尝试修理好坏掉的电子产品;你克服阻力瘦身5公斤;你组织策划了一场新生活动;你持续自学完成某项科创竞赛,等等。

请回顾以往那些令你有成就感的事情,同时需要注意,这件事情必须符合两条衡量标准:第一,完成这件事情的过程中,你可以感受到自己喜悦的情绪;第二,完成这件事情之后,你获得的自豪感不会受外界的影响而改变。

(1)将你的成就故事按照STAR行为事件描述法,详尽地记录下来,尤其要体现细节。

STAR行为事件描述法:

S——情景,事情当时发生的背景

T——目标,当事人需要/期待达成的任务

A——行动,当事人具体采取哪些行动,以此促进目标的实现

R——结果,事情最终的结果怎样

举例:小明在高三时期,由于长期学习和想要考入名校的压力导致情绪非常不稳定。

尤其在学校的两次模拟考试中，他的成绩都很不理想，年级排名下降近 100 名，并且分数也与梦想高校有较大差距。在第二次模拟考试之后，看着年级总分排名统计表，小明静下来开始坦诚地接纳了自己当前的状态。然后他深入回顾、分析了影响自己情绪的原因。对于来自外界师长的期望，他决定理性看待，不再因为别人的期待给自己增加负担；对于来自课程知识的不确定，他进行分类，按照重要程度和难易等级设定不同的学习策略；对于来自高考本身的紧张，他制订详细的复习计划，以每天增添的知识点为自己鼓劲。通过这些调整，小明在高考中沉着、冷静，高考成绩比平时提高 30 分，如愿进入自己梦想的高校。

S——情景，高考压力使得成绩下滑

T——目标，考入梦想大学

A——合理看待外界压力，划分不同内容的学习策略，制订加分复习计划

R——以高出平时 30 分的成绩，进入梦想高校

(2)分析你的成就故事中，体现出哪些技能，并按照技能的三分法将它们划分填写在不同的栏目中。

成就故事 1：

专业知识技能：________________________________

可迁移技能：________________________________

自我管理技能：________________________________

(3)根据上面的方法，继续回顾你的另外两个成就故事。按照 STAR 的行为事件描述方法，讲述给小组成员，在大家的共同帮助下，填写你另外两件成就故事中的技能。

成就故事 2：

专业知识技能：________________________________

可迁移技能：________________________________

自我管理技能：________________________________

成就故事 3：

专业知识技能：________________________________

可迁移技能：________________________________

自我管理技能：________________________________

(4)按照技能分类，汇总你的三个成就故事中的所有技能，对于重复出现的技能，请不要省略，每一次都要在此写出。

	成就故事 1	成就故事 2	成就故事 3
专业知识技能			
可迁移技能			
自我管理技能			

(5)通过以上的汇总，找出重复出现或特质相似的技能，它们很可能是你最为擅长的，这些技能值得在今后成长发展中不断强化，成为你的个人品牌。

(6)结合所有出现的技能,思考它们之间具有怎样的内部联系,按照你的需要和标准,可以将这些技能划分为几类?针对你的划分方案,你将制定什么样的能力提升策略。

3.7 深度阅读

通过本章的学习,同学们重新审视了自己的各项技能,发现许多以往不曾注意的优势。但是个人精力有限,发展目标也各不相同,人们对待诸多技能无法一视同仁,势必需要区分管理,这样才能更好地促进生涯发展。在此,我们可以按照“喜欢”与“熟练”两维度,将技能划分到四个象限之中,分别是优势区技能、潜力区技能、退路区技能和盲区技能,以不同策略对待不同区域的技能发展。

3.7.1 优势区

优势区是人们既喜欢又熟练的技能,它也是当前阶段人们的核心技能。对待这个区域技能的主要策略就是保持领先和发扬光大。也就是说,一方面你应该不断地聚焦和提升它们,使之更加突出,即使在与他人的比较中,也同样占有优势地位;另一方面,你需要对这些技能保持有效的“宣传”。也就是说,在经常运用之中,你不仅凭借它们高效、出色地完成各项工作任务,而且可以使身边人将你和优势技能关联起来,让优势技能成为你的个人品牌,以此创造更多的机会与平台。例如,擅长文字写作的同学,通过多篇高质量的活动新闻报道,成为同学、老师眼中的实力撰稿人;擅长活动主持的同学,通过几场精彩的文艺活动主持,成为校园重要文艺节目主持人的首选;为人踏实、勤恳的学生干部,通过一段时间的工作表现,成为同学、老师心中值得托付的合作伙伴。

3.7.2 退路区

退路区是人们并不喜欢,但能够熟练掌握的技能,这样的技能往往反映在过去时间中,人们受生活、成长需要而必须培养出来的技能。出于各种原因,我们对这个区域的技能并不感兴趣,但是它们却可以成为我们在没有更好选择时的后备保障。因此,对待这个区域的技能,我们不要一味地排斥,需要适当占用时间巩固练习。通过不断练习,保证自己在将来某个时间需要使用它们之时,不至于彻底生疏或遗忘。同时,随着人们对自我兴趣的探索和开发,一些原本不太喜欢的技能有可能重新得到审视和划分。或者我们可以考虑将退路区域的技能与优势区域技能进行组合,尝试发展出新的生涯发展方向。对于退路区域的技能,我们虽然不需要弃之如敝履,但也没必要占用许多时间,更要避免将这个区域的技能发展成个人品牌,为此被迫花费过多自己不情愿的精力。

3.7.3 潜能区

这个区域汇集了我们期待未来具备的优秀技能,虽然当前非常喜欢,但并不擅长,因此这些技能是我们当前集中精力培养、攻克的方向。许多刚进入大学的学生,对自己有众多的期许,因此潜能区域的技能往往数量众多。这种情况下,我们需要根据个人需求将这个区域的技能排序,每个时期选择1~3项重点培养,这样才能够更加聚焦,从而使得个人优势技能在群体中突显。此外,技能提升的前提是个人可以理性看待成长。每个人都存在短板,对待那些迫切希望提升的技能,我们需要怀有持之以恒的态度,持续付出努力,就如同前面介绍的一万小时定律那样,只要投入充足的时间和精力保持练习,就可以提高技能的熟练程度。

3.7.4 盲区

这个区域的技能,经常带给人们困扰,因为我们既不感兴趣,同时也不太擅长。有些人投入大量时间和精力用于弥补这个区域的不足;有些人因技能不足产生自卑情绪。为此我们应该怀着理性和客观的态度,去接纳个人的不完美。所谓“人无完人”,每个人都无法在方方面面做到优秀。对待这个区域,我们需要认真地面对,正视自己的不足,然后采取弥补的措施。我们可以与擅长这个领域的同学合作,协作完成相关的任务,实现团队的互补与共赢;在有选择的情况下,我们也可以申请交换完成其他擅长的工作,即使交换后的工作量更多,相比于不擅长的领域,选择以更高的效率、更好的情绪去完成工作,更加有利于我们对自己的积极评价。

综上所述,将技能结合兴趣之后,我们可以将它们划分为四个象限,对处于不同象限的技能,同学们可以采取不同的策略,简要概括如图3-4所示。

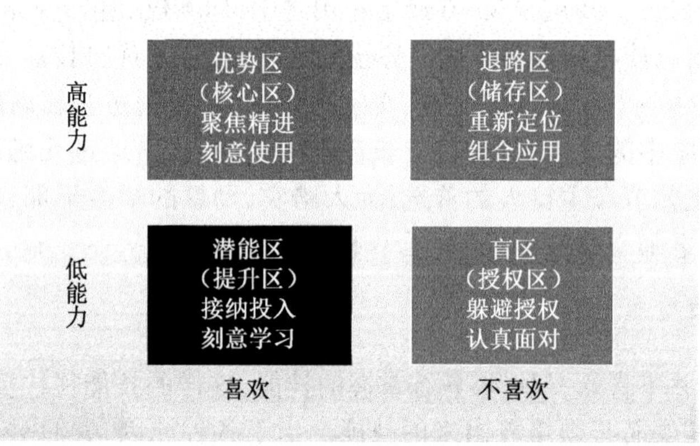

图3-4 能力管理的四象限

3.8 课堂收获

1. 在本单元中,你是否发现了一些自身具备却一直被忽略的技能?它们都是什么?

2. 你的“能力管理四象限”中,优势区技能有哪些?潜能区技能有哪些?你打算当前先从哪里提升自己的技能?

3.9 推荐阅读

1. 吴芝仪. 我的生涯手册[M]. 北京:经济日报出版社,2008.
2. 科伊尔. 一万小时天才理论[M]. 北京:中国人民大学出版社,2010.

第4章　价值观探索

4.1　知识点导读

(1)了解价值观、职业价值观的含义;
(2)熟悉职业价值观分类;
(3)掌握探索职业价值观的方法及价值观澄清。

4.2　生涯故事

刚刚经历了严格军训的大一新生的宿舍里,正在热烈讨论一件事情:

老大说:哎,哥儿几个,你们都报了哪些社团和学生组织啊?

老二说:我就报了学生会,其他的都没报,想着集中精力把这个干好,锻炼锻炼能力,多结交一些志同道合的朋友,也就是扩大人脉,俗话说的好,多个朋友多条路嘛,将来毕业对我找工作也有帮助。

老三说:我就报了一个吉他社团,因为我特别喜欢吉他,但是以前上高中学习紧,妈妈不让我弹,现在我终于有了属于自己的时间,可以尽情弹琴了,我的理想就是在大学阶段能办一个属于我自己的个人专场演出。

老四说:我报了好多社团呢,好几个都是我老乡介绍的,一起多学学呗,这叫艺多不压身,也没啥坏处。

老五说:我什么社团和组织都没报,担心没有那么多精力,怕占用过多的学习时间,我将来想读研,还是好好学习吧,打好基础再说。

老六说:同志们,你们该锻炼能力就锻炼能力,该学习就学习啊,不用管我,上大学我就只想好好放松放松,都学了多少年了,不学了,我的追求不高,只要能毕业就行。老大,那你呢,你想干什么啊,大学怎么过啊?

老大说:其实啊,我也没想好,我看你们想得都挺清楚的,都知道自己想要什么,然后还能够有方向地去努力,我现在也不知道自己想要什么,换了一个环境还挺迷茫的,我再想想吧。

4.3　生涯故事讨论

(1)同学们,相信你们和案例中的学生情况基本相同,你们在寝室中是否讨论过生活、学习、未来发展方面的事？具体都讨论了些什么？你在学校社团和学生组织招新中，都参加了哪些社团和学生组织？为什么选择加入？

____

(2)如果你们讨论过案例的事情，你当时的想法和案例中的哪位同学的想法是一致的？小组分享一下，你为什么会有这样的选择？写下原因或关键字。如果你们没有讨论过，请你现场思考一下，说出你的想法。

____

(3)如果一切顺利地按照你所希望的发展，你期待在社团中或学生组织中得到什么样的收获？

____

(4)请与你的小组成员分享自己的想法，试一试能不能找到和你想法不一致的小伙伴，他的选择是什么？支撑他选择的原因又有哪些？你是否赞同？为什么？

____

(5)你愿意与小组某同学交换选择，经历他的生活轨迹吗？

____

(6)如果案例中没有体现你的想法，请写出你的想法。

____

(7)案例中寝室老大的困惑在哪里，为什么老大会产生困惑？你是否也会有这种困惑？

____

(8)你认真思考过你的大学四年的生活应该怎么样过了吗？还是人云亦云？

____

(9)谈谈这则案例对你的启示。

____

4.4 案例总结

正所谓“一千个人眼中就有一千个哈姆雷特”，每个人的生活环境、看待问题的角度决定了每个人的决定必定千差万别。大学更是这样，每名同学都有属于自己的、独一无二的大学生活。我们可以看出，案例中的 6 名同学基本可以分成几大类，有想锻炼社交能力、有想锻炼学习能力、有想发挥文体特长的，也有想单纯放松的，其实这基本可以涵盖了大学几条主要的发展路径。重要的是每条路径的过程是不一样的，比如想做学生组织、社团的，活动会占据大学生活的大量时间和精力，每天游走于各种学生组织和社团中，结交形形色色的人；想考研的，学习时间一定会占用很多，可能会是“三点一线”的模式生活；想从事文艺的，练习乐器肯定会占用他的绝大部分空闲时间，可能会和志同道合的朋友一起做音乐；想单纯放松的可能大部分时间会宅在寝室。

案例中的几名同学选择都不相同，他们为什么会有不同的选择呢？其实每次选择或者抉择的背后就是个体价值观的排序。比如从事学生组织和社团的同学，他的价值观排序中社会交往因素占据了主要位置；从事音乐的同学，他的价值观排序中对新意和自由的追求可能占主导地位;单纯放松的同学,肯定是舒适排在第一位。所以每个人的选择都是基于每个人不同的价值倾向做出的,同时这也会与自身将来的发展道路息息相关。

选择没有所谓的对与错,更多的是看适不适合自己。无论是选择哪种生活方式,只希望同学们能不负青春、不负韶华,通过自己的努力,打造属于自己的美丽、精彩、充实的大学生活。

4.5 生涯理论

4.5.1 什么是价值观

我们常讲要树立正确的三观,那么何为三观?即世界观、人生观和价值观,它们是文化素养的核心与标志。任何人的行为都会受到三观的支配和制约,但三观也有正误之分,正确的三观会引导我们积极向上,取得成功,错误的三观则会将人引入歧途,铸成大错。所以我们要对世界观、人生观和价值观形成正确的认识,坚持正确的价值观引领,能够是非分明。

世界观,也叫宇宙观,是指人们对整个世界的总的看法和根本观点。

人生观是指对人生的看法,也就是对于人类生存的目的、价值和意义的看法。人生观是由世界观决定的。

价值观的定义有很多种说法,本书采取下述定义。但是价值观的性质和特征已形成相对统一的观点:

价值观是我们在生活和工作中所看重的原则、标准或者品质,是世界观的核心。它指向我们一生中最重要的东西,是个体行为背后的深层动机,对个体的职业选择和发展起到重要的激励、影响作用。

(1)它是生活方式的选择。每个人的生活方式都不同,他在选择的过程中的优先级也是不一样的,这就是价值观对个体影响的根源所在。

(2)它是做事的内发动力。你的价值观驱动你从事某些活动,做某些事情。比如,有人的价值观选择把健康放在最重要的位置,那么他就会为了健康去从事体育锻炼或者从事能够促进其健康的事情。

(3)它在特定时期内相对稳定。价值观有相对稳定性的特征,在一定的时期内影响着你处理事务的方式和原则。但它也不是一成不变的,它会随着你的需求和社会大环境的改变而发生变化。

美国的生涯辅导大师舒伯认为,职业价值观就是个人追求的与工作有关的目标,亦即个人在从事满足自己内在需求的活动时所追求的工作特质或属性,它是个体价值观在职业问题上的反映。并总结了我们在工作中追求的 13 种价值:

利他主义——个体愿意从事该职业在于该职业为社会和他人的贡献,并不计较个人的得失与否。

美的追求——个体愿意从事该职业在于该职业能不断地激励个体对美的追求,满足个体对美的需求。

智力刺激——个体愿意从事该份职业在于该职业可以经过自己的智力劳动，解决常人解决不了的问题。

成就感——个体愿意从事该职业在于该职业可以通过自己的努力，获得别人的认可，并在其中收获满足和成就感。

独立性——个体愿意从事该职业在于该职业个体的充分独立性，可以不受别人和外界大环境的影响，把自己的想法充分实现。

声望地位——个体愿意从事该职业在于该职业可以给个体带来身份上的改变，社会地位高，受其他人的尊敬。

管理权力——个体愿意从事该职业在于职业能够给个体带来相应的权利，对资源享有分配权，能够支配他人。

经济报酬——个体愿意从事该职业在于该职业能够给予个体足够的经济利益，可以满足个体对金钱的追求。

社会交往——个体愿意从事该职业在于该职业能够给个体带来更多的和人打交道的机会，结交很多的人。

舒适环境——个体愿意从事该职业在于该职业的工作环境是个体所喜欢的，无论是清闲自由的环境，还是紧张忙碌的工作环境。

安全感——个体愿意从事该职业在于该职业具有相对稳定性，并且工作压力较小，不用时刻担心工资待遇和人身安全等问题。

人际关系——个体愿意从事该职业在于该职业同事关系相对融洽，没有斤斤计较，工作环境和谐。

追求新意——个体愿意从事该职业在于该职业的工作内容经常变换，不是固定的，总是需要创新和创意，可满足个体对新意的追求。

4.5.2　价值观澄清

每个人都有自己的价值观，没有对与错、好与坏的区别，但是不管是哪种价值观都会对我们的生活取舍和判断产生重要的影响，所以认清自己的价值观就显得尤为重要。我们先来看一个案例：

有一辆汽车行驶时遇到了一位心脏病发作的老太太，和一位着急去给孕妇接生的医生，但是汽车只能坐下一个人，老太太如果不能及时送到医院治疗就会有生命危险，而这个医生如果不能及时去给孕妇接生，孕妇也有可能性命不保。但是这个医生也没有能力替老太太治疗，而且医生和老太太两人所去方向正好相反，请问这个司机应该载哪一个呢？如果你是这个司机，你会如何做出抉择？

看似是一个难以做出的抉择，但是也恰恰体现了一个人的价值观，无论选择载哪一个人，司机都需要很大的勇气做出选择，所以从这点可看出司机具有很高的道德素养，他能够认识到生命的可贵，但是最终他又会选择载谁，则体现了他的价值选择，也就是他的价值观。

对价值观的取舍和排序是一个艰难的过程，同时也是一个发现的过程，其中很多以前没有认真思考过的问题，都被我们记起，同时有很多平时我们认为很重要的东西，其实并不是那么必要。还有一部分人通过测试得出了结论，我的价值观就是什么，这其实也是不科学的，例如，有很多人把健康排在第一位，但是实际生活中的所作所为却往往不拿“健康”当回事，不注意饮食、熬夜玩手机，等等。所以这就要求我们要不断地反思，我们的真实的价值观是哪些。

我国广大职工要牢牢把握为实现中国梦而奋斗的时代主题，把自身前途命运同国家和民族前途命运紧紧联系在一起，把个人梦同中国梦紧密联系在一起，把实现党和国家确立的发展目标变成自己的自觉行动，爱岗敬业、争创一流，以不懈奋斗书写新时代华章，共同创造幸福生活和美好未来。2018 年 10 月 29 日上午，习近平总书记同中华全国总工会新一届领导班子成员集体谈话并发表重要讲话。

(1)整体和部分相互联系，密不可分，“个人梦”和“国家梦”是紧密相联的。

(2)部分是整体中的部分，整体的功能状态及其变化影响部分，要求我们树立全局观念，立足整体，统筹全局。要把“个人梦”和“国家梦”紧密联系起来，以国家、民族利益为重，为中华民族的伟大复兴贡献力量。

(3)整体是由部分构成的，部分的功能及其变化影响整体，要求我们搞好局部，用局部的发展推动整体的发展。要积极完善自我，努力实现个人的梦想，为“中国梦”的实现奠定基石。

美国路易斯·拉斯等学者指出，真实的价值观需要具备以下一些基本要素：

(1)选择

它是你不受外界任何因素干扰，发自本心的自由选择。它不是你唯一的选择，而是你从众多的价值观中，经过慎重思考之后筛选出来的。

(2)珍视

你真的认可价值观，并视它为你的价值准则，愿意为之付出。你可以把你的价值观告诉其他人，并没有任何心里负担。

(3)行动

你现在的行动都是在执行你的价值观，而不是背道而驰。

4.5.3 马斯洛需求层次理论

马斯洛提出了人有五个层次的需求：生理需求、安全需求、社交需求、尊重需求和自我实现需求，如图 4－1 所示。生理需求包含水、空气、食物、性等需求；安全需求包含人身安全、生活稳定，以及免受痛苦、威胁或疾病等需求；社交需求包含爱、感情、归属感等需求；尊重需求包含自尊及来自他人的尊敬；自我实现的需求包含自我理想的实现，个人潜能极度发挥，做自己认为有意义和有价值的事等需求。它还可以分成三个层次：基本需要、次级需要、高级需要。这样就可以很清晰看出人类的需求是有层次性的，是相互关联的有机递进系统。

这几个层面必须是从低到高逐层实现的。当个体在低层次需求得到满足后，才能开始寻求下一层次需求的满足，比如某个人生理需求没有满足时，吃不饱，穿不暖时，他肯定是没有安全感的，因为安全感其中最重要的一项就是物质基础。以此类推，安全需求没有满足时，社交需求更无从谈起，更不用谈尊重需求了。

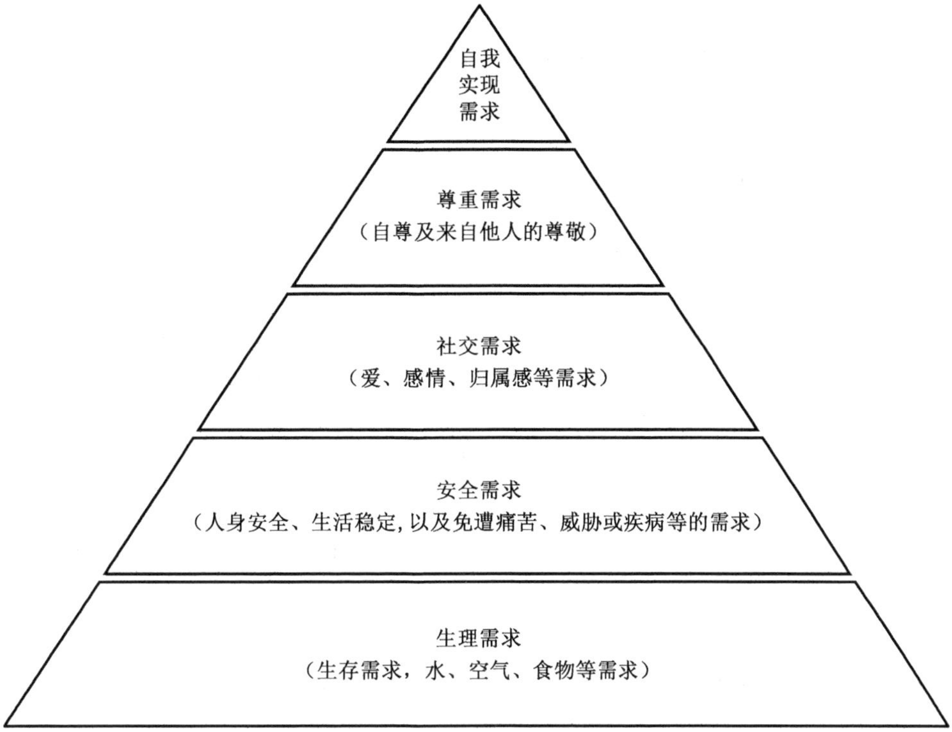

图 4－1　马斯洛需求层次

各层次的需求所体现的价值观是不同的，而且它是基于长期的实践而产生的认知，所以价值观在一定时期内相对稳定。但是随着个人年龄的增长，所处的阶段不同，社会经济、生活方式发生改变，导致个人的价值观也随之发生改变。

比如，有些毕业生在就业选择时，想买房买车、成家等，则会重点考虑工作能带来的收益，特别是经济利益；而有些同学家庭条件较好，不考虑房子和家庭经济负担，可能更多考虑自己的兴趣，做自己喜欢做的工作。明显可以看出两名毕业生的需求层次是不同的，前者考虑的更多的是“生理、安全”需求，而后者则更多考虑的是“归属和自我实现”的需求。更直接地反映出两者价值观的不同。但是前者经过多年的努力实现了低层次需求后，开展追求尊重需求的满足和自我实现就顺理成章了，这就是价值观改变的原因。

名人名言

我的生活即是我想要传递的信息。——甘地

人固有一死，或重于泰山，或轻于鸿毛。——司马迁

最本质的人性价值就是人的独立性。——布边曼

人生的价值，并不是用时间，而是用深度去衡量的。——托尔斯泰

4.6 训练活动

4.6.1 工作价值观澄清

舒伯的生涯发展理论告诉我们,生涯是分阶段的,而且在不同的阶段价值观,特别是职业价值观是分层次的,可以分为当下需求、阶段目标、终极目标,并对应着相应的价值观。顾名思义,终极目标就是你的最高职业愿景,你能达到的最高成就;而阶段目标服务于终极目标,在时间节点上更近一些;当下需求就是现在你急需要完成的目标。

1. 终极目标:80 岁生日宴会

在 2018 年你进入了×××大学,经过 60 年的奋斗,你通过……学习,成为了……,你拥有了……,掌握了……。今天是你 80 岁的生日,需要举办生日宴会:

请描述一下是在哪里举办的生日宴会?酒店还是家中,抑或是其他地方?场地豪华抑或普通?

____

现场氛围怎样?轻松抑或庄重?喝的是什么酒?

____

出席宴会的嘉宾们都有什么人?除了子女亲人外,还有哪些重要的人士参加?

____

嘉宾都是从哪里来的?做什么工作的?

____

他们穿着什么样的服装?

____

他们三三两两聚在一起,都在谈论什么?若在讨论你,他们都在谈论什么?

____

嘉宾们对你的称呼都有哪些?

____

宴会的主持人是谁?又是谁致辞?他会如何概括以及评价你的一生呢?

____

主持人邀请你上台和大家分享你的人生感悟,从呱呱坠地的婴儿,到蹒跚学步的幼儿,从单纯可爱的少年,到斗志昂扬的青年,再到人生巅峰,当你回首走过的 80 年历程,你对自己的人生满意吗?有哪些值得你骄傲的?有什么遗憾吗?

____

如果要你对在座的所有晚生后辈说一下自己的人生感悟或者忠告,你会选择赠送他们一句什么话?

____

通过以上的设想,你发现,对你而言,一生之中最重要的事件都有哪些?

____

2. 阶段目标:大四的我的一天

首先,调整你的坐姿。请你轻轻地闭上眼睛,做几个深呼吸,深深地吸气,再缓缓地呼出来,自然地吸进来,慢慢地呼出去;自然地吸进来,慢慢地呼出去,放松,放松。

尽可能地放松,保持舒服的姿势坐在椅子上,尝试去感觉你全身的重量是不是很均衡地分配在你的双脚、大腿、臀部、后背、手臂。请你感觉你左右两边的重量是不是很均衡。

现在来感受一下你的身体还有哪些地方紧张,如果有请揉一揉,捏一捏,好啦,我们继续放松,放松,放松。

我们现在一起坐上了时光隧道机,来到了 2022 年,算一下你现在多少岁?你的容貌有变化吗?

早晨你睁开眼睛,拿起手机看了一下,现在是几点?是什么原因让你醒的?你的室友都起床了吗?

今天的天气怎么样?

起床洗漱完毕后,你会去吃早餐吗?吃的什么?

吃过早餐之后你会去做什么?为什么要去做?做这件事你开心吗?

一上午过去了,你感觉怎么样?

经过中午的休息,你打算下午做什么?还是重复上午的事情吗?

一下午又过去了,你感觉怎么样?

晚上你是在哪里度过的?你做了什么?你的室友在做什么?

你是几点上床睡觉的?感觉今天过得怎么样?充实吗?

明天是怎么安排的?

现在我们真的睡着了,睡得很香,一分钟后叫醒你。

通过以上的幻游,你对未来理想的职业生活描绘都有哪些?

3. 当下需求:工作价值观澄清

根据以上两个阶段的测试,得出本人的终极目标和阶段目标分别是什么,并填写下面表格。

工作价值观澄清

价值观层次	提问	回答
终极目标	有一天你功成名就了,也就是说,你的事业已经到了巅峰时期,人生职业发展的相对制高点,你想要满足的有哪些?	
	那个时候,你大概多少岁?	A
阶段目标	为了A岁的时候,实现这些目标,那么,向前推十年,B(A-10)岁的时候,你至少要实现哪些?	
	如果B岁要达到这些,那么C(B-10)岁的时候,你需要实现哪些?	
	如果C岁要达到这些,那么工作前三年,无论从事什么样的工作,什么对你来说才是最重要的?	
当下需求	为了获得这样的工作,那么从现在到毕业,什么对你来说是最重要的?	

4.6.2 WVI职业价值观澄清测量

下面有52道题目,每个题目都有5个备选答案,请根据自己的实际情况或想法,在题目后面选出相应字母,每题只能选择一个答案。通过测验,可以大致了解自己的职业价值观倾向。A.非常重要;B.比较重要;C.一般;D.较不重要;E.很不重要。

WVI工作价值观量表

1.你的工作必须经常解决新的问题					
2.你的工作能为社会福利带来看得见的效果					
3.你的工作奖金很高					
4.你的工作内容经常变换					
5.你能在你的工作范制内自由发挥					
6.工作能使你的同学、朋友非常羡慕你					
7.工作带有艺术性					
8.你的工作能使人感觉到你是团体中的一分子					
9.不论你怎么干,你总能和大多数人一样升级和涨工资					
10.你的工作使你有可能经常变换工作地点、场所或方式					
11.在工作中你能接触到各种不同的人					
12.你的工作上下班时间比较随便、自由					
13.你的工作使你不断获得成功的感觉					
14.你的工作赋予你高于别人的权力					
15.在工作中,你能实行一些自己的新想法					
16.在工作中你不会因为身体或能力等因素,被人瞧不起					

17. 你能从工作的成果中,知道自己做得不错					
18. 你的工作经常要外出,参加各种集会和活动					
19. 只要你干上这份工作,就不再被调到其他意想不到的单位和工种上去					
20. 你的工作能使世界更美丽					
21. 在你的工作中,不会有人常来打扰你					
22. 只要努力,你的工资会高于其他同年龄的人,升级或涨工资的可能性比干其他工作大得多					
23. 你的工作是一项对智力的挑战					
24. 你的工作要求你把一些事物管理得井井有条					
25. 你的工作单位有舒适的休息室、更衣室、浴室及其他设备					
26. 你的工作有可能结识各行各业的知名人物					
27. 在你的工作中,能和同事建立良好的关系					
28. 在别人眼中,你的工作是很重要的					
29. 在工作中你经常接触到新鲜的事物					
30. 你的工作使你能常常帮助别人					
31. 你在工作单位中,有可能经常变换工作					
32. 你的作风使你被别人尊重					
33. 同事和领导人品较好,相处比较随便					
34. 你的工作会使许多人认识你					
35. 你的工作场所很好,比如有适度的灯光,安静、清洁的工作环境,甚至恒温、恒湿等优越的条件					
36. 在工作中,你为他人服务,使他人感到很满意,你自己也很高兴					
37. 你的工作需要计划和组织别人的工作					
38. 你的工作需要敏锐的思考					
39. 你的工作可以使你获得较多的额外收入,比如,常发实物、常购买打折扣的商品、常发商品的提货券,有机会购买进口货等					
40. 在工作中你是不受别人差遣的					
41. 你的工作结果应该是一种艺术而不是一般的产品					
42. 在工作中不必担心会因为所做的事情领导不满意,而受到训斥或经济惩罚					
43. 在你的工作中能和领导有融洽的关系					
44. 你可以看见你的努力工作的成果					
45. 在工作中常常要你提出许多新的想法					
46. 由于你的工作,经常有许多人来感谢你					
47. 你的工作成果常常能得到上级、同事或社会的肯定					

48. 在工作中,你可能做一个负责人,虽然可能只领导很少几个人,你信奉"宁做兵头,不做将尾"的谚语					
49. 你从事的那种工作,经常在报刊、电视中被提到,因而在人们的心目中很有地位					
50. 你的工作有数量可观的夜班费、加班费、保健费或营养费					
51. 你的工作比较轻松,精神上也不紧张					
52. 你的工作需要和影视、戏剧、音乐、美术、文学等艺术打交道					

评分与评价:

上面的52道题分别代表十三项工作价值观。每个A得5分、B得4分、C得3分、D得2分、E得1分。请你根据下面评价表中每一项前面的题号,计算一下每一项的得分总数,并把它填在每一项的得分栏上。然后在表格下面依次列出得分最高和最低的三项。

评价表

题号	得分	价值观	说明
2,30,36,46		利他主义	工作的目的和价值,在于直接为大众的幸福和利益尽一份力
7,20,41,52		美的追求	工作的目的和价值,在于能不断地追求美的东西,得到美感的享受
1,23,38,45		智力刺激	工作的目的和价值,在于不断进行智力的操作,动脑思考,学习以及探索新事物,解决新问题
13,17,44,47		成就感	工作的目的和价值,在于不断创新,不断取得成就,不断得到领导与同事的赞扬,或不断实现自己想要做的事
5,15,21,40		独立性	工作的目的和价值,在于能充分发挥自己的独立性和主动性,按自己的方式、步调或想法去做,不受他人的干扰
6,28,32,49		声望地位	工作的目的和价值,在于所从事的工作在人们的心目中有较高的社会地位,从而使自己得到他人的重视与尊敬
14,24,37,48		管理权力	工作的目的和价值,在于获得对他人或某事物的管理支配权,能指挥和调遣一定范围内的人或事物
3,22,39,50		经济报酬	工作的目的和价值,在于获得优厚的报酬,使自己有足够的财力去获得自己想要的东西,使生活过得较为富足
11,18,26,34		社会交往	工作的目的和价值,在于能和各种人交往,建立比较广泛的社会联系和关系,甚至能和知名人物结识
9,16,19,42		安全感	不管自己能力怎样,希望在工作中有一个安稳局面,不会因为奖金、涨工资、调动工作或领导训斥等经常提心吊胆、心烦意乱

题号	得分	价值观	说明
12,25,35,51		舒适环境	希望能将工作作为一种消遣、休息或享受的形式，追求比较舒适、轻松、自由、优越的工作条件和环境
8,27,33,43		人际关系	希望一起工作的大多数同事和领导人品较好，相处在一起感到愉快、自然，认为这就是很有价值的事，是一种极大的满足
4,10,29,31		追求新意	希望工作的内容应该经常变换，使工作和生活显得丰富多彩，不单调枯燥

得分最高的三项是：1. __________；2. __________；3. __________。

得分最低的三项是：1. __________；2. __________；3. __________。

从得分最高和最低的三项中，可以大致看出你的价值倾向，在选择职业时就可以加以考虑。

4.7　深度阅读

价值观在不同理论下的应用。

4.7.1　特质因素理论

1909 年美国学者弗兰克·帕森斯在其《职业选择》一书中提出了个人与职业应该是相匹配的，匹配度越高，个人就能更好的适应工作，获得感和幸福感就越高；相反，匹配度越低个人在工作中遇到问题的可能性就越大，职业发展就可能不顺畅。同时，他指出，个人之所以有职业独特性，是因为个人有四种特质：性格、兴趣、能力、价值观；职业具有四种要素：职业所需特质、职业的分类和内容、职业所需能力、职业回报。可以看出，帕森斯提出的个人和职业的特质和要素是相互对应的：性格对应职业所需特质，兴趣对应职业的分类，能力对应的是职业所需的能力，价值观对应职业回报。

价值观是个人判断事物是否重要的依据，是一个排序系统。不同人具有不同价值观，这也是同一事物对不同人的影响力和吸引力不一样的原因。职业回报是指从事这份职业能够得到的回报。回报不单指物质方面，也包含精神层面。物质方面包括工资、福利等等，精神方面包含企业文化、带来的社会地位等等。职业回报如果能够满足个人价值观，工作满意度才能高。例如，同专业、同寝室、同等家庭环境的两名同学甲和乙，在面临找工作的过程中，考虑的方面是不一样的：甲把工作地点限定在北上广深等一线大城市，首选是能够成为外企的白领，工资高一些，他幻想的生活就是“小资”；而乙同学则不然，他工作第一选择是回到家乡考个公务员，生活状态稍微慢一些，工作规律性比较强，每天朝九晚五，稳定一些就好。工作没有好坏之分，只有适不适合，对于甲来说的好工作，乙不一定认为好，对于乙来说好的工作，甲也不一定能喜欢，这就是价值观在发挥作用。

4.7.2 舒伯生涯发展理论

1953 年美国学者舒伯根据自己“生涯发展型态研究”的结果，将个人生涯发展阶段划分为成长阶段、探索阶段、建立阶段、维持阶段、衰退阶段五个阶段，

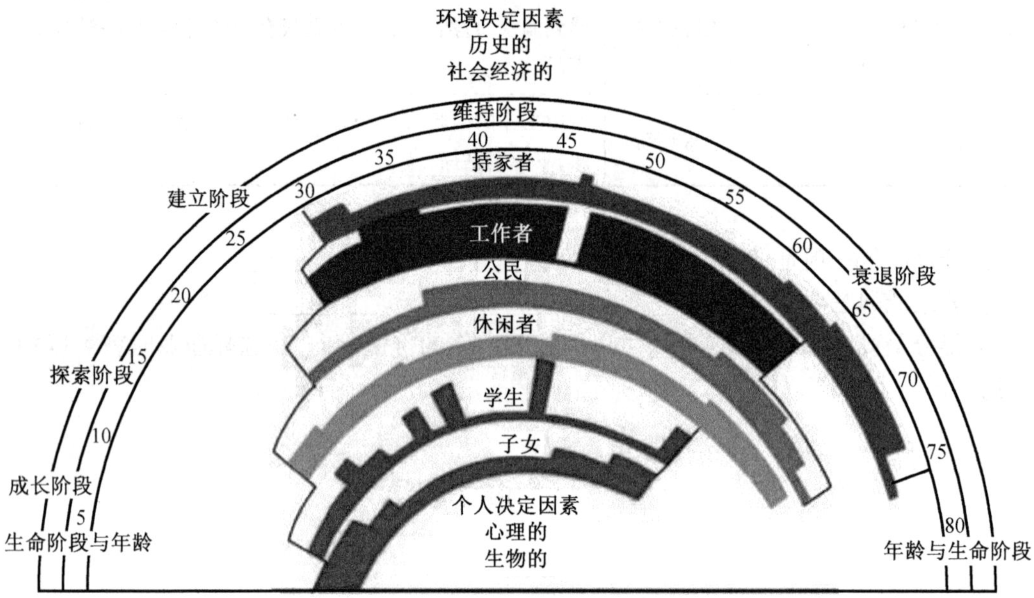

图 4－2 生涯彩图

舒伯的“生涯彩虹图”，外层显示个人人生主要发展阶段和大致的年龄范围，它是个人生涯的广度；纵向层面代表的是生涯的宽度，它是由一个个角色组成，在这里体现出了舒伯认为的人的一生所扮演的最重要的六种角色；颜色代表着个人对角色的感受，它是个人生涯的温度。内在因素对人生的广度的影响有限，对生涯的宽度和温度起着决定性作用。

生涯彩虹图让我们可以清晰看出人生所要经历的 5 个阶段和扮演的 6 种最重要的角色，人的一生是各种角色相互交织的复杂集合，世界上也没有哪种职业是可以完全兼顾到各种角色要求的，而且人的精力是有限的，在某个角色上投入了过多的精力，势必会影响到其他角色扮演的好坏。那么为了更好的满足各角色的需要，就需要合理的分配自己的时间和精力，我们就需要去平衡，在平衡的过程中发挥主导作用的就是个人的价值观。比如如果你在建立阶段或者维持阶段，那么你就要去平衡，让你的工作者角色所占用精力和时间要多些，其他角色的时间就要相对弱化一些；再比如如果你是在建立阶段初期，在你职业选择时，可能你对经济利益更为看重，工作的压力和强度尽量去“平衡”一下。这些都意味着你要去平衡，去选择，而选择就意味着取舍。

生涯彩虹图告诉了我们三个道理：

首先，不同的人生阶段，都有角色扮演的侧重点。人的时间和精力都是有限的，不可能把所有的角色都做到完美和极致，我们要学会去平衡，去探寻当下自己最重要的角色应该是什么，并在这个角色上投入更多的精力和时间。比如，在父母年老、生病时作为子女的角色就要显著的多于其他角色，当孩子需要抚养和照顾时，持家者的角色就应该占用大部分

精力。

其次,角色在不同的人生阶段虽然有主次之分,但不能缺位。不能因为追求某一角色的成功,完全忽略其他角色的身份,这样人的幸福指数肯定也不会高。比如,为了追求事业上的成功,忽略了家庭的角色,家里矛盾的产生爆发一定会影响其事业的成功,即便事业取得成功,他家庭也是失败的。

最后,应该及时的接受新的角色,开始新的阶段任务。从图中我们可以看出,有些角色是不以个人意愿为转移的,所以,有些角色必须结束,有些角色必须马上进入。比如,在小时候由于学业的压力,没有好好玩耍,那么参加工作以后,就尽情的玩耍,不用顾虑其他人的感受？这都是不对的,必须及时结束过时的角色或者活动,必须及时开启新的阶段和角色。

4.7.3　明尼苏达工作适应论

20 世纪 60 年代,美国明尼苏达大学学者罗圭斯特等人提出明尼苏达工作适应理论,主要内容是职业满足了个体的需求,个体同时满足了职业的需要,个人满意度和组织满意度才能达到最佳状态,如图 4－3 所示。

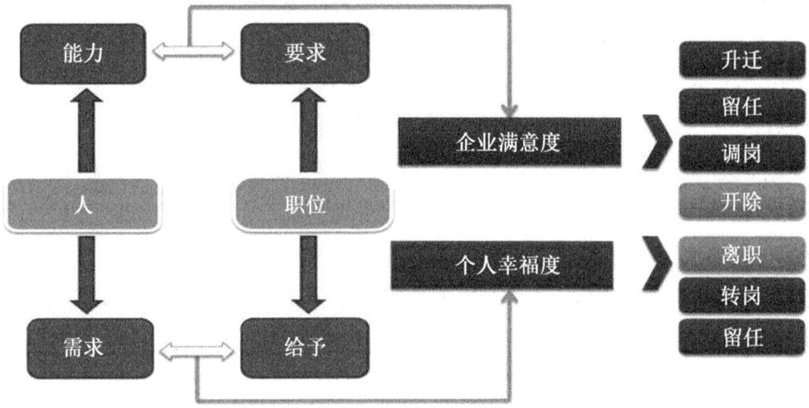

图 4－3　明尼苏达工作适应

同时该理论更重要的是提出了一种理念:选择职业或生涯发展固然重要,但进入职业后的适应问题更值得我们关注。那么要想双方都完全满足对方需求是不现实的,所以双方都需要适应,个人需要适应工作环境,工作同时需要适应个体之间的差异。但是可以看出明尼苏达工作适应理论主要指的是个体适应工作环境等职业要素。这里主要体现在个体价值观、能力等方面。

首先,上文中提到没有一份工作可以满足我们所有的价值观,既然选择了这份职业,就证明该职业满足了你最重要的核心价值观,或者满足了个体更多的价值观,那么没有满足的价值观就需要个体去调整和适应,而不是去改变职业来满足自身的需求,更重要的是个体基本没有能力改变职业。比如,外企的工作,满足了求职者的薪酬待遇的要求,但是经常加班是求职者不喜欢做的;公务员虽然很少加班,但是薪酬待遇是无法与外企工作比拟的。求职者在薪酬和加班之间进行选择的时候,如果选择外企工作,那么他就必须习惯加班;如果选择了公务员职业，那么他也必须接受相比之下薪酬偏低的现实。这就是价值观在工作适应下的改变。

其次，个体可以通过自身能力、技能的提升，继续保持自己的价值观不变。上文中提到，求职者进入外企后，薪酬的核心价值观得到了满足，同时不想改变自己对自由价值观的追求，那么就可以通过提升自身的能力和技能去实现，比如职业要求此项工作3天之内必须完成，按照正常能力的员工水平，必须要加班才能达到职业的要求，你提升了自身的能力和技能，不用加班在3天之内也能完成工作任务，那么你就可以不改变自己的价值追求。我们可以思考一下，求职者努力的提升自身的能力不也是工作适应的一个体现吗？

最后，进入职场后，不可能是完全独立的个人，一定会以小组形式体现，这就要求个体之间彼此适应，特别是价值观。但这意味着就要改变自己的价值取向，相反要让自己不会轻易改变自己的价值观，同时也不要轻易的去尝试改变别人的价值观，要学会相互包容，相互适应。

4.7.4 CD模型

CD(Career Development)模型即职业发展模型，是新精英生涯基于明尼苏达工作适应论之上所开发的职业生涯诊断工具，CD模型强调人与职位的互动关系，揭示出人具有自身的能力和自身的需求，而工作也有其需求及给予，两者间是互动匹配的关系。通过对自身能力和需求、职位要求和回馈等四方面的诊断，找到解决职业发展的脉门。

1. 两种循环

CD模型的核心是交换，是通过内外两个循环表现，分别是资源外循环和愿景内循环。

(1)资源外循环。从个人能力出发至个人需求结束。

首先，从个人能力出发，寻找可以满足需求的职业，或者满足某特定职位的需求，那么对于职业或者单位来说意味着成功，反之不能满足职业需求，对于职业来说意味着不成功。

其次，从职位要求到职业回馈，当个人能力满足职业需求时，必然积极的反馈，在职业发展和薪酬福利上给予相应的匹配，如果不能进行相应的反馈会造成职业者的困扰。

再次，从职业回馈到自我需求，当个人凭借自身的能力满足了职业的需求，职业带来了相应的回馈后，如果满足个人的需求时，就意味着个人幸福。

最后，从自我需求到自我能力环节，如果在之前的环节达到幸福那么个人会努力保持并发展个人的能力，以保证个人的幸福指数，反之，如果个人没有达到自我需求，他感到不幸福，就必然寻找办法让自我幸福，最有效的当然是提升自身能力或者降低自我需求。

(2)愿景内循环。从个人需求出发至个人能力结束，如图4-4所示。

首先，从个人需求出发，看职业回馈能否达到自身的需求和预期，如果可以满足自身需求，那么可以初步判断自身可以获得幸福感。

其次，从职业回馈到职业需求，我们可以看到，职业回馈的前提必须是个人满足了职业的需求，达到了职位或者企业的预期。

再次，从职位要求到个人能力，职位是固定的，它所要求的也是固定的或者单位事前设定好的，需要个人具备相应的能力去匹配，如果双方吻合，那么证明个人和职位都成功。反之，如果个人能力不能满足职位需求则意味着不成功。但是存在一种特殊情况，个人能力大于职位需求的情况，对于单位职位是成功的，对于个人来说成功了但是不一定是幸福的。

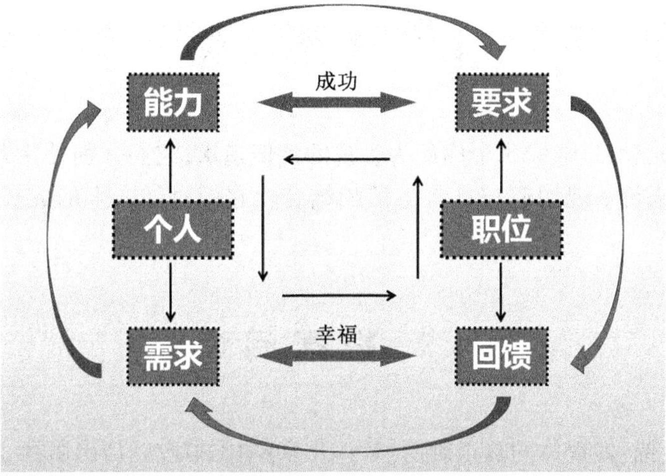

图 4-4　愿景内循环

最后,从个人能力到个人需求,个人能力支撑个人需求,如果个人想提高幸福指数,那么必然要增加个人需求,同样必须提高个人能力,去满足职位的要求才能达到。

(3)CD 模型主要适用于:个人对职位或者单位不适应,又没有其他解决办法时,选择 CD 模型解决,采取“灵魂三问”。

问题一:你希望更加成功还是更加幸福?

问题二:这两者的关系是什么? 在你看来哪一个是重心,是先解决成功问题还是幸福问题你会更满意?

问题三:你觉得你目前的工作,“瓶颈”在哪里? 是不够成功还是不够幸福?

(4)通过“灵魂三问”可以让人知道问题出现在哪里,那么针对这四个要素该如何做出调整呢?

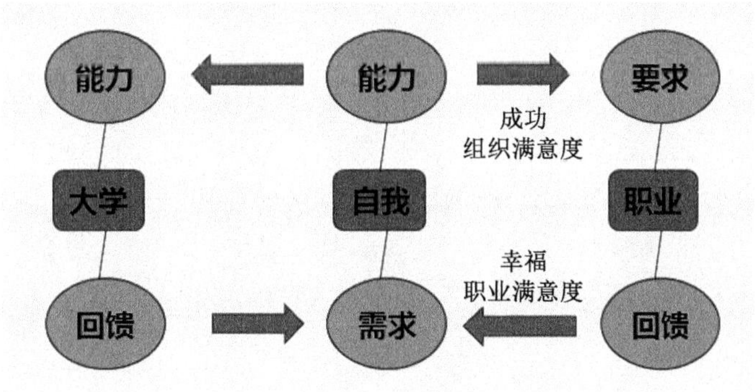

图 4-5　CD 模型

4.8 课堂收获

1. 通过本单元学习,选取 3 个你最为重视的价值追求,它们分别是什么? 如何排序?

2. 你认为个人价值观如何与日常生活相结合? 它们对你未来的成长发展将产生哪些影响?

4.9 推荐阅读

1. 施恩. 职业锚:发现你的真正价值[M]. 北京:中国财政经济出版社,2004.

2. 亨廷顿. 文化的重要作用——价值观如何影响人类进步[M]. 北京:新华出版社,2002.

第 5 章　自我探索的综合

5.1　知识点导读

(1)了解我校资源;
(2)了解大学生成长发展的不同道路选择;
(3)了解大学生典型成长道路发展特点;
(4)各类型学生可利用的资源有哪些?

5.2　生 涯 故 事

案例一

已经进入大学半年的计算机专业的何建国最近常常感到疲倦,早上起床之后不想去上课,即使去上课也无法集中注意力听课,明明知道自己需要去图书馆自习才能按时按量完成老师布置的任务,知道课业成绩的重要性,但是又提不起精神去做。回想刚刚进入大学的时候,充满了激情和期盼,刚入学就拟定好了学期计划和目标,然而半年的时间过去了,建国不仅没能完成当时定下的目标,还对所学习的专业产生了倦怠感,情绪比较低迷,没有正确的学习态度,非常排斥专业课老师,也不愿意与同学接触,不主动参加学校组织的各项活动,经常旷课,不参加期末考试。他感到迷茫和困惑,不明白是哪里出现了问题,才导致现在的状态。建国同寝室的朋友展扬发现了他情绪低落的状态,经过交谈之后,展扬劝说建国不要经常待在寝室,可以去不同的社团组织看看有没有自己觉得有意思的事情。建国抱着试一试的心态加入了他想要进一步了解的机器人社团,跟随社团上了近一个月的培训课程之后,建国发现自己喜欢上了机器人的设计和制作,课余的时间都花在了机器人社团,他觉得自己仿佛又回到了刚入学的状态,每天都充满斗志和希望,上课也渐渐变得专注。

案例二

高庆春是一名刚进入大学的新生,他远离家乡来到祖国北方念书,从未来过北方的他感到周围的景色十分新鲜,大学的一切都和高中的不一样,同寝室的室友也来自四面八方,大家交流的非常开心,可就在庆春高兴之际,一件让他非常苦恼的事情发生了。积极进取的庆春想要进入学校学生会,于是报名了学生会的考核,可是没想到学生会第一轮的笔试题目就是让庆春做一份“辩论赛策划案 PPT”并且在当天晚上 12 点之前发给学生会会长。当庆春看到这个题目时就愣住了，高中时一直沉迷学习的庆春在这之前从没有做过 PPT，电脑中甚至都没有安装办公软件，无奈的他只能赶紧找到舍友帮忙花了不少力气安装了软件，他也按照网上的提示开始自学 PPT 制作，虽然他尽力地学习，但是还是没有办法在一天之内完全掌握，只能够硬着头皮做了一份交上去，可是令他没想到的是，花费了他一整天的 PPT 作品并没有得到学生会会长的认可，导致他第一轮笔试就落选了。笔试失败之后，庆春感到十分懊恼，他后悔自己从未学习过 PPT 制作，一直沉迷于学习；他后悔自己没有提前咨询一下学长学姐学生会考核流程，原本信心满满的他没想到连第一轮笔试都没有通过，大学他最喜欢的学生组织向他关上了大门，他突然感到自己的大学生活变得充满压力。

案例三

大一新同学刘语熙是学校英语社的得力帮手，还记得从初中以来，她就一直是班里的英语课代表，她对英语学习充满了热情。在英语课堂上，她经常举手积极回答问题，在课后，她最喜欢看英剧和美剧，她还会自发地背诵美剧中的一些桥段，模仿剧中男女主人公的交谈，演的活灵活现。当时她申请加入英语社的时候，社长就是看中她对英语学习的一腔热情，希望她能将热情带给其他的会员，于是就让刚进社团的雨熙策划一个有趣的英语活动，让尽可能多的同学参与进来。

语熙接到要求之后感到非常开心，觉得终于有机会展示自己的英语能力，她花了一周的时间做了认真的调研，她决定做一个“英语配音大赛”的策划方案。于是她又花了三周的时间写了一份详尽的策划方案，从配音大赛赛制到宣传方案和应急预案，语熙尽力将策划方案做到尽善尽美，直到最后她将策划案做好之后信心满满的交给了社长，期待大赛能够尽快组织起来。可没想到的是，社长认为“英语配音大赛”参赛门槛太高，需要参赛者有专业素养，并且英语社无法提供足够的资金支持，所以拒绝了语熙的方案。语熙感到十分失望，自己一个月努力就因为社长的几句话变为了泡影，语熙突然觉得英语社不是一个自己能够施展才华的地方，自己不如多用课外时间学习英语，而不是浪费在策划活动上。因此她跟社长说他想离开英语社，她觉得在这里找不到自己想要追寻的目标了，没有办法实现自身的价值，给同学们甚至社团带来的也不是有趣的英语活动，只是自己的异想天开。社长听了她的陈述，果断拒绝了语熙，他认为语熙的离开是英语社的不幸，他告诉语熙：“没有人能一下子就做好所有的事情，如果这条路行不通，为何不另寻新的方法呢？你有着对英语的热情，而你要做的是鼓舞其余人拥有和你一样的热情，英语配音大赛面向的群体是英语非常优秀的同学，或许你目前的方向错了哦。”语熙听后，顿时明白自己缺失了什么。

5.3 案例总结

1. 在你的生活中发生过类似建国、庆春、语熙三位同学的事情吗？具体是什么样的事情？

2. 这样的事情,当时给你带来了什么样的情绪感受?

---

3. 当时的你采取了哪些方法,来应对这件事情?

---

4. 回顾之前学习的个人兴趣、技能、价值观三个部分的内容,你认为曾经的事情是源于你的哪个方面产生了问题?

---

5. 今天再次回顾这件事情,你会如何看待? 你会对曾经的自己提出哪些建议?

5.4 案例分析

案例一分析

案例中,建国同学面对的问题其根本是兴趣缺失的问题。专业兴趣是影响大学生学习积极性的主要原因之一,有一些同学在面对自己不感兴趣的专业时,往往会采取消极的态度应对,表现主要体现在厌学、逃课、早退、不按时完成作业等等,以至于影响学习成绩,情况严重的大学生还会有出现挂科,时间久了甚至不能拿到学业证和学位证,最终出现自暴自弃的现象。兴趣缺失会让建国容易变得倦怠生活,注意力难以集中,提不起精神去做任何事情。通过参加各种学习活动,可以帮助建国培养学习兴趣,找回自身的优势和特长,树立自信心。不仅丰富了学生的课余文化生活,并且促进了他的学习积极性。因此,当他在同学的帮助下找到自己感兴趣的事情的时候就有了新的动力和期盼去面对每天的生活。在找到生活中的兴趣点之后,建国也加强了与周围人的交流,通过校园生活参与度的提高,获得对学习的热情。因此,当遇到兴趣缺乏问题时,不能盲目的排斥,应该慢慢的接受现实,融合心态,并通过一些方法使自己对所学专业渐渐产生兴趣。除了通过尝试不同的新鲜事物来找到能让自己感兴趣的点之外,通过自我对话给予自己积极的心理暗示也能提升兴趣,即安慰自己"即使现在学习的内容不是我太喜欢的,我也可以试着接受它,从中找到乐趣"或者"我可以在学习之余做一些我真正喜欢的事情让自己开心"。

案例二分析

能力的缺失会导致学习和工作中出现失误,这是无法避免的。进入大学之前的学习,学生的目标就是考上自己理想中的大学,致使学生的学习目标非常明确。然而进入大学后,由于大学的教学内容和方法与之前截然不同,学生必须依靠自己明确学习目标,选择适合自己的学习方法。因此就造成一些独立能力差的学生在学习时没有了明确的方向,无法在学习上找到支撑点。不少学生在遇到不被认可、成绩落后、生活受挫等刺激后,心理上无力承受由此带来的压力,出现较强烈的情绪反应。踏入大学校门之后,原来在高中的优越成绩的成就感在人才济济的大学凸显不出来而产生心理落差,加剧了庆春生活中的心理压力。庆春应该建立良好心态,勇敢面对挑战;金无足赤,人无完人,每一个人都是在学习中成长，在学习生活中，我们总会遇见自己能力不及的地方或者是挑战。当挑战来临时，我们要正视这些挑战，保持积极的心态，不要因为自己缺乏某项能力而感到后悔和懊恼；迅速进行学习，争取迎头赶上；当良好的心态建立了之后，就要加紧开展学习，努力补全自己缺失的能力，让自己变得更加优秀。要学会在日常生活中养成乐观敏锐的学习态度，培养自己不怕挫折不怕困难的品质，将饱满的学习热情投入到学习生活中去，积极寻求解决办法，培养自己的自信心，相信总有一天困难会被击败。

案例三分析

自我价值的缺失是工作生活中常见的现象。古有李白诗云“仰天大笑出门去，我辈岂是蓬蒿人”。当工作成果不被领导赏识时，我们应该保持一颗平衡心，首先接受这个暂时的事实，不要抱怨自己郁郁不得志；然后就要自己更加努力的学习或者工作，同时时刻注意自己努力的方向是否正确，在努力的过程中和长辈或者能者交流，听取他人的建议，调整自己的心态，正视自己努力的意义是为了提升自己的能力和价值，这样才是长久之计。

一个人如果处处以自我为中心，稍有不顺心意，便自暴自弃、怨天尤人，根本无暇顾及团体利益，这样的人就不会有多高的自我价值。反之，一个人在具有能力的基础上，以强烈的团体责任感和过硬的专业技术为团体和他人服务，赢得他人的广泛尊重，我们说这就是有着很高的自我价值。而文中的语熙完全可以利用自身的英语优势改变方法，为他人提供更多帮助，这样既提升了自我价值，又收获了新的学习方法。所以我们要学会剖析自己，一个人不可能十全十美，可以找别人的不是，但也要知道自己的不足。在工作学习中不断鞭策自己，实现自我价值是个过程，它没有终点，需要持之以恒。

5.5 生涯理论

三叶草模型

在前面的三章内容中，我们分别对个人的职业兴趣、职业技能、职业价值观进行了探索，通过学习和探索，同学们能够分别对自身的这三个方面进行分析和感知。但个人作为一个完整的个体，他的这三个方面的特质并不是孑然独立的，而是在具体的事件中，交互影响着人们产生不同的情绪和感受。因此，本章，我们将兴趣、技能、价值观融合在一起，进一步了解面对具体问题这三者是如何对人们产生影响，以及人们应当采取哪些措施进行应对。

无论是未来的职业还是当前的学习、生活，每个令人满意的事情都满足了三个方面的要求，即符合个人兴趣、匹配个人技能、实现个人价值观，也就是说兴趣、能力、价值观是理想事情的三项要素，缺一不可。

兴趣是人们对事物的具体感受，它即源自每个人的先天因素，也可以通过后天的培养产生。它是人们在经历某个具体活动中所体验到的新鲜、有趣、快乐的感受。很多的时候，人们的兴趣无关乎外界的评价，它只在于个人内心的体验，无论能力高低，也无论外界评价好坏，人们依然能够乐此不疲的事情就是他们的兴趣所在。例如小明喜欢制作各种模型，动手操作是他的兴趣所在，因此他在刚进入大一年级就参加了学校的“纸桥设计大赛”，由于第一次参加比赛，他在制作的过程中遇到了许多阻碍，而且他的作品在决赛中也并不突出，最终只获得了三等奖的成绩，但这些都不会影响小明对模型制作这件事情的热爱，他依然愿意利用课后时间投入到各种手工制作当中。

能力是在兴趣的基础上，将一个喜欢的事情由感受变为现实所需要的基本要求。它包括人们对完成事情掌握的相关知识信息；也包括人们对完成这个事情需要使用的具体手段；还包括人们能够顺利圆满完成该事情所需要具有的某些意志品质。再用小明的故事进行说明：小明热爱制作模型，喜欢这件事情的感受表明了他的兴趣，在动手完成作品的过程中，体现出他需要具备的能力。例如，知识层面他需要了解制作模型的一些基本要求；技能层面他需要具备裁剪、测量、分析、设计、构建等相关技能；才干层面他应该具有专注、细致、耐心、有创意等品质。也就是说在我们的学习、生活、工作中仅仅对某件事情有兴趣还不够，这只停留在了想象的空间，我们还需要将这些兴趣变为现实，这就需要通过具体的能力来实现。

价值是通过人们在落实某个事情的过程中以及完成之后所获得的外界回馈来体现的，回馈可以是物质的形式，也可以是精神的形式。当人们获得的回馈与个人重视的价值相一致的时候，人们的价值需求得到了满足，他在精神上同样得到满足；当人们获得的回馈与个人重视的价值不符的时候，人们的价值需求没有被满足，他在精神上会感受到失落、失望，甚至愤怒等情绪。价值回馈是影响人们是否能够持续进行某项事情的重要因素。继续用上面的故事举例：当小明通过能力制作模型参加比赛的过程中，他与队友合作的过程给予小明哪些反馈将会影响他对此次类似活动的价值评判；同样完成作品参加评比的时候，小明所收到的各种外界评价同样也将对他产生影响。当所有这些外界反馈都是积极正向并且被小明所珍视的时候，类似的事情给小明带来积极正向的回馈，可以激励他继续参加相似的活动。

由此我们能够看出，兴趣、能力、价值三者之间具有相互的作用，使得人们产生不同的情绪，对个人的成长发展产生影响。在这里我们可以将这三个要素之间的关系用三叶草模型进行概括，如图 5－1 所示。

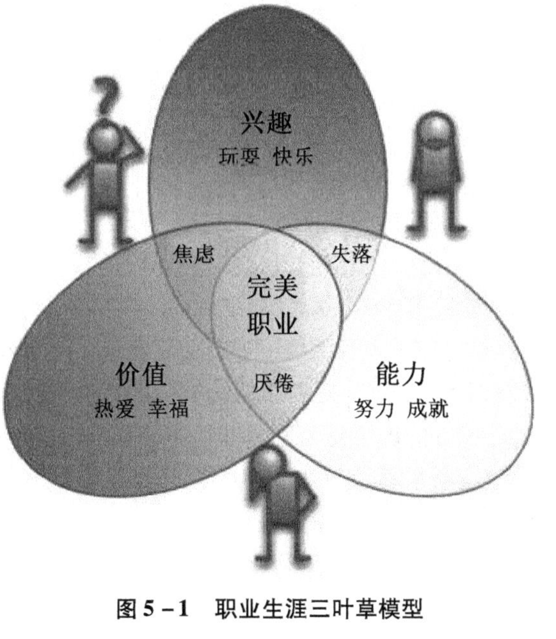

图 5－1　职业生涯三叶草模型

通过图示我们发现当人们在兴趣、能力、价值三个要素当中，某项要素长期缺失时，人们将会产生不同的负面的情绪状态，当我们发现自己的某种负向情绪时，通过细致的辨别就能够识别在本质上它的产生根源究竟是三要素当中的哪项，从而有针对地进行改善。

兴趣给人的正向感受体验是做事情就像放松的玩耍一样，有趣而又快乐。当兴趣要素缺失的时候，人们会产生厌倦的情绪。通常这个情绪的具体表现包括注意力不集中，经常走神溜号；做事情容易感觉疲劳，经常无精打采。这对于那些选择了自己并不喜欢的专业，或是长期重复从事某项事情并且没有任何升级更新的工作时候，都容易产生倦怠的情绪，这个时候，我们需要提醒自己，是否处于兴趣缺失的状态。

能力给人的正向感受体验是愿意努力完成并且能够看到完成的成就。当能力要素缺失的时候，人们会产生焦虑的情绪。通常这个情绪的具体表现为心情焦躁易怒，脾气有些阴晴不定；偶尔会紧张、失眠，甚至带来短时的上火、发烧、消化系统紊乱等身体表现。能力的缺失经常在新生刚进入高校，对大学的学习、生活没有完全熟悉、适应的时候，或是人们在启动一件新的工作或计划的时候，由于缺乏以往的经验和练习而产生了能力方面的不足。

价值给人的正向感受体验是感受到值得，实现了心中的热爱，发自内心地感受到幸福。当价值缺失的时候，人们会产生失落的情绪。通常这个情绪的具体表现为做事习惯性地唉声叹气；感觉难以继续进行而产生抱怨情绪；完成事情的动力不足，甚至于希望无限制地拖延；自我价值感低，没有发现个人在事情中的意义。当人们在完成某个事情的过程中，仅被表象的具体步骤或要求所遮蔽，而没有深究其本质的目的和意义的时候，就容易对这件事情的价值产生片面或是错误的认识，从而影响了对它的正确判断，失去对这件事情的价值期待。

生涯规划中的三叶草模型揭示了兴趣、能力与价值在个人职业发展过程中的关系以及对个人情绪的影响，进一步三叶草模型也展示了三要素之间能够互相带动、彼此转化。通过推动三要素间的转化，使得个人能够从兴趣提升能力，从能力收获价值，再从价值促进兴趣，从而进入不断循环，螺旋上升的运动状态，如图 5－2 所示。三叶草转动时，就是把兴趣培养成职业兴趣和发展能力，然后通过现实中的某个平台来实现价值，最后再用价值来强化兴趣的过程。通过不断旋转使得三叶草的漩涡不断扩大，从而达到个人在生涯发展中不断完善自我、充盈丰富的目的。

当人们发现了自己在某个领域的兴趣并且愿意花费时间和精力投入其中，一段时间之后，人们就会培养出实现这个兴趣的相关能力，在这个提升的过程中，主要取决于人们自身的不断练习和强化。例如小强是一个外向、开朗，乐于和各种人群交流的大一学生，他在刚进入大学的时候，只是简单地愿意与宿舍室友、班级同学、同乡学长间交流联系，也愿意协助班级干部或是高年级学长完成一些活动组织的琐碎工作。通过小强完成各种活动的积累，他发现了如何更好地组织语言以提高表达能力；也了解了组织各项活动的策划方法和审批流程；同时建立了综合各方面因素进行思考的意识。由此，我们可以看到，小强从乐于与人交流的兴趣方向出发，逐渐培养了表达能力、策划能力、统筹思考等方面能力。

在人们具有一定能力的基础上，当找到一个合适的方式或平台，就可以将能力转化为价值，这个转化的过程主要取决于个人与外界环境的互动，把握契机。例如，上面的小强经过大一一年的积累，已经具备了初步的组织策划能力，这个时候如何将他个人的能力兑换

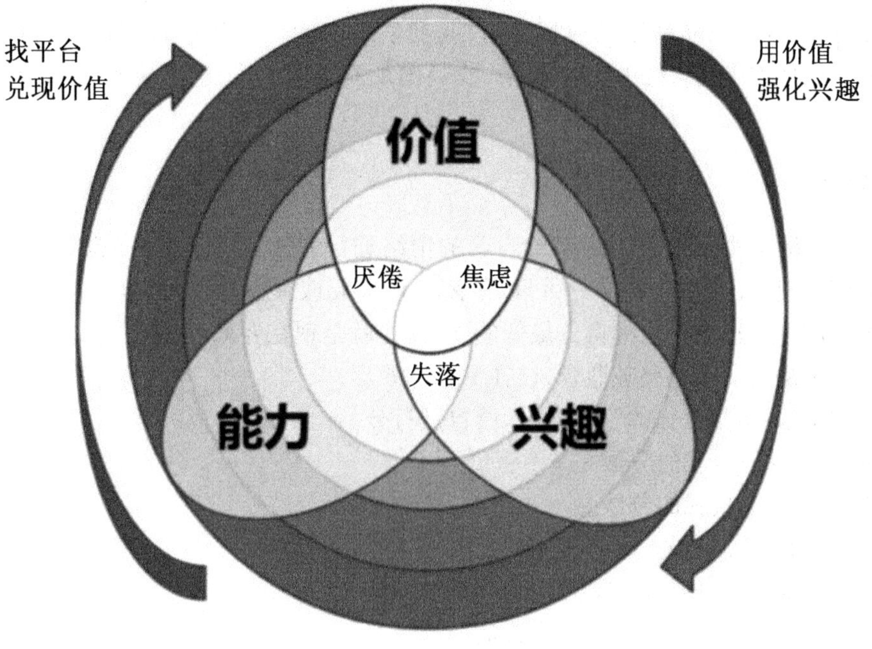

图 5－2　三叶草模型

为价值,就需要小强能够找到外界环境的恰当契机——学生会骨干竞聘。无论小强个人认为他的活动组织能力再如何出色,若没有一个外界合适的平台,他始终无法向其他人展示个人的能力,也无法获得外界给予的评价反馈。当他抓住学生会骨干竞聘的机遇,凭借个人能力登上这个平台之后,小强就能够更好的发挥个人能力优势,获得外界的评价和认可。

如果持续做产生价值,这个价值感就会强化兴趣,这个过程是人们的基本心理过程,人们都愿意重复获得外界正向评价的事情,这不需要人们有刻意的影响控制。继续上面的事例,小强在学生会工作中,出色完成了暑期下乡实践、小学生科普知识宣传、学校交谊舞大赛等多个学生活动,通过这系列的活动,小强获得了老师的认可和赞赏,在同学当中也获得了信任和肯定,更获得学校"优秀学生干部"的荣誉称号,这些价值回馈对小强而言形成积极的鼓励,他对从事相关工作更加感兴趣,希望在这些活动中投入更多的精力。这就是小强在获得价值之后进一步增强兴趣的过程。

通过不断循环,三叶草中的各个要素将会在各自的序列中不断提升层次:兴趣可以概括为兴趣、乐趣、志趣,通过螺旋上升,从起始的新鲜感兴趣发展为发自内心的热爱;能力的三个方面包括知识、技能和才干,通过螺旋上升,从最初的了解知识强化为掌握技能,最终提升到具备才干;价值的三个层级是道德、价值观和定见,通过螺旋上升,从简单的对错好坏深化为个人的观点认知,最终升华为坚定不移的信念。在上面的事例中,小强完成了三叶草的第一个循环转动,随着他在这个方面的持续推进,他在这个方面的三叶草模型,将会由简单的喜欢与人交流发展为职业方向,然后具备完成组织策划等相关工作的才干,最后形成个人对各项工作的独特见解。

当三叶草正常转动时,会明显的发现个人工作的效率和速度会提高很多,更重要的是你的心情愉悦、轻松，不会出现厌倦、失落、焦虑等负面情绪。因此，当我们在学习生活中，发现存在一些消极、负面情绪的时候，也许是我们的三叶草模型出现了运转不畅的情况。这就需要我们仔细辨别自己的情绪类型，找到出现问题的要素，然后有针对性地进行转变和提升。

训练活动

(1)首先根据你的学习现状，来给自己的情绪进行评分。情绪可以反映你在工作中遇到的问题或者瓶颈，因此通过打分，可以了解自己需要改变部分到底在哪里。在负向评估中得分最高的项和正向评估中得分最低的项，往往就是现在要面对的最主要的问题。有针对性地进行解决问题或者突破瓶颈，往往更加有效。

负向评估法：请根据你的学习现状，给自己打分。

厌倦(0～10 分)：我的分数是____

焦虑(0～10 分)：我的分数是____

失落(0～10 分)：我的分数是____

正向评估法：请根据你的学习现状，给自己打分。

新鲜、快乐感(0～10 分)：我的分数是____

成就、掌控感(0～10 分)：我的分数是____

幸福、满足感(0～10 分)：我的分数是____

(2)请你进行一下自我反思，确认自己的问题究竟是在兴趣，能力还是价值观？常见的反思问题有：

1. 为什么会是这样的分数？

2. 自己在哪些方面需要提升？

3. 如何提升自己的这一方面？

这个过程是在确认自己需要改善的方面，将自己有限的时间和精力聚集，去做最有效的提升。

(3)根据反思，制订自己接下来进行调试的行动计划。不同的人因生活背景不同，会产生不同的问题，不同的人有着不同的生活背景，会有不同的具体问题，自然调试的方案也有着很大的不同。这个制订的过程和自己的伙伴一起完成，同时有伙伴的加入，你的行动计划也能得到更好的监督。

例如：

兴趣不足(厌倦/新鲜)

1. 你的学习过程中有哪些内容是有趣的？

2. 生活中有哪些事情可以满足你的兴趣？

3. 有没有可发展成自己未来职业的兴趣？

能力不足(焦虑/成就)

1. 一个比较简单，却又有动力的目标是什么？

2. 有没有哪个能力的提升能迅速改善你的学习状态？

3. 如何才能把现在的优势在工作中发挥？

价值不足(失落/幸福)

1. 现在最重要的价值是什么？现有的条件如何提升？

2. 如果现在做的事情对未来有一些价值，可能是什么？

3. 有没有更能实现自己整体价值的工作？

5.6　深度阅读

兴趣、能力和价值缺失时对应的情绪表现及应对方法

如果员工对于工作或学生对于学习缺少或没有动力和激情时，他的心态就会失衡，就会产生厌倦、失落、焦虑等负面情绪，而每一种情绪的背后，都会有它的根源。

厌倦。厌倦是因为兴趣的缺失，当对工作没有兴趣了，就会产生厌倦。而挖掘个人兴趣有三种方式：霍兰德兴趣岛、职业四象限（人－物，抽象－具象）和兴趣挖掘对话。

兴趣的挖掘可以用以下问题自问：

（1）你能说说平时或工作外，你对干什么感兴趣吗？

（2）这些兴趣中你最感兴趣的点是什么？

（3）看看这些点，有没有什么共同之处？

（4）综合一下，你能列出触发自己兴趣的点吗？

针对厌倦情绪，有以下解决方案：

1. 悦纳

有效介入的结果是：

（1）理解兴趣并不是职业的唯一追求，而且没兴趣也能成功；

（2）兴趣成为职业的时候，除了需要满足个人的愉悦心情外，还需要满足能力的水平和社会的需求，需要懂得如何判断自己是否已经达到社会要求的能力水平。

2. 提升职业兴趣

对外调试：适合对于这个职业完全丧失兴趣的人，通过外面的调适让自己进入到感兴趣的地方去。

对内调试：通过兴趣三层级的扫描，找出兴趣值低的原因，再让自己恢复高兴趣值。

如何重新恢复当年的兴趣？

（1）提高感官刺激——通过受刺激、设定有挑战的高目标，建立不确定性；

（2）提高直觉刺激——通过提供恰当的知识、培训和学习机会；

（3）提高志趣刺激——通过找到同伴或竞争者、做公开承诺、找到兑现方式。

3. 发展为副业

可以理解成：给生活加点彩，在业余生活中干点自己喜欢的事。

还可以自问：

（1）在你现在的生活中，如何培养这方面的兴趣？

（2）在现在的生活中，如何找到实现兴趣点的方式？

（3）按照兴趣三层级，看看兴趣培养的障碍，并制定一个产生兴趣的计划。

（4）进入职业：进入能做自己喜欢的事的领域，提高兴趣直至能力达成为止。

4. 发展为新的职业

焦虑。焦虑则是由于能力不足产生的，如果个人的能力不能满足工作的要求，这时就会产生焦虑的情绪，此时需要对能力进行探索，能力常用的探索方式有：成就事件分析、工具卡片和常用量表。

针对能力问题，有以下四个解决方案：

1. 悦纳

可以自己反问自己：

(1)当下真实的能力状况是什么？

(2)如果完美的能力是 10 分，你现在大概是多少分？

(3)请你想象当自己的能力非常完美的时候，你会是什么样子？

(4)如果让他对现在的你说一句话，他会说什么？

(5)如果你能看到焦虑背后一直很努力的自己，让那个一直努力的你对现在的你说一句话，他会说什么？

(6)综合这两个人的说法，你想对自己说什么？

罗斯福说过，唯一值得恐惧的就是恐惧本身，唯一值得焦虑的也是焦虑本身，悦纳的好处就是没有让焦虑走到格子外面去。

2. 调整目标

(1)对于你来说，一个你觉得舒服、有动力的目标是什么？

(2)如果达到这个目标，对你有什么价值？

(3)什么情况、指标出现的时候，你能知道自己达到这个目标了？

(4)你会怎么抵御来自别人或者自己的"更高要求"？

如果一个人认真清晰地梳理过这些话题后，他就会对三叶草和目标有一个比较清晰的界定。

3. 提升能力

可以自己反思自己：

(1)你希望自己具体提升哪些方面的能力？

(2)有没有哪一个能力的提升会明显改善你现在工作状态？

(3)这个能力现在多少分？希望近期能达到多少分？

(4)你会采取哪些方式提升这个部分？

如果对上述问题无法清楚地回答，可以结合能力卡片盘查能力不足的原因。如果有方案，就用能力三核理论再梳理，最后做出一个计划。

4. 发挥优势

方式：

(1)转行；

(2)将能力核心区的关键能力发挥到极致。

失落

失落往往来自于价值观的缺失，来自于企业的回馈达不到个人的预期。挖掘价值观的方式可以有：舒伯的职业价值观量表、用价值观卡片做测评、不断进行深度追问。

针对失落情绪，有以下解决方案：

1. 悦纳

有效介入的结果是：

(1)理解自己已经很好的满足了一些需求；

(2)理解生活并不可能同时满足自身所有需求,只能先满足核心的；

(3)理解有一些需求没有被满足,是成长的空间；

2. 调整资源

调整资源,更好地满足自己,通过平衡论分析自己的缺失：

(1)什么是你现在最需要的东西?

(2)在现有资源下,最好的可能结果是什么?

(3)有没有什么地方一旦提高,就能提高所有的需求的?

(4)你的下一步计划是什么?

3. 链接价值

链接的四个方向,同时也是满足价值的四个方式,分别是:横向链接、未来链接、交换获得和深度挖掘。

也可以自己反问自己：

(1)在你现在身边的事情里,如果能够获得这些价值,有什么可能性?

(2)如果你今天做的事情中和未来你要实现的事情有那么一点联系,那会是什么?

(3)如果让未来的你告诉今天的你做的事情的意义,那会是什么?

4. 转换价值

即转行,进入自己更加满意的领域。

5.7 推荐阅读

(1)古典,生涯三叶草——无压高效运转的生涯神器

(2)苏文平. 职业生涯规划与就业创业指导[M]. 北京:中国人民大学出版社,2016.

第 6 章　内部校园资源探索

6.1　知识点导读

(1)了解我校资源;
(2)了解大学生成长发展的不同道路选择;
(3)了解大学生典型成长道路发展特点;
(4)各类型学生可利用的资源有哪些?

6.2　生涯故事

孔宸是一名机电工程专业的学生,进入大学以来,孔宸始终严于律己,以全面发展为目标,努力提升个人的综合能力及思想道德素养,现已保送至上海交通大学读研。

在思想上,她积极向上,热爱祖国,尊重师长,友爱同学,自觉遵守国家法律法规及学校的各项规章制度,积极向党组织靠拢,在入大学之初就向党组织提出入党申请,并不断完善自己,如今已成为一名光荣的共产党员,还曾获得校优秀共产党员称号。

在学习方面,她始终牢记:学习是学生的第一要务。她注重自己的思维方式和学习能力的培养,开拓进取,努力务实,抓紧分分秒秒努力学习专业知识,同时博览群书,拓宽知识面。在老师、同学们的指导和帮助下,她取得了比较理想的成绩。在四年中,她的学习成绩每学期都在 90 分以上,始终名列学院前三名,曾获得国家奖学金 2 次,校级一等奖学金 7 次。此外在大一学年她通过了大学英语四、六级考试,且取得较为优秀的成绩。还在本科期间辅修了工商管理双学位,在导师的指导下,成功撰写了毕业论文且答辩成绩为本届学生中的最高分。看着自己用汗水换来的成绩,她依然是一种谦卑的态度。作为工科专业的学生,她深知动手能力的重要性,因此,在学习专业知识的同时,也积极地参加各项课外活动,将专业知识付诸实践。孔宸获得的学校三好学生标兵,每学年全校仅有 10 人获此殊荣。

在创新创业方面,孔宸勇于创新、学以致用,积极参加各项科创比赛来提升自己,她刻苦钻研,将自己所学的专业知识应用到比赛中去。曾获得大学生全国"TRIZ"杯大学生创新方法大赛一等奖;获得学校"启航杯"一等奖;获得学校第八届校内创行项目选拔赛二等奖等。参加这些比赛,开拓了她的视野,锻炼了她的思维方式并且让她了解到团队合作的重要性,培养了她的团队合作意识和与人沟通的能力。

在学生工作方面,孔宸具有较为突出的表现。在大学学生工作中,她始终认真勤恳地做好自己的本职工作,虚心向别人学习。曾参与校运动会、毕业典礼筹备等工作,曾组织并参与勿忘国耻“九一八”活动、纪念“一二·九”活动等；此外，在学校某部门任职期间，孔宸策划校运动会、“五四杯”、迎新生等全校大型专题，发表50余篇文章于学校媒体平台，她撰写的《校41届运动会全记录》曾被评为学校媒体平台优秀专题，她同时被评为该平台十佳工作者。在负责学校官方微信平台期间，她推出多篇精品推送文章，获得累计10万+的阅读量。孔宸以全心全意为同学服务为宗旨，以热心诚恳、认真负责的工作态度赢得了老师和同学们的一致赞赏和认可。也曾获得优秀学生干部、优秀共青团干部等奖励。

在志愿、公益方面，孔宸参与到两次国际大学生雪雕大赛、全国大学生七人制橄榄球锦标赛、两次大学生全国“TRIZ”杯大学生创新方法大赛的志愿服务工作中；曾与班级同学一同去敬老院看望老人、参与环保宣传活动、为患病同学募集善款等。

在社会实践方面，孔宸参与到学院“三下乡”活动中等。

在课余生活中，孔宸积极参加体育锻炼和文娱活动，曾参与到校运动会与校合唱比赛中，并取得了不错的成绩。在各项活动中不断完善自己，提高自己。

6.3 生涯故事讨论

每个人给自己的大学四年设定的发展路径不尽相同，有的是坚持不懈地做学术研究，有的是担任学生干部锻炼自己的综合实力，有的是孜孜不倦地做科技创新，有的是勇敢地做创业先锋，还有的是在校内助学岗位上做实践锻炼，无论哪种路径我们都要了解学校给我们准备的与自身发展相关的教育政策、基础教育设施、教育活动、发展机会，以及锻炼、就业平台等，掌握了这些就等于掌握了全部的校园资源。

(1)读完孔宸的故事，请你考虑：大学资源，我运用的怎么样？是否真的充分利用了？

(2)大学毕业后，有些人说自己只是简单地获得了一张毕业证书，而有些人却实现了华丽地转身，原因应该是多方面的，对于刚进入大学的你而言，你认为产生不同结果的原因有哪些？

(3)对于大学，你当前了解哪些可用于学习或成长的资源？

(4)你对自己未来四年学业成长的道路有哪些定位或期待？

6.4 案例总结

如果说高中“是圈养式”学习，那么大学就是“放养式”，所以很多大学生在毕业以后，才想起来，把自己放养过头，留下了很多遗憾。

对于每个大学生来说，大学不只是一个地点，它更多的是一段时间。大家享有共同的时间，也都会遇到平等的发展机遇。大学给予我们可以自由支配的四年美好时光，它的价值不应被我们在蹉跎中消磨殆尽。当你认真对待时间时，时间便会给你满意的答复，你原本不会挂科、你原本能考取驾照、你原本能获得奖学金、你原本能参加雅思考试、你原本能变得更优秀。

不要等到毕业准备找工作了才发现自己只有一份苍白的毕业证书，缺乏职场必备的素质。要尽早对自己的职业生涯有一个定位，区别于高中的应试教育，大学提倡学生尽快明确“我的理想工作是什么”以及“为了这份工作我应该如何奋斗”等生涯问题，那么从现在开始尽早锤炼自己的职业技能，不断丰富自己的知识储备和工作经验吧，为将来能顺利迈入理想的职业之门奠定扎实基础。大学会提供给学生很多资格证明的考取机会，这些证明是一个学生能力的外化表现，从进入大学开始，就要积极了解并努力考取适应自己理想职业所需的一系列证书。大学最重要的不是考到哪儿，而是在大学四年里做了些什么，即使你考上了985、211高校，也一定还有上升的空间，在我们还能奋斗的年纪就不要选择安逸，多年以后的我们会感激当初那么努力的自己。

很多大学生都有这样类似的心路历程：感觉好累好累，每天都感受不到生活的美好，看不到未来的希望，总是缺乏信心，目标感薄弱，当一天和尚撞一天钟，不去了解也不去探索未来的发展之路是什么样的，以一种消极的心态变相地蹉跎光阴，如果继续以这种方式面对大学四年的学习与生活，毕业时将以什么糟糕的结局收场？

大学是人生中最有意义的青春之旅。那么，面对与初高中不一样的学习生活，防止因可能出现的迷茫而蹉跎这段青春岁月，怎样做才能让自己的大学更完美更有意义呢？

经验，从哲学上来说，是认识的一个开端，我们往往需要从已发生的事件中获取知识，寻求指导。当迈进大学的校门时，实际上你已经站在了一个路口，站在这个路口向着未来去眺望，你将看到许多条发展之路，分别通向不同的工作岗位。这时的你便是一个问路人，当你不清楚自己可以走或者适合走哪条路时，你不妨看看那些已经走在各条道路终点的学长学姐，看看他们都经历了什么。我们通过学习他人的发展历程来启发自己，防止摸着石头过河，走那些越来越弯的路。

物以类聚，人以群分。大学生也是分类型的，我们应当学会将自己归类，把握自己的定位。大学时代是一个人个性全面发展的黄金阶段，如果你能在这个时期积极主动地不断改进自我、完善自我，你就能为即将进入社会打下一个良好的基础。因此我们首先要从不同的侧面认真地审视自己，如：从身心两个方面看自己，从德智体美劳自身素质结构看自己，从智商情商的发展平衡上看自己，从社会的需要出发看自己，从自身的发展出发看自己。我们必须对自己的综合素质，从不同角度进行一次全面剖析。由于某种原因我们在中学没有过多考虑这些，如果你在自身素质方面有所不足的话，应先从自身找原因，找出问题所在，积极利用大学提供的条件塑造自我，完善自我。

根据对我校在校大学生的个人性格特点、擅长事务、目标理想及就业情况等各相关方面的分析，我们将大学生分为五种发展类型，分别是：学术研究型，复合素质型，科技创新型，开拓创业型，实践探索型。

6.5 生涯成长道路介绍

6.5.1 学术研究型成长特点

学术研究型学生主要指对钻研特定问题有着常人难以想象的热情的学生，他们喜欢抽象的、理性的问题，在观察、学习、分析和处理问题方面有着浓厚的兴趣。个性独立，内敛冷静,理性而有逻辑,这些都会是此类人的表现。面对问题,总是能够提出合理的解决方案。通常来说,他们不擅长处理复杂的人际关系,在实际研究工作中更多依靠过硬的个人能力或默契的团队协作完成工作。

案例故事一

周卓是电子信息专业的一名学生。他深知,历练出的是成长,磨砺出的是品行,坚持不懈的是信念,永不放弃的是追求。他给自己制订了明确的目标与计划,并一步一个脚印地向着他的理想前进,他也在努力奋斗的过程中,逐渐品味到了生活的酸甜苦辣,而正是这些成长道路上的磨砺,让他逐渐成熟质朴,逐渐坚强勇敢。辛勤付出终于得到了认可,并结出了累累硕果。

从大一到现在,他学习成绩一直位居全系 324 人的榜首,其中连续五个学期均为院系第一,连续三年每年平均学习成绩第一。并获得陈赓奖学金,国家奖学金三次、中国电信奖学金(全校四人)一次、获得了校一等奖学金七次,省三好学生、年度学习标兵(全校十人)、年度共青团员标兵(全校十人)、省三好学生及优秀共青团干部等荣誉,累计获奖学金五万余元。除此之外,他凭借良好的成绩和其他方面突出的表现,还获得了 2017 年南京大学、西安交通大学、东南大学夏令营优秀营员称号,最终以 94. 88 分的成绩保送至浙江大学超大集成规模电路研究所直接攻读博士学位。

在学习上,他始终一丝不苟地耕耘着自己的学业,总是告诉自己要让优秀成为一种习惯,不管怎样都要坚持到底、勇往直前。在第一年学习中,他把主要精力放在了基础课程的学习上,课前及时预习,课上认真听老师讲解,做好各科目的笔记,课后抓紧时间认真完成作业并及时复习,认真踏实,不骄不躁,至今每一门课程的笔记本还被很好的收纳在书桌里。他深深地体会到学习不是以做题为目的,更重要的是将原理和方法融会贯通。勤能补拙、笨鸟先飞的警言时时铭记在心,坚信没有付出就不会有回报,所以他每天晚自习下课后仍然坚守在书桌前复习,直到教学楼封楼。无论何时何种情况,他都能按时完成老师交给的各项任务,各项考试都取得了令人瞩目的成绩,特别是在微积分和线性代数的考试中,取得了 100 分的好成绩。大学期间共有考试课 29 科,其中 95 分以上 15 科、90 分以上 24 科;考查课 34 科其中 28 科优秀(95 分以上);实验课和思政课全部优秀。并且一次性通过了英语四六级。

在学习之余,他发展自己的兴趣爱好,积极参加学校组织的各项活动,能在实践中加深并巩固自己学到的理论知识,开始将专业知识以实验的形式逐步实践,巩固并加深自己对理论的理解深度,及时掌握了腐蚀电路板、调试电路板、集成电路板的制作以及仪器使用等诸多技能。并且认真对待实验,均取得了优秀等级。专业课成绩基本都在 95 分以上,剩余科目也在 90 分以上。还多次参加校级省级以及国家级的科创赛事,并取得了较好的成绩。在大一暑假期间参加了全国大学生电子设计大赛,在艰苦的四天四夜比赛中,他和搭档们日夜研究、分析、调试、反复改正作品,通过相互支持和鼓励,最终取得了黑龙江省三等奖的好成绩,通过此次比赛,他懂得了自己与队友相互沟通协作的重要性。大二暑假期间,他和队员再次合作获得了黑龙江省电子设计竞赛省赛二等奖。并在大三时顺利完成一项万元国家立项基于计算机的智能实验室平台,一项校级立项可控增益射频宽带放大器。多次获得"启航杯"、"五四杯"等赛事的优秀成绩,并且获得科创类奖金累计近 4000 元。

面对学习中的困难与挑战，他不仅能够处理得游刃有余，还积极帮助身边的同学并与他们共同进步，在学习上起到了模范带头作用，真正做到了“授人以鱼，不如授人以渔”。他在班级担任班长、学习委员，平常热心帮助同学，讲解题目，在考试前夕为同学们分析考点，帮助同学们尽可能深刻地理解知识内涵，带动班级同学共同进步，将自己整理的笔记拍照发给同学或者复印，在与同学的共同努力下，班级从全系十个班中挂科率最高的班级变成全年级综合平均分第二的优秀班集体，30 名同学中有 8 人保研，远远高于全系保研率。

他还入选了 2014 级学院学习助教，每周四晚都会在教室进行学习辅导，同时督促同学们学习，为同学们答疑解惑。授课累计 400 余小时，累计辅导同学近 300 人次。

他还担任学子论坛第 623 期的主讲人，题为《我的大学我做主》，把他在大学里的所见所闻、所思所想、学习经验毫不保留的分享给与会同学，介绍基础课程的学习方法，用心为大家答疑解惑，尽可能让学弟学妹们少走弯路。

他还担任低年级班级的科创导航员，组织科创学习活动十余次、辅导 5 组作品 30 人参加“启航杯”“五四杯”以及校级立项，均取得优异成绩。担任学院科创讲座主讲人 4 次，为低年级讲解科创入门知识及科创比赛技巧。

同时他还担任下届新生寝室名誉寝室长，一直与他们保持密切联系，回答指导他们生活上以及学习上的困难与疑惑，现在该寝室学习成绩平均都在 85 分以上。

学生工作方面，曾任科技部副部长一职，积极参与院系组织的运动会、迎新工作、省航模比赛志愿者活动，为小学生讲解大学见闻，科学知识；参与院系“五四杯”、“启航杯”、“一院一品”、“程控小车”的筹备组织工作。并且积极参加公益支教、社区服务等公益活动。

时间如白驹过隙，总是在不经意间溜走。作为一名 21 世纪的大学生，大学四年即将成为过去，他收获了许多也成长了许多，这些经历也将会成为他未来旅程中的动力。学业上，他在知识的海洋里尽情遨游；科研创新中，他大放异彩；社会公益上，他体会到奉献的甘甜。这些回忆将为他的大学生活画上浓墨重彩的一笔，也将激励他奋勇前行。

6.5.2 复合素质型成长特点

复合素质型学生主要指在各个方面都有一定能力，在某一个具体的方面要能出类拔萃的人。专家指出，复合型学生应不仅在专业技能方面有突出的经验，还应具备较高的相关技能。复合型学生就是多功能学生，其特点是多才多艺，能够在很多领域大显身手。复合型学生包括知识复合、能力复合、思维复合等多方面。当今社会的重大特征是学科交叉，知识融合，技术集成。这一特征决定每个人都要提高自身的综合素质，个人既要拓展知识面又要不断调整心态，变革自己的思维，成为一名“光明思维者”。

案例故事二

石钰（化名）是一名动力与能源工程专业的学生，在大学期间，他始终秉持全面发展的原则，努力提升自己的综合能力，现已保送至天津大学读研。

在思想方面，石钰是所在学院所在年级最早的一名中共党员，他思想积极进步，政治觉悟较高，始终保持党员的先进性和纯洁性，敢于同各种反动思想作斗争，有正确的人生观和价值观，他热爱祖国，拥护中国共产党的领导，执行党的路线、方针、政策，维护国家利益和尊严；认真学习理论知识，学习优秀党员先进事迹，平时以高标准严格要求自己，在同学中起到了良好的模范带头作用，并以优异的表现于2016年7月荣获“校优秀共产党员”荣誉称号。

在学习方面，石钰成绩优异，主要基础课程都取得了优异的成绩：材料力学100分、电子技术98分、机械原理97分、机械设计97分、流体力学94分、传热学93分、工程热力学91分、内燃机结构91分，并顺利通过了大学英语CET4、CET6考试，还自学了Auto CAD、Pro/E等专业软件。前六学期平均学习成绩92.24分，排在专业前5名，综合成绩多次年级第一，最终以优异的成绩保送至天津大学读研。曾连续7次获得校一等奖学金，连续3次获得国家奖学金，3次获得黑龙江省三好学生，并于大三暑假期间作为优秀学生代表参加学校组织的为期两周的优秀学生国际交流项目。

在科创方面，石钰充分认识到当今的社会大力提倡大众创业、万众创新，为了提高个人的专业能力，他积极参加学校组织的各项科技创新竞赛，并在相关专业老师的课题组辅助下做一些科研工作。曾获得“东三省数学建模大赛”三等奖、“黑龙江省知识产权杯创新发明竞赛”二等奖及三等奖各一项、“斯特林小车比赛”三等奖，校“五四杯”优胜奖，校“五四杯”三等奖，“节能减排大赛校赛”二等奖等成绩。石钰始终对新事物保持很强的好奇心，对科技创新有很高的热情，而且不断培养着自己的学习思考和动手实践能力。

在学生工作方面，石钰做事认真，工作负责，作为班级的班长连续两次带领班级荣获“校三好班级”“校三好班级标兵”等荣誉称号，曾代表班级主动申请参加由学校组织的“无机课堂”挑战活动，成为动力学院唯一一个班级代表参加此次活动，并在一个月的时间内最终挑战成功，受到了学校的表彰并颁发相关的荣誉证书。大二担任学院体育部副部长及学院党建中心部长等职务，为学院的体育及党务事业做出了很多努力。大三担任学院党建中心主任一职，统筹管理本科生以及研究生的学生党建工作，获得了老师们的一致认可，并荣获“优秀共产党员”荣誉称号。

在体育活动方面，石钰也勇争先进，作为学院体育部的一份子，在做好体育工作的同时，他也注意锻炼自己的身体素质，先后在学院运动会上获得过男子跳远第六名和男子100米短跑第五名的好成绩；并且和队友一起在校篮球赛上荣获冠军，带领班级在“动力杯”篮球赛上夺得亚军。他以实际行动践行了身体是革命的本钱，只有身体锻炼的好了，才能更好地学习专业知识，今后才能更好地为祖国的国防事业做出自己的更多贡献。

公益实践方面，石钰热衷公益，大学期间累计参加公益活动长达400余小时，连续三年参加无偿献血公益活动，带领班级成功参加“班助一”公益活动以及“无机课堂挑战活动”。在“班助一”活动期间，石钰每周都和同学一起去看望一次小朋友，给小朋友送去温暖，帮他们补习功课，给他们的身心成长带去了有益的影响，并且代表班级给小孩捐款600元，以个人名义捐款100元。另外他还先后获得黑龙江省红十字会优秀志愿者、全国大学生节能减排大赛优秀志愿者、“三下乡”社会实践活动调研报告校一等奖、“工程学子行”社会实践活动优秀志愿者等荣誉称号。

在大学四年，石钰一直在向“品学兼优、综合素质过硬、专业素质突出”的“全面发展的大学生”这一目标不断地迈进。他以自己的坚持不懈、乐观向上感染着身边的每一位同学。

6.5.3　科技创新型成长特点

科技创新型学生主要是指学生在课堂学习之余，对专业相关的其他知识有浓厚的兴趣，积极参加校内外举办的科技创新类大赛，拥有强烈的竞赛精神，通过参加比赛来带动自己创新思维的培养以及动手能力的提升。

案例故事三

刘想（化名）是一名电气工程及其自动化专业的学生。进入大学以来，他奋发向上，开拓进取，经过长期的努力，他在各个方面都有了很大的提高，在创新竞赛中的成绩尤为突出。在大学期间他参加了多项科技创新活动，能够熟练地将理论知识应用到实践中去。获得了学校"创新标兵"荣誉称号，工信部创新奖学金二等奖、学校2017年五四科创标兵先进代表等荣誉。在参加各类创新竞赛过程中累计获得国际奖励一项，国家级奖励四项、省级奖励五项以及校级科技创新竞赛获奖七项。不仅如此，作为我校第六届、第七届的科创导航员，他勇担岗位职责，为学校培养了一批优秀的创新创业学员，作为学校科创公开课主讲人，他是学校创新创业知识的辛勤传播者，不断在学校的创新创业教育事业上发光发热。

在科技创新方面，刘想掌握了电路设计软件、微控制器、控制系统仿真软件、梯形图（LAD）的编程、上位机开发等技术，并能将掌握的技能熟练运用到科技创新项目中去，如在美国大学生数学建模比赛中，他运用SPSS对数据进行聚类分析、进行线性规划模型的建立，最后还参与了部分论文撰写与Laxtex排版。通过给出的数据，通过SPSS对数据进行K均值聚类分析，聚类分析后发现有的数据缺省值比较多，为了模型精确去掉了缺省值。之后进行数据清洗，得到主要影响因素，建立线性规划模型。在"西门子杯"中国智能制造挑战赛当中，他参加了逻辑控制赛项，做出了三部十层电梯群控算法，负责PLC与电脑通讯协议、电梯底层函数、电梯算法调试等核心工作，针对电梯运行过程中出现卡机现象，提出了自动复位，针对某部梯分配过多相应情况，设置呼梯转移，减少了候梯时间，最后达到了指标要求，获得国家级二等奖。

另外他将自身创新作品与理论结合在自动化技术与应用上发表了学术论文一篇，同时拥有一篇国际IEEE CDC论文在审。这些科技创新和动手能力为他理论知识的学习提供了重要帮助，同时也在很大程度上培养了他的实际工程设计的思维能力。同时，理论实践两手抓的学习方法使他在学习上取得了骄人的成绩，曾获"国家励志奖学金"一次，并多次获得校优秀学生奖学金。

作为学校第六届和第七届的科创导航员，把自己积累的知识和经验，分享给学弟学妹们，和大家共同学习共同讨论，任职期内表现良好，极大地带动了新生的科创积极性。其中由他指导的"启航杯"无线控制器项目获得了两个一等奖、三个二等奖、三个三等奖。作为学校创新公开课的主讲人，他所主讲的单片机基础与控制系统设计课在我校学生群体中人气值极高，每年报名参加该辅修课的学生逾300人。他讲解了51单片机、STM32单片机，同时结合了控制系统设计，针对全国大学生电子设计大赛与单片机结合做了详细的讲解。他讲课认真细致，由浅入深，将自己的科创知识、经验教授给了学弟、学妹。带领他们体验科创的魅力，使他们真正了解科创并开始参与到科创活动中。同时，他担任班级科技委员，在科技创新方面积极为同学服务，尽职尽责，积极主动联系老师并密切向班级同学传达老师的科创指导思想，努力使班级全体同学参与科技创新活动。

案例故事四

赵瑾(化名)是一名船舶与海洋工程专业的学生,他积极响应国家“建设海洋强国”号召,依托学校的学科优势,在海洋无人系统领域开展了多项创新项目与课题的研究工作,累计主持和参与了十余项的国家级、省级以及校级创新训练计划项目,主持我校特殊资助型立项(5 万元),参与申报装备预研 2017 年中船集团联合基金(40 万元),参与教师科研课题,取得了一系列成果。

为满足未来海上无人机群协同作战的需要,使我国海军现役舰艇能在短时间内改装并具备快速搭载收放无人艇(器)的能力,他在学校老师指导下,首次提出“尾升降式 + 吊臂式”的舰载无人艇(器)搭载收放通用技术方案,完成了初步方案设计。该方案相比常规方案具有通用性强、适用海况等级高、回收对接成功率高等优势。

他时刻关注着水下仿生机器人技术的国际科技前沿,带领来自各专业领域的本科生团队,首次实现了将仿生机器鱼与水下滑翔机相结合的仿生型 AUG,并制作出具有一定自主性的样机模型。试验表明,该样机模型具有航程长、机动性强、噪音低、附加阻力小等特点,被《科技日报》、《中国科技网》等媒体报道。

为解决复杂水体环境中监测作业存在不便的问题,他带领团队先后完成两型水空两栖水质监测无人机的研制,实现自主规划路径下的水空两栖作业、水质参数实时回传、定点多点采集水样等多种功能,可适应复杂水体环境中的水质监测任务。该成果受邀参加了 2017 年上海国际海事装备展览会,吸引了多位产商及业内人士的关注,并作为学生创新成果的代表作品,受到时任黑龙江省省长陆昊同志的参观指导。

基于上述主要成果,他多次代表学校参加省、国家级学术科技创新竞赛,取得了突出成绩。其中,他曾在船舶与海洋工程学科领域内规模最大、规格最高、影响最广的学术科技竞赛——第六届全国海洋航行器设计与制作大赛中以第一作者同时斩获两项特等奖并且在第五届全国“TRIZ 杯”大学生创新方法大赛中又以第一作者同时斩获两项特等奖。不仅如此,他也多次在数学建模竞赛、OI 中国水下机器人大赛以及“挑战杯”科创竞赛等学术科技竞赛中获奖。本科期间,他累计获得省、国家级学术科技竞赛奖项 21 项,其中他作为第一作者获奖 16 项。

同时,他也注重理论与实践相结合,及时对自己的学术创新成果进行总结整理,提高自己的学术论文及专利写作能力,作为本科生的他累计在国内外期刊会议上发表了 8 篇包含核心论文 3 篇和 EI 收录 1 篇在内的学术论文,并以第一发明人申请了 4 项国家专利。

值得一提的是,在学校组织的创新标兵评比中,他作为本科生,在与多位优秀硕博士的竞争中脱颖而出,被评为创新标兵最优者,获得学校最高个人奖学金——陈赓奖学金;在工业和信息化部设立的工信创新创业奖学金评比中,他与来自工信部属七所高校的众多优秀硕博士同台竞争,成为该奖学金设立以来,首位个人获创新特等奖的本科生。

在自己取得丰富成果的同时,他认识到科研创新能力的培养需要从本科生阶段抓起。作为先行一步的“老学长”,他必须有担当、做表率！于是他积极带头,树立榜样,主动担当起带动学生参与创新的责任,在全校学生中发挥了良好的创新示范作用。

他是低年级学生的“科创导航员”。他毫不吝啬地将自己所知所学进行分享,解决了数十名学生关于科研创新方面的困惑。

他是本科生科技创新的“带头人”。他组织成立了专业横跨船舶、自动化、计算机、机电，成员覆盖2014—2016三个年级的本科生创新团队，亲身实践跨专业合作、多学科交叉融合与创新成果传承。

他是各科研创新讲座的主讲人。他在全校范围内主讲创新沙龙、创新创业讲座、学生科研培训等活动十余次，总时长40课时以上，直接带动本科生参与科研创新20余人次。

他是创新竞赛及立项评审中的学生评委。他给每个创新项目提建议、做指导，累计指导低年级学生完成了8项国家级大学生创新创业训练计划项目的立项以及数十项校级创新训练计划项目的立项。

他是学校“大学物理”的优秀课程助教。他为低年级学生开展了超过120课时的课程辅导与答疑，辅导学生50余人次，获评“优秀学习助教”荣誉称号。

漫漫长路，上下求索。在科研与创新事业上，赵瑾还有很长的路要走。他将一如既往地保持踏实严谨的品性，继续发扬创新精神，成长为能创新、有担当的新一代“船海人”！

6.5.4 开拓创业型成长特点

开拓创业型学生有较为敏锐的商机嗅觉，他们的身上具备创新的时代精神与严谨思维，饱含创业的先见意识和执行能力，不会把自己局限在课堂授课型的知识获取方式中，也不会依靠不具备实际创业意义的专业知识与专业技能表层性融合的创业发力点来提升自己的创业能力，能将自己的专业和社会需要有机结合起来，用具有广阔发展前景的创业项目去创造商业利润并对社会进步和经济发展做出贡献。

案例故事五

康远（化名）是一名信息通信专业的学生，他是学生“创业明星”，作为本科生带领多名硕士、博士生创业，现为两家创业公司的联合创始人，黑龙江省长4次亲临公司视察，获工信创业奖学金一等奖2次及开拓创业型生涯明星人物等创业荣誉10余项；他是校园“双创传奇”，在“挑战杯”、“互联网+”等比赛中获奖20余项，获省三好学生、陈赓奖学金等荣誉50余项；他是师生眼中的“创业服务典范”，捐赠12万元成立了双创基金，身体力行地为我校有创业意愿的学生开展创新创业课堂教学逾100堂并对超过200名学生进行了一对一的创新创业指导，只要有机会他就鼓动带领周围的同伴参加各种创新竞赛、创业活动，个人事迹被《科技日报》、人民网、黑龙江电视台等20余家媒体报道、转载。

刚上大一的康远就跟随学校的科技创新大军走进科创实验室，那时候他就相信自己一定能在这个队伍里崭露头角。学校的科创氛围也感染着他，他如饥似渴地学习各种理论，进行仿真分析实验，他几乎把所有的课余时间都分配给了实验室，时时刻刻在思考着自己参与科创的方式，从身边的小创造开始，不断向前迈进，成功参与并主持了多个国家级的创新训练计划项目立项工作，最终走出了一条精彩的科创之路。他深得老师们的信任，对于老师分配的任务，他态度积极，每到一个工作节点，他一定来“催”老师交作业。他在大一的暑假期间踊跃参加了全国电子设计竞赛，在37度高温的室内，他和团队一头扎进“大蒸笼”，三天三夜吃住在实验室里，牺牲了绝大部分的休息时间，以三天内工作时长超过62个小时的高强度实现了参赛产品的研制与开发，功夫不负有心人，他的参赛团队以赛区一等奖夺得桂冠。

在他眼里,创新无处不在,思想的火花不可遏止。他曾研制了迷你四旋翼多功能操作训练系统,大大解决了四旋翼无人机可操作难度大的问题,无人机操作掌握时间由原来的一个多月有效下降至一个星期;除此以外,他还和团队成员一起依托当下流行的 VR 虚拟现实功能研发出一套完整的虚拟船模教学系统,大大提高了对船体构造的课堂授课中的形象化程度,极大地增强了学生的兴趣度,便捷了学生对知识的理解与吸收,该系统受到了师生热烈的欢迎。同学们眼里,他精力充沛、思维活跃。在整个本科阶段,他参与的逾20个包括国家级、省级在内的各级创新项目都已取得成功,同时,作为团队负责人的他曾与团队成员一起在“挑战杯”和“博创杯”等各类科创赛事中频繁获得优异的成绩,并且他还曾获得工信部创新奖学金以及陈赓奖学金的荣誉。

在学校的支持和鼓励下,一家专门将他的成果转化为产品的公司应运而生,康远是公司的联合创始人之一,同时他还担任公司的副总经理以及研发实验室负责人的职位。但这种转型对一个本科生来说就像一堵跨不过去的高墙,太多的东西是一无所知的。但他没有被困难打倒,勇担公司赋予他的责任,不断学习、开拓进取,在经历了一次又一次的考验后,他凭借自己对待理想的认真与仔细将自己的学习心得整理成册,就成了他为学生创业培训的教材。终于,他的努力有了回报,在黑龙江省,共有逾 10 家消防体验馆以及逾 30 家中小学校和企业全面采用了他的首个创业项目——《混合现实消防培训演练系统》。

两年内,公司从外包服务升级为研发销售为一体,实现了快速发展,公司规模也不断壮大,他以一个在读本科生的身份带领着 19 名社会全职工作人员以及 10 名硕士、博士兼职工作人员高效运营公司。目前体现公司运营核心竞争力的项目——国产 CAE 工业仿真软件研发支撑平台已经与上海交大、船研所等建立合作伙伴关系,打破了国外技术壁垒,平台公测好评如潮。

公司步入正轨,发展不断壮大,为了实现项目的地域性推广以及地域特色优势利用,第二家联合运营公司于 2017 年在山东省青岛市实资注册成立,该公司充分利用了康远所在学校独特的船舶海洋的专业优势,以船舶领域为起点,带动航空航天、汽车等领域 CAE 软件发展,将发展目标锁定在我国自行研制 CAE 软件的进度落后于其他国家的现状上。他在 2017 年获评工信部创业奖学金一等奖,并在“互联网 +”等创业大赛中斩获颇丰。

康远家庭条件不好,为减轻家里负担,上了大学以后他基本靠自己的努力解决生活费,甚至还能时不时地接济家用。这样的条件更让他多了一种能够驱动力,使他去无私地扶持一些因家庭经济原因正在努力实现梦想途中却遭遇挫折的同学。康远运营的公司为家庭经济困难学生提供的逾 60 个实践助学岗位一方面可以让学生参与到公司的项目研发当中去,另一方面公司给学生指导技术的同时也给予学生生活上的补贴;同时,尽管自己的学业、双创已经忙得不可开交,他仍坚定不移地以学校科创导航员与创新创业公开课主讲人的身份连续两学期认真积极地准备课堂教学内容,仔细地为同学们就双创问题答疑解惑并引领正确的奋斗方向,他被学生们评价为“创新创业公开课优秀主讲人”。他还针对自己举办的学校首届虚拟现实应用设计大赛开展了长达 20 个课时的技术培训和创业培训,直接或者间接吸引 20 余个团队或个人持续创业。他说,帮助他人创业也是在帮助自己,只有合作共赢才能走得更远。

同学们真不知道他有多少精力:他连续三年担任国际大学生雪雕大赛的志愿者,担任国际声学会议志愿者,四年累积献血 1600 毫升,2017 年他在朋友圈看到一位退休教师急需某种特殊血型救治,来不及吃饭他就匆忙赶到献血车抽血配型。

他的事迹广为流传,被团中央和全国学联授予“中国大学生自强之星”提名,获评校优秀毕业生等。

康远的大学是拼搏奋斗的大学,但无论走到哪里,他都会拉起周围的伙伴们一起乘风破浪,他说:“吾志所向,一往无前,越是大事业,越不可能一个人独立完成,只有合众之力,才无坚不摧。我会继续坚持自己的创业理想,在奔向未来的路上风雨兼程。”

案例故事六

孟强(化名)是一名机电工程专业的学生,担任哈尔滨万创科技发展有限公司联合创始人兼副总经理、哈尔滨妙观科技发展有限公司法人兼执行董事,曾获“创青春”全国大学生创新创业大赛银奖、工信部创业奖学金一等奖等国家级、省级双创奖项十余项,组织编写《3D 打印与科技创新》系列图书,作为大学生双创代表登上中央电视台《寻找科学达人》、黑龙江电视台《王牌创客营》等栏目,个人创新创业故事被新华社、《科技日报》、《黑龙江日报》等十余家媒体多次报道。

从小就喜欢动手制作的孟强刚上大一就迷上了科创,从开始的慧鱼创意组合模型(fischertechnik)到多功能测距仪、室内运载机器人、智能机械手等一系列“大家伙”,肯钻研能吃苦的他在学校创新大军中迅速脱颖而出。

2015 年他与 3D 打印正式结缘。创新项目需要设计零件,但市场上买不到,特种零件加工周期长、成本高,而且零部件设计过程中需要不断调整,一时间问题多如牛毛,重重压在他的身上,身边同学都劝他“算了吧,你又不是孙猴子想变出来啥就变出来啥”。可孟强是个“爱钻牛角尖”的人,他一直都没有放弃,并在偶然间发现 3D 打印正是他一直在寻找的“孙猴子”。

3D 打印是一种快速成型技术,只要建好模型便可打印出任何自己想要的东西。起初他们想直接购买一台 3D 打印机,但是发现美国 Makerbot 公司为首的 3D 打印巨头所售设备价格十分昂贵,普通打印机又不能满足设计的精度要求。当身边朋友打算再次放弃时,孟强再次钻起了“牛角尖”,为什么不自己做出来一个 3D 打印机呢? 他开始熬夜分析技术原理,并自掏腰包购买型材、配件、电子元器件,编写程序。那段时间,他一下课就和队友们钻进实验室,常常不知不觉间研究到半夜,累了就在实验室打地铺睡一会,饿了就吃泡面充饥,被室友戏称为“地穴生物”。近一年后,他们终于做出了自己的第一台 3D 打印机。“那些创意就想闹钟一样提醒我坚持下去,就算是钻牛角尖我也要钻出个洞来。”

从型材选型到安装,非标件的设计、加工,电机的控制,研发过程就像西天取经一样。每遇沟沟坎坎,孟强总是鼓励队友:“只要思想不滑坡,办法总比困难多。”机器投入使用后效果非常好,其他同学听闻后纷纷上门要打印零件,校外店家也慕名而来提出要买机器,于是他们萌发了成立研发、销售 3D 打印设备公司的想法。

在学校支持下,以桌面级及专业级 3D 打印设备的研发、生产、销售及其技术服务为主的哈尔滨万创科技发展有限公司正式成立,注册资金 30 万元。为了推广产品、造福师生,他从技术源头分析,着力推广 3D 打印技术:孟强和小伙伴们推开一个个实验室的门,为师生讲解 3D 打印技术及如何应用到创新项目当中。最多的时候一天跑了 7 个实验室,晚上躺在床上连腿都抬不起来,加上业务受挫,一句话也不想说,真是“创业难,难于上青天”。

但他一直和同伴相互鼓励,“创新能钻地穴,创业我们就打拼到青天上去。”他抓住每次高校间交流和比赛的机会,不厌其烦地给人讲解,总结经验教训。终于他在计算机技术从中、小学开始推广中获得启示,把目标瞄准中小学市场,自主编写了一套《3D 打印与科技创新》系列课程,现该课程已被多家中、小学校认定为创新指定课程,而且产品终于打开了市场。

目前,公司已经共申请专利 7 项,更新了 5 代产品,形成了 3 个系列,包括了打印体积从家用微波炉大小的桌面级设备到打印体积单人床大小的专业级设备,累积销售近 400 台,客户遍布黑龙江、浙江、西藏等 7 个省份的 20 余个城市,近百家中小学校,而且还和哈尔滨工程大学、浙江大学等重点高校建立了长期合作关系。2015 年,孟强带着项目登上中央电视台《寻找科学达人》,2016 年他带着项目登上黑龙江卫视《王牌创客营》,原黑龙江省长陆昊曾三次莅临公司指导,并为哈尔滨万创科技发展有限公司揭牌。

现在他们正在研发基于物联网的 3D 打印平台,为 3D 打印设备提供物联网技术,实现设备资源共享、推动技术普及。该项目也获得了 2016 年“创青春”全国大学生创新创业大赛银奖、第二届黑龙江省“互联网 + ”大学生创新创业大赛金奖等奖项。孟强因此获得工信部创业奖学金一等奖,并被直接保送到哈尔滨工程大学机械工程专业攻读硕士学位。

2017 年,他的第二家创业公司哈尔滨妙观科技发展有限公司成立,注册资本 100 万元,经过短短几个月就与中国市政华北设计研究总院哈尔滨分院等多家设计研究院达成战略合作关系,市场前景大有可为。

创业公司有声有色之时,他不忘服务师生、贡献社会。连续两年他和同伴联合学校,向二十余所大、中、小学校捐赠 3D 打印设备近五十台,并免费为其教师培训《3D 打印与科技创新》系列课程;另外因为学业、创业繁忙,他就趁假期留在学校,为学生开展免费为期多天的三维建模、控制编程等创新技能快速入门培训,所有培训使用的 Arduino 套件、3D 打印设备均无偿提供,课程帮助百余位学生熟悉了技术,找到合适的创新方向。

从灵感的诱发到创业初期的艰辛,从第一台 3D 设备的问世到把项目应用于社会,孟强就是凭借着对于技术的热爱和对理想的坚持,每一次都将牛角尖钻出洞来,每一次受挫后重获加速,用 3D 打印机“打印”出自己绚丽的大学青春。

6.5.5　实践探索型成长特点

实践探索型学生主要指通过从事校内兼职、学生干部和志愿者服务等工作进行自我教育、自我管理以及自我服务的能力培养并且集实践性、学术性、专业性、激发性、服务性为一体的学生。

案例故事七

王楠(化名)是一名经济管理专业的学生。作为一名经济困难学生,大学四年自强自立,热心公益。曾获得两次国家奖学金和多次校优秀学生一等奖学金,曾荣获黑龙江省三好学生、2014—2015 年度自强标兵、校三好学生、校优秀共青团干部等荣誉称号,并以全院系第一的综合成绩保送至南开大学读研。

王楠从出生起就患有先天性心脏病,因为家庭经济困难,父母四处借钱为她治病,导致家中负债累累。她的家庭成员由爷爷奶奶、爸爸妈妈、她以及她的弟弟组成。一家六口只靠父母务农为生,弟弟就读于当地的初中,爷爷奶奶已是70多岁的高龄。在大学期间,她的亲人发生了车祸等重大变故,但家庭的贫困和一连串的生活打击并没有打倒她,她用双手真正做到了自立自强、经济独立。

进入学校以来,王楠首先思考的就是如何才能通过自己的双手供自己上学并在一定程度上回馈自己的父母。她不断地寻求各种勤工助学岗位和社会兼职工作,大一的时候,她主要利用早晚的时间在公寓拖地以及在校外兼职网站上寻找工作机会等赚取生活费。她经常用周末的时间发传单,当导购员、促销员等,哈尔滨的冬天很冷,她的身体又不好,每次冬天兼职回来几乎都会发烧,但是一想起她的父母,她就拂去了所有的疲惫。后来随着阅历的增多,她发现知识能为她带来更加可观的收入,于是她开始做家教,并利用业余时间做考务员、为别人翻译文献等,最多的时候她连续两个月共做了六份兼职,平均每天打工时间为8个小时,她忙碌于两个家教、发传单、催缴贷款、学生助理、雅思考务等兼职工作,平均每个月收入为3 000元以上。她始终坚信,自强和自立是她最大的资本。

自立之外,落脚点是自强。大学期间,众多的兼职工作并没有影响她的学习,从大一时的掌握不住学习方法到后来取长补短,熟练运用,她学会了如何更好地更有效率地学习。她在大学期间连续获得了国家奖学金两次并累计获得校一等奖学金六次。除此之外,她还获得中国移动资助的励志奖学金,并代表全校所有获奖者发表演讲;她在大二时期获得由校友资助的1 000元奖学金(为学院经济困难学生中年级第一名设立的奖学金);除此之外,她的英语水平一直很好,大一时就以四级616分,六级576分的高分通过了英语四、六级,曾获得全国大学生英语竞赛C类二等奖,剑桥商务英语(BEC)中级证书和全国商务英语口译证书(ETTBL)等;在科创方面也积极进取,获得过国际企业管理挑战赛中国赛区三等奖两次,哈尔滨市创业计划大赛银奖,“五四杯”学术科技创新作品竞赛一等奖等奖项。并且荣获省三好学生、校三好学生、院系学习之星和英语学习之星等荣誉称号。最终,她以前三学年专业和院系排名第一的综合成绩被学校保送至南开大学攻读硕士研究生。

所有的困苦都会被铭记,所有的付出都会被珍惜。王楠靠自己的努力不仅成为了学习上的佼佼者,也实现了“供自己上大学”的梦想。她获得的奖、助学金共计35 000余元,加上每个月的兼职收入,这不仅让她实现了经济独立,还能把多余的生活费寄回家用,资助弟弟上学。这些都是她自立自强的最好证明,她也荣获了学校2014—2015年度自强标兵荣誉称号。

对于王楠来说,虽然她的家庭不够富裕,困难也时常伴随着她,但她始终觉得自己有父母的鼓励,一切都会过去的。她从小就孝敬父母,小时候家里没有安装自来水,只能用架子车去3公里以外的地方拉水吃,从那时起她就懂得体恤父母,每次都在后面用力推车;还有每一次父母下地做农活时,她都到田地头拿着水等着父母,只为她们干完农活能赶紧喝水解渴。在大学期间她也一直尽最大的努力为父母排忧解难,她用自己国家奖学金的8 000元钱为父母一人买了一部智能手机,并将剩余的钱寄回了家里,以补贴家用。她还经常用自己兼职的钱为家里添置生活必需品,为弟弟买学习用具。对于父母来说,她是他们的骄傲,而对于她来说,父母是她的一切,她一直努力着,将来更好地回报父母。

滴水之恩,当涌泉相报。她的学习成果离不开每一个帮助过她的人,因此,她致力于服务他人,助人为乐。在学习中,她积极为身边的同学答疑解惑,先后主持和讲解了多次英语讲座,为同学们讲授学习经验和方法;担任新生导航员,深入寝室和大一新生交流大学生活,帮助他们树立正确的价值观;将自己的学习笔记整理有序,每一次期末考试前为身边同学们进行总结归纳等,她希望为他人也做一些力所能及的事情,来回报学校和社会对她的帮助。

大工至善,大学至真。对于公益,她同样做到了至真至善。王楠同学从大一起就一直担任班助一志愿者,平时把自己通过兼职和奖学金得来的钱和生活用品的一部分无偿捐助给班助一的孩子。班助一志愿者活动她一做就是三年,这三年的时间里,她无数次去孩子的家里为孩子辅导功课,送去温暖,她也多次被评为"班助一优秀志愿者";她加入了校青协的"爱在明天"支教团,为贫困儿童义务支教,负责一名初三的孩子。那是在哈尔滨的冬天,孩子的家离王楠学校有近 1 小时的车程,中途还要转车,为了不耽误时间,她早早地就要起床,就这样坚持了两个月,两个月的义务支教活动让她体会到了"公益"真正的含义,不计回报,只为奉献,孩子的成绩最后也有了很大的改善,这让她觉得一切都是值得的。

大学四年期间,她参加了无数次学生帮扶和公益活动。她曾任助梦团副主席,协助组织和主持了针对家庭经济困难学生的大型爱心帮扶活动,为贫困生带去欢乐,该活动被各大媒体报道;期间,她还组织助梦团成员参加清明祭扫和参观烈士纪念馆等活动,缅怀先烈,弘扬中华美德;她担任手语协会主席,并多次去敬老院做义工,为老人送去温暖,表演手语、唱河南豫剧;参加院系冬季扫雪和大型文体活动,如拔河比赛,跳大绳比赛等,传播青春正能量,倡导社会主义核心价值观;担任香港青年团的志愿引导员,为来自香港的朋友们介绍哈工程的悠久历史和雪雕文化,带领他们游览校园;她还担任图书馆管理员,维护图书馆的公共秩序,并且在图书馆改建过程中提出了许多建设性的意见,被评为"图书馆优秀管理员";不仅如此,由于在公益上的热心表现,2016 年 7 月份她作为学生代表参加了"北京大学第三届国际公益论坛",探讨国际公益话题。在大学期间,她多次被评为"优秀志愿者"。

大学四年,王楠之所以自立自强,热心公益,这离不开学校对她的栽培,学校的精神带给她的不止是坚强和自信,更是自我挑战的勇气、态度和为人处世的善良和乐观。她的成长是爱她的老师,同学,父母和国家以及母校共同给予她最好的礼物,她会带着这许许多多的爱的力量,在接下来的每一步都走得更加坚定,更加勇敢,为他人、为社会做出更多应有的贡献!

案例故事八

任宸(化名)是一名水声工程专业的学生。因为知道父母的每一分钱来之不易,所以他更懂得自立自强。因为了解农村管理及选举的黑暗,所以他对腐败深恶痛疾。同时,他深知,真正考验一个人勇气与智慧的东西,是放下抱怨与幻想,迎接挑战,自立自强。

不能说贫困是一件值得炫耀事情,但有时候它确实是最催人奋进的东西。他的家乡在农村,家里一共六口人,父母都是农民,爷爷患有心脏病,不能做繁重的农活,40 岁之后便只能做一些简单的工作。妹妹和他都是大学生,他们在大城市的生活费、老人的医药费,无疑成为父母肩上的重担。因此他的家庭经济情况并不乐观。

他仍然记得,送他上大学是他和父亲第一次出远门,而各类新生手册上唯一引起父亲感兴趣的是大学的各类高额奖学金,他能明白父亲的意思,当别的男生成为家里的新生劳动力时,而他还是家里的经济负担,堂堂男子汉是时候有所承担了。

因此,不论是公寓的勤工俭学岗位,还是工学网的招新,凡是有工资的工作,他都第一个报名，这一干就是四年。12 楼公寓的管理员大爷换了一个又一个，保洁阿姨换了一个又一个，唯一不变的是属于他的四楼走廊。每天早上 6:00 起床拖走廊，每个月 15 日发 240 元的工资，成为大学生活的日常。入学时加入工学网，到将要离开时已经变为新媒体工作室，做过网站考核，写过文案，排过版，一个月 300～400 元的工资，无疑是他巨大的经济来源。

此外，大二的时候，尝试去销售破解路由器，进货、改程序、制作教程、替人安装，那一年，他的课余时间基本在校园中各个公寓楼之间往返。

大三的时候，他当选了自强标兵，学院的投票活动，让老师们了解到他的情况，寒暑假期间实验室有苦力活儿，都会安排他来做，父母问他为什么不回家，他就说得到了学校老师的重视，要加加班开开小灶。

大四的时候，他获得了保送中科院声学所的资格，因为专业变动需要到北京做毕业设计，为了应付高昂的生活费，他开始跟着高中同学学习编程，在闲鱼上卖爬虫软件，帮人处理毕设数据，行情好的时候，一天可以挣 500～1 000 块钱。因为白天需要在实验室打卡学习，晚上回来编程，和顾客介绍软件，那一周他挣了 5 000 块钱，但却因为每天只睡 2 个小时，瘦了 10 斤。但他终于可以把这真正属于自己第一个月的工资交给父母，还有幸买了五月天在天津演唱会的门票。

然而，在兼职获得经济来源的同时，他始终将学习放在首要位置。正如他们班任常说的，只有勤奋的学习才能真正改变一个人的命运。白天没时间学，便在晚上加加班，晚上状态不好，就在第二天迎接朝阳。七个学期的考试，他两次综合成绩名列院系第一，由此获得了国家奖学金一次，国家励志奖学金两次，校自强标兵，校一等奖学金六次，二等一次，水声基金一等一次，二等一次，中科院优秀毕业生奖学金。

也正向父亲期望的那样，从大一下学期，他就获得了经济上的独立，大学获得奖学金 31 600 元，兼职获得工资 30 000 元左右。（学校财务处记录 15 000 元左右，校外兼职 15 000 元左右），真正为父母减轻了负担，拿了奖学金还会给妹妹改善生活。目前自身存款已经可以偿还 24 000 元的生源地贷款。

喝醉的时候，他会哭着说不想死，因为他还未曾体会到他坚信的美好未来，也未曾让父母感受过安逸。他也总会在疲惫的时候，对自己说，“年轻人嘛，扛得住要扛，扛不住就去死扛”。

从一个稚气未退的乡村少年，到代表实验室去杭州独立负责湖上实验，他在四年的历练中获得了成长。他感谢遇到过所有帮助他的人，让他在这四年里，迎接着挑战，一步步成长。

因为体谅父母，他不能选择依靠，因为渴望美好的未来，他只能迎难而上，自立自强开出道德之花。

他永远都不会忘记，父亲因为反对旧任村长无视村民选举结果而被关进看守所，因为体味过腐败让人对生活的绝望，他热衷并执着于大学生廉洁教育，担任哈工程廉洁社团主席，曾作为学校 2015、2016 年“一二·九”全国大学生廉洁教育活动月系列活动的主要策划者，策划并参与开展了 10 余项校级活动。

2016 年 7 月，他有幸参与了由廉政学会、全国大学生廉洁社团网络主办的全国大学生廉洁领袖夏令营活动，并获得全国廉洁大使称号。

他作为学院学习指导中心主任，多次负责学院大型活动的采购，并因为不贪污腐败，不计个人得失,为学院争取最大利益而获得好评。

他认为廉洁是一个人真正的道德体现,它意味着公平和信任,坚守和纯洁,廉洁奉献开出道德之花。

6.6 深度阅读

6.6.1 哈尔滨工程大学简介

1978 年,经国务院批准,我校跻身全国重点大学行列,是我国第一批具备博士学位以及硕士学位授予权的高校,是我国第一批“211 工程”高校;我校于 2002 年正式获准成立哈尔滨工程大学研究生院,于 2011 年当选我国“985 工程”优势学科创新平台项目建设高校并于 2017 年荣登“双一流”建设高校榜单,发展至今,我校凭借“三海一核”办学特色以及雄厚实力在船舶工业、海军装备、海洋开发以及核能应用领域内成为我国不可或缺的育人以及科研基地。

1. 学校硬实力

我校成立科研机构 40 个以上,科研和教学实验室达 150 个以上。截至目前,我校固定资产总值高达 41.16 亿元,我校图书馆藏书量高达 474.92 万册。我校师资储备强大,成为我国“卓越工程师教育培养计划”第一批入选高校,被教育部、总政治部列入“21 世纪人才强军计划”,是海军在东北地区唯一选拔、培养后备军官的依托学校。学校以船舶与海洋装备、海洋信息、船舶动力、先进核能与核安全 4 个学科群为牵引,构建主体学科优势突出、通用和基础学科支撑配套、文管学科独具特色、专业结构布局合理的“三海一核”特色学科专业体系。

2. 学校软实力

学校紧紧围绕提高人才培养质量这一主题,全面落实立德树人根本任务,深化创新创业教育改革、推动信息技术与教育教学深度融合、推进国际化进程,坚持“视野宽、基础厚、能力强、素质优、可靠顶用”的人才培养目标,致力于培养信念坚定、人格健全、乐于探索、务实笃行的一流工程师、行业领军人才和科学家。近年来,学生在中国“互联网 +”大学生创新创业大赛、“挑战杯”全国大学生课外学术科技作品竞赛、全国大学生创新创业年会、“创青春”全国大学生创业大赛、国际无人水下机器人大赛等国际国内各类赛事中获得国际和国家级奖逾千项,“E 唯”机器人创新团队、“创翼”创新团队获大学生“小平科技创新团队”,大学生创业联盟连续五年获“全国十佳 KAB 创业俱乐部”。2011 年成立创业教育学院。学校被授予全国首批深化创新创业教育改革示范高校、全国创新创业典型经验高校、全国高校实践育人创新创业基地、中国青年科技创新行动示范基地、全国五四红旗团委标兵、全国科普教育基地等称号。本科生、研究生一次就业率保持在 94% 以上,连续多年位居全国高校前列,毕业生以“可靠顶用”而受到用人单位的广泛赞誉。成为全国毕业生就业 50 所典型经验高校之一。全国百篇优秀博士学位论文及提名获奖占全国船舶与海洋工程学科获奖总数的 40%,省优秀硕士学位论文数量连续两年名列黑龙江省第一名。2009 年,学校被评为全国普通高校毕业生就业工作先进集体。继 2006 年获得教育部本科评估优秀评价之后,2009 年和 2010 年,学校分别通过工业和信息化部研究生教育优秀工程评估和办学水平提升工程评估,均获“优秀”评价。建校以来,学校为国家培养了 12 万多名各类高级专门人才,其中包括 200 多名共和国的将军、部长、省长、院士,2 000 多名高等院校、科研院所、大中型企业的技术领军和高级管理人才。他们为国防现代化建设和国家经济社会发展做出了重要贡献。

我校历来十分重视科学研究工作并且取得了诸多骄人的成绩,不仅诞生了我国第一艘水翼艇、第一艘实验潜艇、第一套条带测深仪以及第一台舰载计算机等数十项重大科研成果,还凭借气垫船、双工型潜器、梯度声速仪等发明拔得世界头筹。在船、海、核领域,我校占据卓越的技术优势,一系列技术如船舶动力、船舶减摇、大型船舶仿真验证评估、水下机器人、水下探测、水声定位、减振降噪、组合导航、三体船设计、水面无人艇、核动力仿真等居国内领先或国际先进地位,现已成为我国舰船科学技术基础和应用研究的主力军之一、海军先进技术装备研制的重点单位、我国发展海洋高技术的重要依托力量。当前,学校是我国首座数值水池虚拟实验系统的联合牵头研制单位,是我国第七代超深水半潜式钻井平台、两万箱超大型集装箱船、智能船舶核心设计研发单位,是“蛟龙号”7 000 米载人、深海勇士潜水器水下导航定位系统国产化的装备提供方,为我国首条三体搜救艇、万吨集装箱船、钻井平台等新船型开发及深海工程装备研发提供了全面的基础技术支撑。“十一五”以来,承担国家重大科技攻关、国家和国防“973”计划及“863”计划、国防预研和科研型号等一大批科研项目,获得省部级以上科技奖励 300 余项。学校获评“高技术武器装备发展建设工程突出贡献奖”和“航母建设突出贡献奖”。科研产品质量管理通过 ISO9000 质量体系认证,是国内高校首家通过“双认证”的大学。牵头成立“深海工程与高技术船舶”“核安全与仿真技术”协同创新中心,获工业和信息化部认定,“舰船动力”“先进海洋材料”协同创新中心获黑龙江省认定。学校设有国家大学科技园,获评“国家级科技企业孵化器”。学校人均科研经费位居全国高校前列。

学校坚持国际化、开放式办学。牵头成立国际船舶与海洋工程创新与合作联盟(简称 ICNAME)。与包括美国加州大学伯克利分校、美国密西根大学、英国南安普顿大学、澳大利亚悉尼大学、俄罗斯鲍曼国立技术大学以及国际原子能机构、世界五大船级社等世界一流大学、研究机构、国际组织和企业在内的 22 个国家 100 余个单位建立了良好稳定的合作关系。学校是“中国政府奖学金”、“国家建设高水平大学公派研究生”、“创新型人才国际合作培养项目”、“优秀本科生国际交流”项目实施高校,2017 年成为首批唯一“中国政府原子能奖学金”项目委托培养单位,获高教学会“全国来华留学工作先进集体”称号。2012 年,学校与乌克兰南方师范大学联合成立“孔子学院”,荣获 2016 年度全球“先进孔子学院”称号。学校每年资助 400 多名教师到国外进修、讲学和科研合作,每年选派 500 多名学生到国际知名大学交流学习和访问。

60 多年来,学校坚持和发扬老一辈革命家倡导培育的“哈军工精神”,形成了“以祖国需要为第一需要,以国防需求为第一使命,以人民满意为第一标准”的精神追求,凝炼了“大工至善,大学至真”的校训,形成了“忠诚、坚韧、团结、创新”的校风、“治学严谨、组织严密、要求严格”的教风和“严谨、求实、勤奋、创新”的学风。当前,学校以服务国家工业化、信息化和国防现代化为使命,以“双一流”建设为统领,坚定不移走内涵式发展道路,不断提升办学质量和水平,紧紧抓住“三海一核”领域的国家战略机遇,强化特色,继承创新,以人为本,科学发展，正在向着特色鲜明的高水平研究型大学目标阔步迈进。

我国坚持将教育作为国家发展的先行力量，科教兴国战略是我国一以贯之、坚定实施的战略方针，我校作为国家的育人苗圃，积极响应国家教育强国的号召，为工程学子提供了一系列的学习资源。青年兴则国家兴，我校的每一位学生都应当珍惜这个时代，珍惜现有的机会和资源，努力发展自身，将自己培养成为一个素质过硬的佼佼者。那么，学校到底为我们提供了哪些资源是我们应当思考的问题。

6.6.2　不同成长道路资源介绍

1. 学术研究型可利用的校园资源

(1)学校硬件设施

师资力量方面，我校现有教师 1 782 人，其中教授、副教授 955 人。教师队伍中现有院士 8 人，“千人计划”入选者 4 人，“长江学者”特聘教授 4 人，“长江学者”讲座教授 3 人，国家级教学名师 1 人，教育部“新世纪优秀人才支持计划”入选者 20 人，入选国家级“百千万人才工程”6 人，入选“万人计划”7 人，聘任黑龙江省“龙江学者”20 人。

实验室建设方面，我校现有国防科技重点实验室 2 个，国防重点学科实验室 2 个，教育部重点实验室及工程研究中心 5 个，工业和信息化部重点实验室 5 个，省级重点实验室 11 个，省部级工程研究中心 4 个，人文社会科学重点研究基地 3 个，省高校重点实验室 7 个，国家级教学基地 1 个，国家级实验教学示范中心 4 个，省级实验教学示范中心 6 个，教育部人才培养模式创新实验区 1 个。

学科建设方面，我校现有国家重点学科 2 个，工业和信息化部两化融合类重点学科 1 个，工业和信息化部新兴交叉重点学科 2 个，工业和信息化部重点专业 4 个，国防特色紧缺学科 3 个，国防特色重点专业 1 个，国防特色紧缺专业 6 个，国防特色主干学科 3 个，国防特色骨干学科 2 个，国防特色支撑性基础学科 1 个，国防特色新兴交叉边缘学科 2 个，黑龙江省重点学科 12 个。

(2)学术活动

为使我校学科的建设工作在现有基础上有更加深入的发展，同时也为了使我校学术研究氛围更加浓郁，我校开展了一系列丰富多彩的学术活动，很大程度上浓厚了我校崇尚学术的风气，强化了师生以及学生间的学术交流，增强了科学研究团队的凝聚力，拓展了学生学术研究的视野，同时也展示了科学研究的发展现状，进一步促进了科学研究成果的推广。

同时，一系列学术研究活动的开展在迎合学校进一步深化人才培养模式改革的基础上也加快了向着将我校建设成为高水平、国际化、特色鲜明的应用研究型大学的奋斗目标迈进的步伐。

开展各种形式的学术活动可为学生提供多样课后生活的选择，营造积极向上的校园文化环境，同时为学校之后的各项活动提供丰富的借鉴。

我校学术活动主要通过研究生、博士生学术活动月，学术论坛，实验室开放日等形式开展。

(3)升学政策

我校制定了“优秀应届本科毕业生免试攻读研究生”、“以硕博连读方式攻读博士学位研究生”以及“直接攻读博士学位”的升学政策。具体可在学校官网查询。

2. 复合素质型可利用的校园资源

为了培养学生的责任感,锻炼并提高学生的情商水平以及管理能力,增强学生处理事务的逻辑思维,锻炼学生口才,为学生未来职业生涯的探索做铺垫性工作,我校设立了多层次、多元化的学生干部培养平台并设置了与之相对应的学生干部培养模式。

学校层面,我校现设有校级十大组织,分别为:青年调研中心、大学生创业联盟、“阳光论坛”策划中心、《青春校园》杂志社、启航大学生传媒中心、青年志愿者协会、哈尔滨工程大学学生科技协会、哈尔滨工程大学学生社团联合会、哈尔滨工程大学研究生会以及哈尔滨工程大学学生会。

除此以外,我校还支持学生成立了一百余个兴趣广泛、缤纷多彩的学生社团。

在院系层面,我校各个院系均设有与院系建设特点相匹配的院系学生组织如院系学生会、院系团委等。

在班级层面,学校不同专业各个班级根据自己实际需要又分别建立了不同的班级委员会体系。

以上各学生干部平台的招新或组建工作一般在军训期间或者军训结束后举行,工作具体流程一般为:各平台、组织进行宣讲,发放报名表,最后对报名人员进行面试筛选。

3. 科技创新型可利用的校园资源

学校始终坚持把创新创业深层融入教育机制、学科建设当中,创新创业教育始终在我校的育人工作中发挥着重要作用。经过多年探索,形成了“一核心,两结合,四平台”的创新创业工作理念:即以育人为核心,坚持创新创业教育与实训相结合、理论普及与能力提高相结合,积极开展创新创业理论平台、创新创业竞赛平台、创新创业实训平台、创业孵化平台的建设工作,形成一条从“创新创业理论”到“创新创业实训”,进而提出“创业计划”,最终实现“实体创业”的大学生创新创业能力培养链条,构建了以创新带动创业,以创业促进创新的管理模式,扎实有效推进创新创业教育工作,走出了一条“建高原,育高峰”的特色育人道路。

学校采取“四点一线穿”的模式,将“立项、课程、竞赛、实验室”贯穿于大学生创新创业工作。二十多年来,我校每年投入近500万元直接用于大学生创新创业活动,针对不同创新创业层级以及创新创业方向的学生积极开展各类年度创新创业大赛如普及型的“启航杯”竞赛、提高型的“五四杯”科创竞赛、各院系“一院一品”竞赛以及“创业计划竞赛”等。其中,“启航杯”主要针对大一、大二的学生,“五四杯”主要针对大三、大四的学生,强调普及面,建设学生创新创业的高原。

学校大力实施“科创导航员”管理模式:学校自2010年启动“科创导航员”模式,以“先锋引领,科创育人”为基本原则,选拔出全校学生科技创新中的佼佼者,担任大一、大二本科生班级的科创导航员,协助老师向广大学生特别是新生传播科创知识,培养学生科创基本技能与素养,为重点赛事和项目提供后备人才,推动大学生创新创业教育工作的持续发展。学校通过不断加强对科创导航员队伍的科学管理和积极引导,充分发挥他们的先锋引领作用和主观能动性,为培养低年级学生的创新精神、提升低年级学生创业意识和提高低年级学生创新创业能力不断发力。近年来,我校学生对学习创新创业理论的主动性不断提升,知识广度和深度也在不断提高,参与创新创业活动、科创立项人数显著增长。

学校坚持推行“个性化”保研政策:学校设立“个性化保研”培养机制,该政策允许在创新创业方面有特长的学生优先获取推荐免试攻读硕士学位研究生的资格。在“五四杯”科创竞赛中表现卓越和创新能力强的学生被鼓励参加国际以及国内的高水平大赛，近三年以来我校创新创业教育成果显著，包揽省级以上（含省一级）奖励高达2428余项。

学校积极推进创新创业教学方法和教学手段的改革并提出了一系列适应创新创业时代教育大背景的有力措施：以全面且有质量地提升学生创新创业能力为目标，对我校原有的创新创业教学形式以及考核办法进行有效改革。对以“小班研讨课”以及“翻转课堂”为代表的教学模式进行全面推广，大力推行启发式、讨论式、参与式教学，不断提升学生的批判性与创造性思维。加强具有“船海核”特色的研究生在线课程建设，引进国内外优质课程资源，打造特色品牌课程，建设5门研究生在线课程，力争成为多校共用研究生在线课程。不断将信息化手段深入应用到我校教学工作当中，寻找慕课、微课、数字教材、多媒体教材等网络化、数字化学习资源的建设模式以及如何将其投入到教学实际的具体应用途径，延伸课堂教学，促进课内与课外的教学融通，增强学生的学习自主性，进一步扩大学生自主学习的可利用资源储备，为扎实学生创新创业基础提供了保障。改革现有的创新创业考核办法，加大对学生遇到实际问题时凭借所掌握的知识进行现状分析、原因剖析、方案设计以及最后解决问题的能力的关注度，探索非标准答案考试，不断推动“累加式评价”考核机制改革快速向前发展，防止“高分低能”的现象在我校学生中出现。

学校广泛组建大学生创新创业实践团队：学校依托各学院基层学术组织组建由本、硕、博、导构成的“大学生创新创业实践团队”让优秀的本科生尽早进入实验室接触、参与科研项目，了解专业学科方向，让教师尽早挖掘具有创新创业潜力的学生，强化骨干教师对优秀本科生发展的指导和影响，为学生和教师之间搭建一个开展创新创业训练密切联系的桥梁。

学校为学生搭建了各类科技创新大赛参与平台：为进一步鼓励我国青年勇立创新创业潮头，同时也为了给青年构建创新创业平台，缩短青年参与创新创业的现实距离，大力发现、培育、选树青年创新创业人才，国家有关部门、企业以及各大高校共同策划举办各类“双创”竞赛如下表6－1所示。

表6－1　哈尔滨工程大学大学生校外创新创业竞赛库

序号	竞赛名称	主办单位	牵头单位
Ⅰ类（◎为教育部、财政部发文支持竞赛）（42项）			
1	“挑战杯”全国大学生课外学术科技作品竞赛	共青团中央、中国科协、教育部、全国学联、承办所在地人民政府	校团委
2	“创青春”全国大学生创业大赛	共青团中央、教育部、人力资源社会保障部、中国科协、全国学联	校团委
3	全国大学生机器人大赛	共青团中央、全国学联	校团委
4	中国“互联网＋”大学生创新创业大赛	教育部	校团委
5	全国青年科普创新实验大赛	中国科协科普部、共青团中央学校部	校团委

表 6－1(续)

序号	竞赛名称	主办单位	牵头单位
Ⅰ类(◎为教育部、财政部发文支持竞赛)(42 项)			
6	全国大中学生海洋知识竞赛	国家海洋局、教育部、共青团中央、海军政治部	校团委
7	中国创新创业大赛	科学技术部	校团委
8	全国研究生创新实践系列活动	教育部学位与研究生教育发展中心	校团委
9	全国海洋航行器设计与制作大赛	中国船舶重工集团公司、中国船舶工业集团公司、中国造船工程学会	船舶学院
10	全国大学生水利创新设计大赛	中国水利教育协会、教育部高等学校水利类专业教学指导委员会	船舶学院
11	国际超轻复合材料学生桥梁/机翼竞赛(SAMPE)	美国先进材料与工艺技术学会(SAMPE)	航建学院
12	◎全国大学生结构设计竞赛	教育部、住房和城乡建设部、中国土木工程学会	航建学院
13	科研类全国航空航天模型锦标赛	国家体育总局、教育部、科技部	航建学院
14	全国周培源大学生力学竞赛	中国力学学会、周培源基金会	航建学院
15	◎全国大学生节能减排社会实践与科技竞赛	教育部高等教育司	动力学院
16	◎全国大学生“西门子杯”工业自动化挑战赛	教育部高等学校自动化类专业教学指导委员会、西门子(中国)有限公司、中国系统仿真学会	自动化学院
17	◎全国大学生智能汽车竞赛	教育部高等学校自动化类专业教育指导委员会	自动化学院
18	◎全国大学生交通科技大赛	教育部高等学校交通运输类专业指导委员会	自动化学院
19	全国 TI－DSP 嵌入式设计大奖赛	美国德州仪器公司	水声学院
20	ACM/ICPC 国际大学生程序设计竞赛亚洲区域赛	ACM/ICPC 国际大学生程序设计竞赛中国区组委会	计算机学院
21	“博创杯”全国大学生嵌入式物联网设计大赛	中国电子学会	计算机学院
22	“英特尔杯”大学生电子设计竞赛嵌入式系统专题邀请赛	教育部高等教育司、工业和信息化部人事教育司	计算机学院
23	全国大学生信息安全竞赛	教育部高等学校信息安全类专业教学指导委员会	计算机学院

表 6－1(续)

序号	竞赛名称	主办单位	牵头单位
Ⅰ类(◎为教育部、财政部发文支持竞赛)(42 项)			
24	全国大学生电子设计竞赛信息安全技术专题邀请赛	教育部高等教育司、工业和信息化部人事教育司	计算机学院
25	红点设计大奖(Red Dot Design Award)	Design Zentrum Nordrhein Westfalen	计算机学院
26	“高教杯”全国大学生先进成图技术与产品信息建模创新大赛	教育部高等学校工程图学课程教学指导委员会、中国图学学会制图技术专业委员会、中国图学学会产品信息建模专业委员会	机电学院
27	◎全国大学生机械创新设计大赛	教育部高等学校机械基础课程教学指导委员会	机电学院
28	国际大学生雪雕大赛	教育部高等学校工业设计专业教学指导分委员会	机电学院
29	国际水下机器人大赛	国际无人系统协会(AUVS1)、美国海洋高等技术教育中心、海洋技术学会(MATE)	信通学院
30	全国大学生电子设计竞赛	教育部高等教育司、工业和信息化部人事教育司	经管学院
31	“TI 杯”全国大学生电子设计竞赛模拟电子系统设计专题邀请赛	教育部高等教育司、工业和信息化部人事教育司	经管学院
32	Enactus 世界杯中国站	Enactus 中国	经管学院
33	GMC 国际企业管理挑战赛	国际企业管理挑战赛组委会	经管学院
34	全国大学生化工设计竞赛	中国化工协会、中国化工教育协会、教育部高等学校化工类专业教学指导委员会	材化学院
35	全国大学生数学竞赛	中国数学会	理学院
36	◎全国大学生物理实验竞赛	教育部高等教育司	埋学院
37	全国大学生数学建模竞赛	教育部高等教育司、中国工业与应用数学学会	理学院
38	美国大学生数学建模竞赛	美国自然基金协会、美国数学应用学会	理学院
39	全国大学生英语竞赛(NECCS)	教育部高等学校大学外语教学指导委员会、高等学校大学外语教学研究会	外语系
40	“外研室·亚马逊杯”全国英语辩论赛	团中央学校部、全国学联秘书处	外语系
41	“理律杯”全国高校模拟法庭比赛	清华大学法学院	人文学院
42	◎全国大学生工程训练综合能力竞赛	全国大学生工程训练综合能力竞赛组织委员会	工训中心

表6-1(续)

序号	竞赛名称	主办单位	牵头单位
Ⅱ类(49项)			
43	全国“TRIZ”杯大学生创新方法大赛	(国家)创新方法研究会、黑龙江省科学技术厅、黑龙江省教育厅、黑龙江省科学技术协会、黑龙江省知识产权局	校团委
44	“创客中国”创新创业大赛	工业和信息化部	校团委
45	中国大学生船舶与海洋工程设计大赛	教育部高等学校海洋科学类专业教学指导委员会	船舶学院
46	“太阳鸟”杯全国大学生游艇设计大赛	中国船用工业行业协会	船航学院
47	OI中国水下机器人大赛	中国海洋学会、励展博览集团	船舶学院
48	黑龙江省大学生结构设计大赛	黑龙江省力学学会	航建学院
49	全国航空航天模型公开赛(分站赛)	国家体自单局、教育部、科技能、团中央	航建学院
50	超轻复合材料桥梁/机翼制造学生竞赛	中航工业基础技术研究院、中国航空学会、SAMPE北京分会、SAMPE上海分会	航建学院
51	“中航工业杯”国际无人飞行器创新大奖赛	中国航空工业集团公司、中国航空学会	航建学院
52	Honda中国节能竞技大赛	Honda中国	动力学院
53	“AB杯”全国大学生自动化系统应用大赛	教育部高等学校自动化类专业教学指导委员会	自动化学院
54	全国大学生物联网设计竞赛(TI杯)	教育部高等学校计算机类专业教学指导委员会	计算机学院
55	ACMICPC国际大学生程序设计竞赛东北地区赛	ACM/ICPC国际大学生程序设计竞赛东北地区组委会	计算机学院
56	ACM/ICPC国际大学生程序设计竞赛黑龙江省赛	ACM/ICPC国际大学生程序设计竞赛黑龙江省组委会	计算机学院
57	“蓝桥杯”全国软件和信息技术专业人才大赛	工业和信息化部人才交流中心	计算机学院
58	全国大学生计算机博弈大赛暨全国计算机博弈锦标赛	教育部高等学校计算机科学与技术专业教学指导分委员会、中国人工智能学会机器博弈专业委员会	计算机学院
59	中国软件杯大学生软件设计大赛	工业和信息化部、教育部、江苏省人民政府	计算机学院
60	全国密码技术大赛	中国密码学会	计算机学院
61	国际仿人机器人奥林匹克大赛	中国机器人智能学会机器人足球工作委员会	计算机学院

表 6-1(续)

序号	竞赛名称	主办单位	牵头单位
Ⅱ类(49项)			
62	国际水中机器人大赛暨国际水中机器人公开赛	中国自动化学会机器人竞赛工作委员会	计算机学院
63	中国大学生服务外包创新应用大赛	教育部、商务部、无锡市人民政府	计算机学院
64	全国机器人锦标赛暨 FIRA 世界杯机器人大赛中国队选拔赛	中国机器人智能学会机器人足球工作委员会	计算机学院
65	Imagine Cup 微软全球学生科技大赛中国区决赛	微软公司	计算机学院
66	全国三维数字化创新设计大赛	科技部国家制造业信息化培训中心、全国 3D 技术推广服务与教育培训联盟	机电学院
67	全国大学生机械创新设计大赛(慧鱼组)	全国大学生机械创新设计大赛组委会、教育部高等学校机械学科教学指导分委员会	机电学院
68	全国大学生机械产品数字化设计大赛	教育部高等学校机械学科教学指导委员会	机电学院
69	◎全国大学生广告艺术大赛	教育部高等教育司	机电学院
70	全国大学生工业设计大赛	教育部高等学校工业设计专业教学指导分委员会	机电学院
71	中国机器人大赛暨 Robocup 公开赛	中国自动化学会机器人竞赛工作委员会、Robocup 中国委员会、科技部高技术研究发展中心	信通学院
72	"北斗杯"全国青少年科技创新大赛	教育部科学技术司、共青团中央学校部、中国科协青少年科技中心、中国卫星导航系统管理办公室	信通学院
73	"赛佰特杯"全国大学生物联网创新应用设计大赛	中国电子学会、北京赛佰特科技有限公司	信通学院
74	全国 MBA 院校企业竞争模拟大赛	全国工商管理硕士(MBA)教育指导委员会	经管学院
75	全国大学生管理决策模拟大赛	高等学校国家级实验教学示范中心联席会	经管学院
76	"用友杯"全国大学生沙盘模拟经营竞赛	高等学校国家级实验教学示范中心联席会	经管学院
77	全国高校大学生材料综合技能大赛	教育部高等学校材料类专业教学指导委员会、高等学校实验室工作研究会	材化学院

表6-1(续)

序号	竞赛名称	主办单位	牵头单位
Ⅱ类(49 项)			
78	中国大学生材料热处理创新创业大赛	教育部高校材料类专业教学指导委员会、中国机械工程学会热处理分会、中国热处理行业协会	材化学院
79	全国大学生金相技能大赛	高等学校实验室工作研讨会、中国体视学学会	材化学院
80	“永冠杯”中国大学生铸造工艺设计大赛	中国机械工程学会、中国机械工程学会铸造分会、教育部高等学校机械学科教学指导委员会、中国机械工业教育协会、铸造行业生产力促进中心	材化学院
81	中国大学生高分子材料创新创业大赛	中国化工教育协会、中国石油和化学工业联合会、青岛市科技局、橡胶谷集团有限公司	材化学院
82	东北三省数学建模联赛	东北三省数学建模协会	理学院
83	国际大学生 ICAN 创新创业大赛	教育部理工科教学指导委员会(机械/电子/计算机)、全球华人微纳米分子系统学会、北京大学	理学院
84	中国大学生 ICAN 物联网创新创业大赛	中国微米纳米技术学会、全球华人微纳米分子系统学会、物联网创新创业大赛组委会	理学院
85	全国高校密码数学挑战赛	教育部高等学校数学类专业教学指导委员会	理学院
86	中国大学生物理学术竞赛	中国大学生物理学术资赛组委会	理学院
87	“外研社杯”全国英语阅读大赛	外语教学与研究出版社	外语系
88	“外研社杯”全国英语演讲大赛	外语教学与研究出版社	外语系
89	“外研社杯”全国英语写作大赛	外语教学与研究出版社	外语系
90	“中译杯”全国口译大赛	中国翻译协会、高等教育出版社	外语系
91	中国大学生公共关系策划大赛	中国国际公共关系协会	人文学院
Ⅲ类(21 项)			
92	中国杭州大学生创业大赛	杭州市人民政府	校团委
93	中国大学生游艇设计大赛	海星游艇制造有限公司	船舶学院
94	“飞航杯”全国未来飞行器设计大赛	中国航天科工集团第三总体设计部、中国宇航学会	航建学院
95	两岸四地智慧型机器人大赛	中国人工智能学会智能产品与产业工作委员会、亚洲机器人联盟	自动化学院

表6-1(续)

序号	竞赛名称	主办单位	牵头单位
Ⅲ类(21项)			
96	博尔杯大学生创客大赛	中国人工智能学会	计算机学院
97	全国高校物联网应用创新大赛	教育部科技发展中心、互联网应用创新开放平台联盟	计算机学院
98	全国机器人创意设计大赛	中国人工智能学会教育工作委员会、智能产品与产业工作委员会、上海太敬集团	计算机学院
99	全国雪雕比赛	太阳岛国际雪雕艺术博览会组委会	机电学院
100	“毕星杯”全国大学生电子创新设计大赛	北京精仪达盛科技有限公司	信通学院
101	中国科技创业计划大赛	宁波市人民政府、科技部火炬高技术产业开发中心、国家科技风险开发事业中心	经管学院
102	全国高校市场营销大赛	中国市场学会、教育部考试中心、教育部高等学校高职高专工商管理专业教学指导委员会	经管学院
103	哈尔滨市创业计划大赛	哈尔滨市人力资源和社会保障局	经管学院
104	全国大学生外贸从业能力大赛	中国国际贸易学会	经管学院
105	中国大学生新材料创新设计大赛	中国大学生新材料创新设计大赛竞赛委员会	材化学院
106	“祭司·金相学会杯”高校大学生金相大赛	中国体视学学会、金相与显微分析分会	材化学院
107	全国大学生材料设计邀请赛(MDC)	厦门大学教务处、材料学院	材化学院
108	中国大学生模拟APEC大会	中国大学生模拟APEC大会组委会	外语系
109	黑龙江省模拟联合国大会	黑龙江大学模拟联合国协会	外语系
110	中国日报社“21世纪·可口可乐杯”全国英语演讲比赛	中国日报社与可口可乐公司联合举办	外语系
111	“海峡两岸”全国口译大赛	厦门大学口译教研组	外语系
112	“功承杯”东北高校模拟法庭竞赛	吉林大学、吉林功承律师事务所	人文学院

4.开拓可利用的创业型校园资源

多年来,学校一贯将学生创新创业能力的培养工作视为学生综合能力培养体系中关键的一环。为了提高学生的社会需求匹配度,我校适应性地将生涯理论与创新创业教育相结合,作为整体板块嵌入我校人才培养体系构架当中,积极采取多项措施有力地促进了学生创新“四方位”(创新理论课程、创新实训基地、科学研究立项以及学生学科竞赛)建设与专业教育有效结合，充分地利用“创新创业四平台”（创新创业理论平台、创新创业竞赛平台，创业实训平台以及创业孵化平台）建设已取得的优秀成果，走出了一条“建高原、育高峰”的特色育人道路。自2003年以来，学校立足创新创业不断完善职能体系建设工作，我校于2003年挂牌成立哈尔滨工程大学国家大学科技园并于2009年组织成立哈尔滨工程大学校团委学生创业服务中心并下设校级学生组织——大学生创业联盟；2010年，我校正式成立了哈尔滨工程大学创业工作指导委员会并于同年获准成立大学生KAB创业俱乐部；2011年12月，我校正式挂牌成立哈尔滨工程大学创业教育学院，搭建了校企联合创新培养的桥梁，为我校的创业教育提供了有利条件。同年，我校成功获得哈尔滨天手食品有限公司捐款500万，学校配套资金500万，成立“学生千万创业基金”，该基金是当时全国单笔社会捐赠用于大学生创业教育额度最大的一笔资金。同时，我校在创新创业教材编撰上也取得了长足进展，截止至目前，参编并正式出版了《大学生创新创业导论》、《电子创新设计与实践》、《创新其实很简单》创新创业类教材9本。近三年来，学生创新专利共授权1 267项，基于创新创业教育改革的研究成果荣获国家级教学成果奖4项以及省级教学成果奖6项，创新创业项目研究成果更进一步激励并科学指导学校创新创业的相关工作。

（1）构建创业理论培养平台

针对全校学生、相关专业学生和有强烈创新创业意愿学生，积极探索创新创业教育的新模式，分类别分层次培养创新创业人才。

面向全校学生：面向全校大学生，创新创业教育以营造氛围、启发意识为主要切入点，把工作覆盖在开设创新创业教育公选课、组织高密度的创业论坛及举办SIYB创业培训班上。①开设创新创业教育选修课。开设《商业计划能力提升与培养》、《大学生KAB创业基础》等创新创业类选修课39门，通过开设创业教育公选课，着眼于学生创新精神、创业意识的培养。②组织高密度的创业论坛。充分发挥“创业大讲堂”、“阳光论坛”和“知名企业家进校园”等活动平台的作用，举办双创主题座谈，邀请西门子（中国）有限公司副总裁王晓白、“柯达”全球副总裁叶莺、爱国者集团董事长冯军等百余位知名企业家来校演讲并与同学们就实践中的创业知识进行分享与互动，鼓舞学生创业激情，提高学生创业素养。③举办SIYB创业培训班。创业教育学院与国家大学科技园联合举办SIYB创业培训班，学员们接受为期十天的免费创业培训。

面向专业学生：面向专业学生，着力完善现有的本科生育人计划，以达到将创新创业教育有机嵌入到专业教育当中去的目的。在本科生育人计划中引入“能力素质拓展模块”，要求各专业的培养方案中必须独立设置一门创新创业课程或环节面向专业学生，通过将创新意识以及创业精神嵌入到传统的专业课教育环节中去并在具有专业辅修性质的第二课堂（如沙盘模拟大赛、创新实验室、依托院系的创业社团等）中促进创业实践能力的提升并使创新思维以及创业意识在每个科目的课堂上有充分的体现。

面向有强烈创业意愿学生：对有强烈创业意愿的学生，依托创业教育学院开办为期一年的创业教育精英培养班，从课程框架构建、教学体系优化、师资力量储备、考核方式和质量监控体系五个方面培养创业精英人才。①创业教育学院学员班设置双创理论、双创活动以及双创实践三大课程体系并制定详细培养方案，课程设置侧重创业实践，鼓励学员外出调研、企业实习，课程内核符合大学生创新创业的切实所需，教材择优选取实操力度大的书目。②创业教育精英培养班的教育管理方法为项目实践法，学员根据自己的专业背景成立创业小组,通过确定并开展具体项目进行实训,培养班的日常事务管理模式为企业管理法。这种以实践为主体内容的教学模式,保证了创业活动、创业实践的课程内容占据总体课程的75%以上。③创业教育学院学员班师资力量强大,教师队伍包括我校创业名师、知名企业师资、我校杰出校友以及我校优秀创业大学生等。④考核方式结合创业知识与创业能力学习特点,考查内容包括课堂心得、公司实习总结、科创经历报告、双创竞赛成绩、创业虚拟公司实践及商业计划详书等综合情况,考核形式为毕业答辩,通过以上考核办法给予学生最终双创教育学业成绩。

(2)搭建创新创业竞赛平台

我校创业竞赛平台建立在创业理论平台基础上,旨在培养学生的创业计划能力,为向真实的创业实训、创业孵化奠定基础。

目前,我校已经成功构建双创竞赛体系,其中,发挥基核作用的是校内"五四杯"大学生创新创业大赛,同时,发挥牵头作用的主体部分分别是:①"挑战杯"全国大学生课外学术科技作品竞赛;②"挑战杯"全国大学生创业计划大赛;③"互联网+"全国大学生创新创业大赛;④中国创新创业大赛。这其中取得显著工作成效的有我校的从1990年开始已经连续举办21届的"五四杯"大学生学术科技创新作品竞赛以及从2000年开始已经连续举办19届的"五四杯"大学生创业计划竞赛,每年有1 000余名学生,合计万余人参与比赛,产生600余支优秀创业团队。我校还在组队沙龙、聘请校外风险投资专家担当评委、科技作品项目与创业团队对接等运行机制方面进行了探索和尝试,使大赛的水平和规模不断提高。校"五四杯"大学生创新创业大赛连续5年获得省内知名企业赞助,活动全程由省内媒体录制播出。

近三年以来我校优秀的双创学生在各类包含中国"互联网+"大学生创业大赛、"挑战杯"大学生课外学术科技作品竞赛、"挑战杯"全国大学生创业计划大赛、亚太及全国大学生机器人电视大赛、国际无人水下机器人大赛以及中国创新创业大赛等在内的国际以及国内双创竞赛中取得了累计国际以及国家级奖项超过一千项的骄人成绩。

(3)开创创业实训平台

我校开设了独特的创业实训平台,通过"大学生创业联盟"进一步夯实大学生的创业基础,通过"青年就业创业见习基地"进一步延展学生的创业能力,通过"大学生创新创业训练计划"进一步砺练学生的创业本领,面向我校全体学生开展全方位的创业精神、创业意识和双创能力的培养工作。

学校投入百万资金创建了"大学生创业联盟"实训平台,提供1 400平方米的创业实训场地。大学生创业联盟注重在创业团队结构优化、团队成员角色和职能分配、实践目标细化、实践活动实施过程监管等方面加强指导。大学生创业联盟每学期举办1次创业团队入驻招标活动,现累计招标15次,截至到目前,成功入驻的在校大学生创业公司总数达150余家,每年有数百名在校大学生能利用创业联盟提供的平台参与到运营公司的实训当中去,创业联盟平均每年度营业收入总额高达500万元,且每年能为学生解决的勤工助学岗位总数高达200余个。大学生创业联盟现有创业团队47个,其中科技型项目19个,服务型项目28个,吸纳在校大学生296人,创业项目涉及机器人开发,软件开发,商业模式创新,智能家居设计,飞行器设计,"互联网+"等多个领域。我校为在校大学生创业团队提供了成熟的发展链条,学校会定期对创业联盟中各个创业团队进行发展状况评议,筛选并扶持当下运营成果显著、运营前景良好的虚拟公司转型为实体注册公司且提供该公司入驻哈尔滨工程大学国家大学科技园进行实体公司运营的机会。如今，我校已扶持17个在校大学生创业团队公司走出大学生创业联盟转型为实体注册公司。

近三年来，经我校积极组织，共立项277项，包含252项创新训练项目以及25项创业训练项目。累计投入600万元，其中教育部专项300万元，学校配套300万元。学校依托各院系基层学术组织累计创建了广泛覆盖本硕博导的四位一体、全面融通的"大学生创新创业实践团队"多达49个，并在此基础上于2016年9月组织以及要求每个大学生创新创业实践团队根据"2017年度国家级大学生创新创业训练计划"内容要求成功培育两个及两个以上可持续推进的项目。

(4)打造创业孵化平台，优化大学生实体公司发展的实现途径

我校国家大学科技园成功构建了包括教育培训部、创业服务部、科技产品交易处、网络部、商务服务部以及投融资部在内的各主体职能部门有机联动的小微企业孵化体系并全面向学生开放。同时，大学生创业孵化平台也为学生创业孵化制定了一系列扶持政策，如创业学生可免费使用创业办公场地和基础办公设施、全过程帮助创业学生完成实体公司注册流程以及无抵押无息的孵化基金贷款等，这些扶持政策使创业孵化的学生可以轻载启动，迅速起飞。

哈尔滨工程大学国家大学科技园创业基地运行以来，共成功孵化创办大学生企业25家，涉及经营范围主要包括通讯领域相关产品研制、嵌入设备研制、电子领域相关产品研制、机器人和机器人附属器件研制以及新型绿色能源领域相关产品研制，各企业都实现了稳定发展，年度营业总额均超过了100万元。

5. 实践探索型可利用的校园资源

(1)勤工助学体系设置

为提高青年学子心理素质，进一步提升青年学子的人际关系协调能力、事务协调能力以及管理组织协调能力，我校为学生提供了一系列的勤工助学岗位，给青年学子就业做好筹备工作，使青年学子以后更好适应职场及社会环境，并能够独挡一面。勤工助学是指学生在学有余力的前提下在学校统一提供、管理的工作岗位上进行的有偿劳动。学校在设置勤工助学岗位的同时，严格保障学生权益，结合岗位要求将资助与育人相结合，完善岗前业务培训，加强岗位工作指导，促进学生综合能力全面提升。任职学生应严格遵守岗位职责，积极主动地利用岗位优势锤炼职场能力，才能在社会打拼时厚积薄发。

勤工助学岗位设置具体方案说明如下：

①助工岗位。学生可承担学校某些劳务性或事务性辅助工作。

②助教岗位。学生可担任教学助教、学习助教以及开放实验室助教。

③助管岗位。辅助学校机关部门、教学院系、直属单位进行各类管理工作。

④助理辅导员。协助院系专职辅导员开展各项专题教育活动，承担学生党团及班组织活动的指导以及面向学生开展的各类指导工作的助理工作。

(2)奖助贷体系设置

为进一步丰富资助工作的育人内涵，实现学生的经济资助工作与学生健康、全面的成长进步的深度融合，根据国家相关政策要求以及学校的具体工作机制，特制定本奖助贷体系如表6-2所示。

表 6－2　哈尔滨工程大学大学生奖助贷体系设置表

序号	名称	申请人	获奖频次	级别划分
国家奖助项目				
1	国家奖学金	本科二年级及以上品学兼优的学生	每人每年	本科生 8 000 元、硕士研究生 20 000 元、博士研究生 30 000 元
2	国家励志奖学金	本科二年级及以上品学兼优且家庭经济困难学生	每人每年	奖学金 5 000 元
3	国家助学金	家庭经济困难学生	每人每年	本科生 1 000 元～3 000 元不等、硕士研究生 6 000 元、博士研究生 23 000 元
4	国防科技奖学金	国防科技学科、专业品学兼优且志愿投身于国防科技事业在校生	每人每年	10 000 元
5	国家助学贷款	家庭经济困难学生	每人每年	贷款总额为本科生不超过 8 000 元、研究生不超过 12 000 元
6	退役士兵教育资助	退役一年以上且自主就业，考入我校的学生	每人每年	本科生不超过 8 000 元、研究生不超过 12 000 元
7	基层就业学费补偿及贷款代偿	自愿到中西部地区和艰苦边远地区基层单位就业、服务期 3 年及以上的应届毕业生	每人每年	本科生不超过 8 000 元、研究生不超过 12 000 元
8	应征入伍服义务兵役国家资助	应征入伍服义务兵役的学生	每人每年	本科生不超过 8 000 元、研究生不超过 12 000 元
社会类奖助项目				
社会类奖助学金是由社会企事业单位或个人为支持教育事业发展，鼓励学生勤奋学习，奖励、资助品学兼优学生而设立的奖助学金				
学校奖励项目				
1	陈赓奖学金	在学业、品德等方面表现优异，起到榜样引领作用的本科生和研究生	每人每年	奖学金 10 000 元，名额不超过 10 人
2	谭国玉奖学金	学习成绩专业排名比前一学期名次提高 40% 以上的本科学生	每人每年	奖学金 1 200 元，名额 20 人
3	优秀学生奖学金	学习成绩优秀的本科生	每人每年	奖学金：一等奖 800 元、二等奖 400 元、三等奖 200 元

表6-2(续)

序号	名称	申请人	获奖频次	级别划分
学校奖励项目				
4	学业奖学金	研究生	每人每年	奖学金:硕士研究生4 000~10 000元不等、博士研究生8 000~15 000元不等
5	少数民族预科生奖学金	学习成绩优秀的少数民族预科学生	每人每年	奖学金:一等奖800元、二等奖400元、三等奖200元
学校困难补助				
1	临时生活补助	本人或家庭发生突发事件或重大变故、学校常规补助无法维持日常学习生活的学生	—	原则上每人每次申请补助额度不超1 000元
2	大病补助	在校期间患有重大疾病的学生	—	补助额度根据学生家庭经济困难程度和实际产生医疗费用设定
3	新生入学补助	家庭经济困难新生	—	其中包含每人价值100元的生活礼包(11种生活用品)
4	学费减免	烈士子女、因公牺牲等国家规定优抚对象子女、没有任何经济来源的孤儿及其他特别困难学生	—	免交学费和住宿费
5	节日补助	在校过春节的家庭经济困难学生	—	一般困难学生每人补助200元,特别困难学生每人补助500元,新春礼包每人200元;其他节日、少数民族经济困难学生、孤儿以及家庭经济困难新生,原则上每人补助100元
6	冬衣补助	家庭经济困难新生	—	一般困难新生每人100元,特别困难新生每人400元
7	寒假爱心路费	寒假返乡的家庭经济特别困难学生	—	补助标准为往返家庭所在地与哈尔滨之间的学生火车票(硬座票款)
绿色通道				
为确保新生顺利入学,学校特设立“绿色通道”,被录取的家庭经济困难新生一律先行办理入学手续,入学后,根据实际情况给予适当资助				

注:奖助贷体系的具体相关内容要求请参考《哈尔滨工程大学学生手册》

勤工助学体系和奖助贷体系相辅相成，这种体系下，学生可以有效地、健康地、安全地解决由学业带来的经济困难，有助于学生集中精力进行实践，锻炼自己，充实自己。

6.7　课堂收获

1. 通过本单元学习，你找到了哪些成长发展的资源？
2. 你认为适合自己的成长道路都有哪些？你愿意在本学期体验怎样的道路？

6.8　推荐阅读

1. 王春秀，邵光辉. 漫话大学生涯[M]. 哈尔滨：哈尔滨工程大学出版社，2017.

第 7 章　外部职业世界探索

7.1　知识点导读

(1)能够运用内职业生涯、外职业生涯的概念分析职业岗位；

(2)了解职业的产生与定义；

(3)理解职业世界地图的涵义,并能够熟练运用此工具发觉个人感兴趣的职业领域；

(4)熟练掌握生涯人物访谈的理论与方法,并能够运用此方法对其进行访谈,提炼职业信息。

7.2　生涯故事

小红是一名大四的应届毕业生,家住在山东省青岛市。在大三学年中,小红就在找工作就业和继续读研深造两者中犹豫不决,最终小红决定选择了前者。刚进入大四生活,秋季招聘会就随之而来,与身边的同学一样,小红在没有做好充足准备的情况下,就迅速的投入到招聘会大军中,开启了自己求职生涯之旅。

小红与同学们结伴去参加学校组织的各类招聘会,招聘大厅里一排排的公司、忙着询问毕业生问题的人力以及热火朝天的面试都让小红激动万分,想到自己即将从这里开启走向社会的大门,小红立马加入到了投简历的队伍里。

第一家用人单位是一所军工集团,小红感觉公司的整体实力、用人待遇都比较符合自己的期许,但是工作地点却都分布在一些欠发达城市,这让小红打起了退堂鼓。“自己是家里的独生子女,找工作还是应该找离家比较近的城市,如果不能离家近,最起码还是要找一个经济发达,一线的城市比较好”、“我怎么也是名牌学校毕业的大学生,如果去一个不如自己家乡好的城市工作,也对不起这么多年自己在学业上的付出和自己一直追逐的梦想”。这样想着,小红便拒绝了这家单位的面试要求。

第二家用人单位是本地的一家药品企业,这一点很符合小红离家近的要求,于是小红走近了企业,去查看招聘相关要求及待遇,这一看,小红又皱紧了眉头。先不说企业的整体实力在本地如何,单看招聘的待遇就让小红很不满意,月薪比较低,各项福利待遇也不是上乘,还有可能会面临加班。这样的待遇再一次让小红望而却步。“自己找工作也不打算总跳槽,这样的薪资待遇如何让自己安心在这里工作一辈子呢,自己苦读这么多年,到头来就是这样的工作吗,我不甘心”。于是小红再一次的退出了这家公司。

小红继续在招聘大厅里各家单位穿行,但是工作总是有不如意的,不是工资待遇不好,就是离家太远，好不容易有适合自己的，但是人家工作单位要求硕士以上学历，小红的学历又不过关了，于是小红想，自己要不继续读个研究生算了……

7.3 生涯故事讨论

请仔细阅读前面的【生涯故事】，深入思考后与小组同学讨论，并把自己的观点记录在下面：

（1）读完小红的求职经历，你认为她对于就业求职存在哪些失误？

____

____

（2）你对自己未来的职业有什么样的期许？

____

____

（3）对于职业，你是通过哪些途径，了解到哪些内容？

____

____

（4）为了更加准确地制定未来职业规划，你认为还需要探索职业世界的哪些内容？

____

____

7.4 案例总结

对于一名即将毕业的大学生来说，继续深造还是选择就业，就会是一个十分棘手的问题。另外，是选择一个距离父母更近的城市工作，还是去大城市寻找更多的机会，是选择被动适应一个不适合我们的工作，还是主动去寻找一个适合的职业或企业，同样也困扰着刚刚准备步入职场的我们。在寻求职业发展的道路上，客观的职业环境与主观的职业意识相违背又是十分常见的问题，这更给我们的大学生探索职场生涯带来巨大的困扰。那么，我们大学生在选择职业的时候应该更重视内生涯成长还是外生涯成长呢？要想解答这个疑惑，我们首先要明确两个基本概念，即内生涯和外生涯。

内生涯又叫做内职业生涯，是指生涯历程中，与生涯角色相关的知识、经验、习惯、心理、能力、性格等因素的合成及其转变。内生涯的概念旨在强调在个体生涯发展中内部因素的转变情况，其表现为自我实现性、不可剥夺性、内隐性、可转化性。自我实现性是指内生涯各项因素的取得，是通过个体自身不断地追求与奋斗才最终达成的，而不能通过外部力量强加的；不可剥夺性是指内生涯各项因素一旦被个体获得将不可被收回或被外界力量强制剥夺；内隐性是指内生涯各项因素虽然获得，但不易被其他人发现或识别；可转化性是指内生涯各项因素获取后，可以外显表现为外生涯。

外生涯又叫做外职业生涯，是指生涯历程中，与生涯角色相关的单位性质、单位行业、单位所在地、工作职位类别、薪资水平等因素的合成及其转变。外生涯旨在强调个体生涯发展中外部环境的变化过程，其表现为不等偿性、不可控性、外显型、依赖性。不等偿性是指外生涯各项因素所获得通常与个体自身的努力不成正比，尤其是在个体职业的早期；不可控性是指外生涯各项因素的获得往往与其他人相关，并受到其他人的影响，可能随时都会被其他人收回或不认可。外显性是指外生涯各项因素一旦获得，比较容易被其他人发现或识别；依赖性是指外生涯发展是以内生涯发展为前提的。

通过内生涯和外生涯定义及特性的介绍，我们不难看出，内生涯的自我实现性、不可剥夺性与外生涯的不等偿性、不可控性进行对比，明显内生涯对于个体自身来说更具有价值。并且从因果逻辑关系上也可以发现，内生涯的可转化性与外生涯的依赖性互为因果关系，内生涯是外生涯发展的前提，内生涯的发展会带动外生涯的发展，但外生涯的发展也会反作用于内生涯，促进内生涯的发展。外生涯的发展或者说是成果是对内生涯发展最好的呈现，外生涯的失败或者停滞不前也恰恰反映了内生涯的匮乏。内生涯对个体自身发展来说十分关键，但也并不是否定外生涯的作用，只不过在个体职业发展进程中内生涯的成长比外生涯的成长更重要。

上述案例中的小红，就是在求职过程中过于看重外生涯而忽略了内生涯，所以在求职过程中产生了迷茫与困惑。如果我们进一步来看小红的案例可以发现，小红之所以看重外生涯而忽略内生涯的主要原因是她对外部职业世界知识的匮乏。尽管可能小红对外部职业世界有初步的认知，但是并没有对外部职业世界的理论知识有系统学习，更没有对其进行提升探索。导致其对职业信息的认知层次较低，甚至完全不了解相关职业信息。再加之小红对自身在职业世界中的定位不准确，不能够明确自身感兴趣的工作领域，故而造成在职业方向选择思路上的混乱情况。

7.5 生涯理论

7.5.1 职业的产生

职业是一个具有历史意义的概念，它在不同的历史阶段可能代表着不同的含义，职业与我们的生产生活息息相关，职业作为一种社会概念并不是一直都存在的，职业的产生主要是来自于社会分工的出现，它满足了人类的各项需求，是人类社会生产力达到一定阶段的产物。例如人类社会出现后第一个需求也是最基本的需求即温饱的需求，人类为了吃饱需要猎杀动物，当一个人并不能猎杀大型动物时就会有一群人来参与，形成了分工，也就出现了人类社会的第一个职业——猎人。

职业在宏观层面伴随着社会变革不断发展而发展，在微观层面职业的产生和发展受到科学技术的进步、经济产业的发展、管理方式的变革等社会的各个方面的影响，并随其变化而变化。职业的发展与社会分工的发展基本上是亦步亦趋的，由于社会分工是渐进的并逐步细化的，因此职业的演变也是渐进的并逐步细致的。

7.5.2　职业的定义

职业其实并没有一个固定的定义，它可能和职业的种类一样纷乱复杂，有多少种职业就可能有多少种对职业的定义。

从社会分工角度看职业，它是指劳动者参与到纷繁的社会分工中去，获得相对应的社会角色，利用自身专门的知识和技能，承担社会上一定的义务及责任，并创造出社会所需要的物质财富及精神财富，相应获得合理酬劳以满足自身的物质及文化需求的工作。这个解释也符合马克思·韦伯给职业下过的定义，即职业是满足社会需要，参与社会分工，获取合理报酬，满足自身物质需求等社会交换形式。

从国民经济需要的角度来看，职业是指单位性质不同、单位行业不同、职位类别不同、工作内容不同、工作形式不同、操作手段不同的各个专门的劳动岗位。不论从何种角度看职业，其实质就是人们为了谋生而从事的一种社会劳动。

7.5.3　社会发展对职业环境产生的影响与变化

1. 社会发展与职业环境的关系

通过上文介绍我们可以发现，职业没有统一的定义，相应的职业环境更是纷乱复杂，但一定要拨开这层复杂的迷雾，清晰的找到关于职业的坐标，而坐标就只有两个，一个是需求，一个是分工。正是为了满足社会的需求，人类参与了社会分工，所以产生了职业。而需求与分工正是社会发展的产物，所以社会的发展直接促使职业环境产生影响与变化。

2. 社会发展对职业环境产生的影响与变化

上文提到社会发展直接促使职业环境产生影响与变化，反过来看职业环境的变迁也正是社会发展的最真实的缩影。职业是与经济生产活动密切相关的，生产力的变化使得人类谋取生产和生活资料的方式发生变化，从而导致职业环境的变化。接下来，将以中国改革开放 40 年的社会发展时间轴为脉络，以每个年代主体职业趋势为主线，来探究社会发展对职业环境的影响与变化。

1978 年之后，中国的社会发展进入高速跑道，经济、生产、科学技术等相关领域发展飞速，社会整体风貌发生了翻天覆地的变化，而中国社会的职业也正在以前所未有的速度重塑。

（1）社会发展促使乡镇企业的出现与腾飞

80 年代，中国刚刚改革开放，率先实行了家庭联产承包责任制，解决了农民粮食短缺的问题，同时释放出大量的生产劳动力。随后在 1984 年下发中央 4 号文件，为“乡镇企业”做了定义，即将农民户办、联户办的企业与原有社队集体企业统称为乡镇企业，并提出鼓励三者共同发展，要求各级政府对乡镇企业与国营企业给予相同的待遇、并大力的支持。在接下来的 10 年间乡镇企业实现了两次飞跃性的发展，到 1995 年，乡镇企业创造的工业附加值已经占据全国工业附加值的 30%，同时解决了大量农民就业的问题。

（2）社会发展促使“下海潮”的出现

“40 年代全民扛枪，50 年代全民炼钢，60 年代全民备荒，70 年代全民下乡，80 年代全民经商，90 年代都想把大款当”这是网络上的一段民谣，足以见得 90 年代下海经商，成为大款是当时职业选则的主流趋势。改革开放政策实行十余年，社会整体经济状况实现了显著的提升。并且92南巡后出台了两个具有里程碑式的文件,即《有限责任公司规范意见》和《股份有限公司规范意见》。并且在当年"十四大",把建设社会主义市场经济写入党章。一系列措施的出台,掀起了全国范围内下海经商的狂潮,其中包括大批量体制内的官员与高级知识分子,一时间"下海"成为了时代职业的主题。

(3)社会发展促使房地产的蓬勃

20世纪初的10年,中国房地产行业取得了蓬勃的发展。1998年为了抵御亚洲金融风暴席卷中国经济,中央国务院决定"取消福利分房,实现居民住宅货币化、私有化",将房地产行业作为经济发展的支柱产业,促进房产改革,从此开启了中国商品房的时代。另外加之中国大力推进城市化建设,使人口集中到城市,从此开启了房地产行业蓬勃发展的时代。

(4)社会发展促使互联网行业的发展

"50年代嫁英雄,60年代嫁贫农,70年代嫁军营,80年代嫁文凭,90年代嫁富翁,21世纪嫁码农"这是来自于网络的一条民谣,说明了在21世纪程序员这一职业的强大吸引力。程序员这一职业的出现以及发展,体现的正是互联网行业的异军突起。互联网行业的发展,得益于信息技术革命的红利与中央政府在这时期对互联网技术、云计算等行业的重视与大力支持。在2014年阿里巴巴上市时,不仅使得马云成为全国首富,也同时造就了近万名的百万富翁,此次上市也被誉为史上最大规模的造富运动。互联网行业属于人才密集型领域,红利更加普惠,并且新模式、新技术曾层出不穷,使其成为时代职业的标志。

通过对改革开放40年不同时代标志性行业的分析,我们可以看到社会发展对职业环境产生的巨大影响。由于对职业环境的影响,也造成了职业数量和种类的变化,这种变化可能是增加,也可能是消亡。1999年,当时的劳动和社会保障部与其他部委发布了《中华人民共和国职业分类大典》,里面将中国职业归为8个大类,66个中类,413个小类,1838个职业。2015年新修订的《大典》将职业分为8个大类、75个中类、434个小类、1481个职业。对比发现,尽管中类和小类都有所增加,但具体的职业却明显的减少,正是由于近些年科学技术的进步,人工智能的发展,使得很多行业原本由人去做的事情被人工智能所取代,这也是社会发展带给职业环境的影响与变化。

7.5.4 职业世界地图中的快速上升行业

在职业世界地图中寻找快速上升的行业,那么如何来界定一个行业是上升行业,并且是快速上升行业呢?怎么样找到快速上升的行业?目前或者说近些年快速上升的行业有哪些?我们为什么要寻找快速上升的行业?接下来逐一的为同学们解答上述问题。

1. 界定识别快速上升行业的方法

第一是看近年来国内富豪榜排在前100名的企业家都是从事什么行业的,一般来说,他们中从事最多的那几种行业就是目前上升的行业。例如马云、李彦宏、马化腾都是互联网企业的代表,那么互联网就是目前快速上升的行业,再比如许家印、王石是房地场行业的代表,那么房地产行业也是目前上升最快的行业。

第二是寻找社会新需求。识别快速上升的行业其实就是探究各类行业趋势的变化,而行业趋势变化的本质就是行业需求的变化,所以一般来说,当你发现一个行业已经是社会上普遍需求的领域,那么这个行业也一定是一个快速上升的行业。举个例子,近年来中国的家庭大多数都是独生子女,就算并不是独生子女,父母也都十分重视孩子的教育问题,都希望孩子能有一个好的学习成绩,所以现在的家长不仅在学校期间让孩子努力学习,在课余时间也给孩子报各种学业补习班,另外中考和高考的压力,也无形的促使学业教育成为目前中国每个家庭的“刚性需求”,这也就推动了教育培训行业成为目前快速上升的行业之一。

第三是校园招聘中为毕业生开出较高薪资待遇并薪资倒挂的行业。一般情况在,应届毕业生的薪资待遇大概都是在差不多的范围内,但是如果某个行业给出的薪资待遇明显高于其他行业,并且新招聘员工的薪资待遇要优于老员工的待遇形成倒挂,这样的行业多数都是属于快速上升的行业。由于行业处于上升期,人才需求量就很大,加之行业内部竞争又更为激烈,所以该类行业愿意给出更优厚的待遇吸引毕业生,并逐年提升待遇。

2. 近些年快速上升的行业

(1)人工智能、计算机科学技术、大数据等互联网相关行业

(2)高端精密设备制造等相关行业

(3)医疗、养老等行业

(4)文化教育培训等行业

(5)经济、金融、金融科技等行业

(6)新材料、新能源技术、新能源科技等行业

3. 寻找快速上升行业

寻找快速上升行业的主要目的是在我们以后的求职过程中能够锁定并进入一个快速上升的行业。进入快速上升行业内工作的重要意义就在于能够在最短的时间内,快速成长,充分发挥自身的优势,成功积累更多的职业经验,尽快达到职业生涯的巅峰。

首先,我们要先算一个时间账,一般我们大学本科毕业时 24 岁左右,硕士一般是 27 岁左右,博士顺利的话毕业时大概 30 岁左右。那么我们取一个中间年龄来计算,假设你毕业工作时是 25 岁,退休年龄是 65 岁,80 岁去世,你工作的时间大概是 40 年,但是一般人的职业生涯在 40 岁至 45 岁后将会走下坡路,那么你职业生涯最珍贵的时间也就是 15 ~ 20 年,所以你只有在初入到职场生活中就进入到一个快速上升的行业,才能在有限的时间,最大限度的发挥你的个人优势,迅速成长,积累更多成功的职场经验,让你的职业生涯丰富多彩,职业未来潜力无限。

其次是社会发展的步伐越来越快,行业的周期不断缩短,上升的趋势越来越快。我们祖父辈和父辈的时候,职业选择就像坐火车,只要你坐上火车,你就能平稳地坐到站。但现在由于社会飞速发展,行业周期不断缩短,企业之间竞争不断增强,导致社会几乎不存在稳定的“铁饭碗”,职业就像是在坐汽车,你要在每个路口进行思索,应该转哪个弯,并且红灯特别多,但是如果你走对了路,就会一路绿灯最先到达目的地,所以我们要在自己年轻的时候,为自己的职业生涯选择一个快速上升的行业,让自己能顺势走上人生巅峰。

7.5.5　企业内的岗位上升路径

1. 识别企业内岗位面貌

不论企业规模的大小,只要我们纵向来看企业大体上可以自上而下分为三个层级,即顶层的领导层、中层的管理层和底层的执行层。横向来看企业,不论在哪一层都基本由八项业务或职能组成,即销售、市场品牌、综合服务、产品生产、设计研发、财务管理、人力资源、行政文秘,如图 7 - 1 所示。

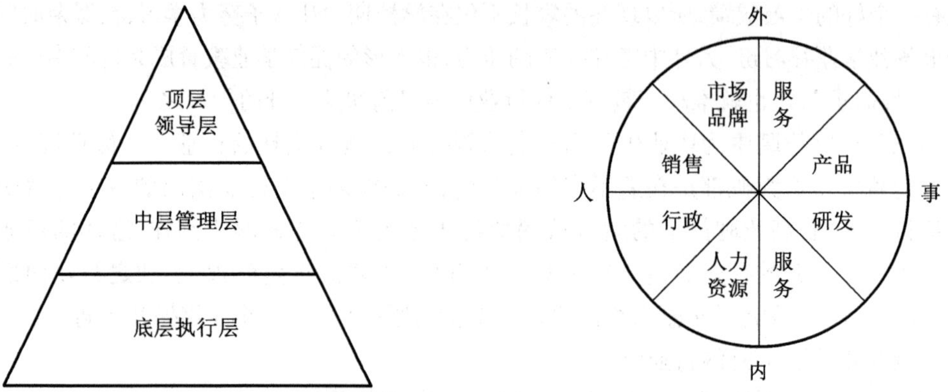

图7-1 职业上升路径

如果我们近一步将企业内的业务或职能重新组合，大概会将这八项业务或职能分为以下四种类别：

（1）业务、职能偏向外部：销售、市场品牌、综合服务和产品生产。

（2）业务、职能偏向内部：设计研发、财务管理、人力资源、行政文秘。

（3）业务职能偏向与人打交道：销售、市场品牌、人力资源、行政文秘。

（4）业务职能偏向与物打交道：综合服务、产品生产、设计研发和财务管理。

通过以上纵向及横向观察企业内部的构造，我们基本可以洞悉企业岗位的面貌了。当我们大学生毕业后进入企业工作，通常情况下都属于企业中最底下执行层，这是我们不能选择的。但是从事哪一项业务、工作在哪一个岗位，这是我们可以选择的。同学们要根据自身的情况，分析自身的优势，来选择自己所从事的岗位，看自己是喜欢对内工作，还是对外工作，是更愿意与人打交道，还是愿意与物进行“交流”。

2. 设计企业内岗位上升路径

在设计上升路径之前，首先要对“上升路径”做一个简单的界定。我们这里面所讲的“上升路径”不单单指在企业纵向上由较低层级的管理岗位上升到较高层级的管理岗位，还包括专业技术理论水平的深入、职称的晋升、由低价值岗位向高价值岗位的平移，以及由较小规模企业向较大规模企业的转移，这四种上升路径。

在了解四种“上升路径”之后，我们自然就发现了在企业内部有与之相对应的四种上升的路径，把他们总结归纳起来可以称为：管理路径、专业路径、上行路径和平衡路径。

管理路径：管理路径上升就是对应上面介绍的纵向企业面貌，由下向上移动，由底层执行者变成中层管理者再到顶层领导者的一个路径。管理路径也是企业内部最常见的一种上升路径，要实现这一路径的上升，就应在各个层次完成好相应的工作。例如底层执行者要尽量完美的完成一些流程性的简单脑力工作，中层管理者就要处理好一些关于管理、策划等较为复杂的问题，高层领导者就要能够做到判断事物发展的趋势并创造性的解决问题。

专业路径：如果管理路径是一个由下向上移动的过程，那么专业路径就是一个由圆周向圆心移动的过程。要将专业技术理论研究的更加深入，使自己成为专业领域内的专家领军者。目前大多数企业通常情况下规定，专业领域内的专家或领军者也可以担任企业的管理者和领导者。

上行路径：相比较管理路径和专业路径，上行路径并没有在管理岗位和专业水平上有所上升，但它却实现了由较低价值的职位走向较高价值的职位。例如在企业由行政工作走向人力工作,或是走向财务工作这都是典型的向高价值职位移动。一般来看,企业的行政工作多数都是做一些较为简单的、机械性的和重复性的工作,基本上来说是没有什么技术含量的体现,但财务工作就需要你有较为专业的财务知识和较为丰富的财务实操,并且也要有国家颁发的会计证书,技术含量较高并且收入也较为可观。

平衡路径:称其为平衡路径并不是指其处于一个平衡的状态没有上升,而是指它并不像上述三种路径那样,都在企业内部实现了"上升",它实质上就是由较小规模企业向较大规模企业、由传统行业向快速上升企业的外移,实现了工作企业的"上升"。它的表现形式就是我们常说的跳槽。例如你在毕业的时候找到了一个在二线城市的一般企业,工作三年后,由于你的各方面能力提高很多,通过社会招聘后,你成功进入了一家一线城市的大企业,尽管职位没有上升,但是工作平台、工作环境和薪金待遇都有较大的提高。

7.6 训练活动

训练活动 7－1　职业世界地图

职业世界地图是职业生涯规划的一种工具,它通过探索个人对工作感兴趣的种类,来发掘个人感兴趣的职业领域,如图 7－2 所示。它通过寻求社会中 500 多种职业的共性特征并进行分类合并,绘制出一份职业分类表。职业世界地图是由 4 个工作对象种类,6 种职业兴趣类型、12 个工作分区、23 种工作任务分类组成,如图 7－2 职业世界地图。

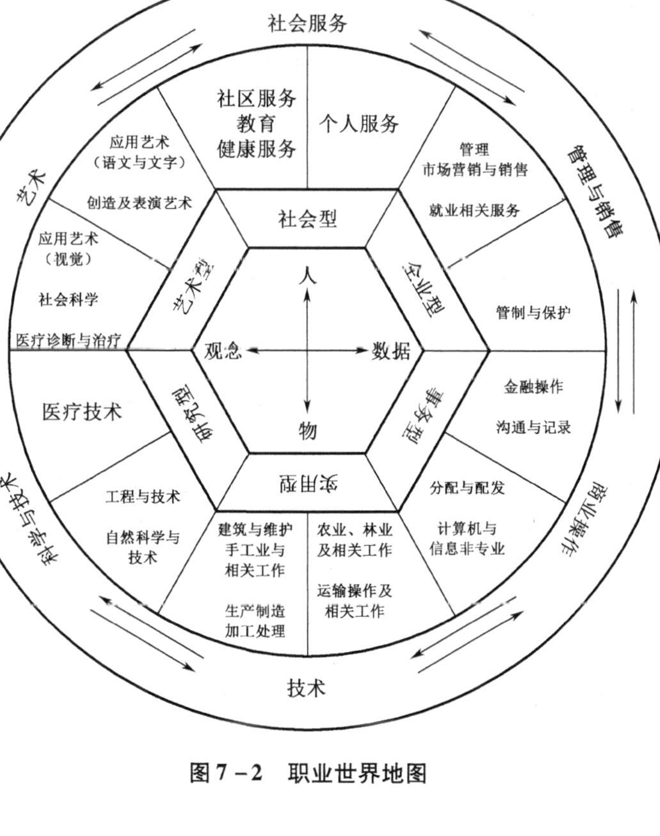

图 7－2　职业世界地图

1.4个工作对象种类

(1)数据:数据任务是不与人直接打交道的任务,但它可以通过人来促进商品的消费,例如会计师、数据分析师等。

(2)观念:观念性任务是个人头脑中的工作,是创造、发现、解释和综合抽象概念或抽象概念的应用,例如科学家、哲学家等。

(3)物:物的任务是与人无关的任务,是制造、维护、运输等,例如:工程师、农民等。

(4)人:人的任务是人际间的任务,是要在人的行为中引起一些改变的工作,例如教师、人力资源等。

2.6种职业兴趣类型

(1)商业交际工作类别

(2)商业操作工作类别

(3)技术工作类别

(4)科学工作类别

(5)艺术工作类别

(6)社会工作类别

3.12个工作分区

(1)零售工作;直销工作

(2)管理、保护工作

(3)出纳、簿记工作

(4)办公室事计算机操工作;收发、仓储管理

(5)农业、林业、运输操作相关工作

(6)建筑、维护、驾驶工作;机器维修、修理;照料动植物

(7)自然科学及数学

(8)工程学及应用工程学

(9)感应艺术(视觉方面)

(10)应用艺术(语言方面)

(11)护理工作;公众娱乐事业;教育与社会服务;社会科学及法律服务

(12)个人服务

4.23种工作任务分类

A. 市场与销售　B. 管理与规划　C. 记录与沟通　D. 金融交易　E. 存储与分派

F. 商业机器/电脑操作　G. 交通工具的操作与修理　H. 建筑与维护

I. 农业与自然资源　J. 手艺与相关服务　K. 家庭/商业电器维修

L. 工业电器的操作与修理　M. 工程学与相关技术　N. 医药学与技术

O. 自然科学与数学　P. 社会科学　Q. 应用艺术(视觉)　R. 创造/表演艺术

S. 应用艺术(写作与演讲)　T. 综合性健康管理　U. 教育与相关服务

V. 社会与政府服务　W. 个人/消费者服务机构

步骤一:请根据你的专业,分析它可以转化为职业世界地图中的哪些职业?

步骤二:根据上面你所找到的专业转化出的职业,哪些是你感兴趣的内容?

步骤三:除专业对口职业之外,你还有哪些感兴趣的职业方向?请参照相应图表填写。

步骤四:根据第二章中职业兴趣的探索,你的职业兴趣对应职业世界地图中的哪些栏目?请参照相应图表填写。

步骤五:你的职业兴趣与你期望未来从事的职业之间是否匹配?分析它们之间可以进行怎样的链接,以利于你未来更好的实现职业目标。

训练活动 7 -2　生涯人物访谈

当同学们通过上述的方法为自己在职业世界地图上定位后,同学们可以通过各种手段对职业世界进行详细地探索。通常我们可以通过网络信息查询、师兄师姐或亲友的咨询、实地实习考察等方法了解某个职业的具体信息。通过不同途径获取的职业信息的难度和精确度也不尽相同,具体如下图 7 -3 获得真实信息程度分布图。

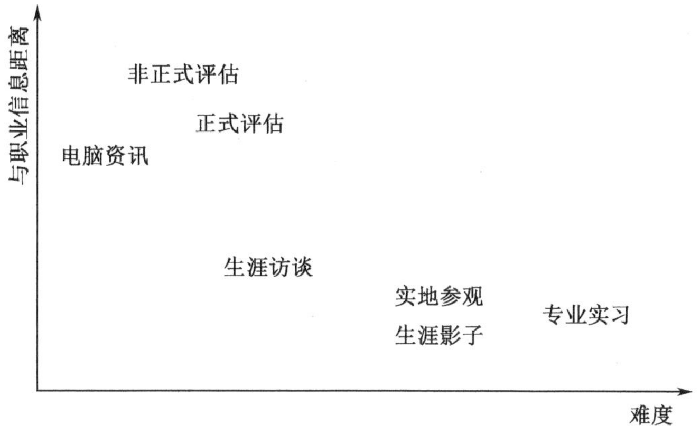

图 7 -3　获得真实信息程度分布图

网站查询、师兄师姐介绍、同学交流等方法, 难度较低,但可靠性、准确性不高。

实地参观是指探索者到相关单位进行近距离的观摩并获得相关职业信息;"生涯影子"是指探索者对某一意向职业工作者进行参与式的观察来了解工作内容获取职业信息;专业实习是指在一段特定的时间到特定的工作单位,像正规的工作者一样进行工作,直观的获取职业信息。实地参观、生涯影子、建立合作经验、专业实习等方法,能够更加聚焦,所获取的信息也更加真实有效,我们学校每年都会为学生提供一些赴企业实地参观学习及专业实习的机会,但这些方法需要探索者投入更多的精力以及时间,对于绝大部分的学生而言成本难度较大。

生涯人物访谈是指同学们对自己感兴趣职位的人员进行访谈或是采访,以便能够获得该职位真实的岗位信息。这种职业探索方式处于居中位置。从操作上,我们都能够找到 3 -5 位在某相关职位从业者的联系方式,便于落实访谈行动;从结果上,我们选择访谈的是该岗位的一线工作者,获得的信息比较丰富,并且真实性、准确性也比较高。因此生涯人物访谈,是大家在校学习期间,获得职业环境信息最为适合的方式。

在进行生涯人物访谈工作时,大体上会经历6个步骤,即找人、邀约、开口、准备、详谈以及会谈之后。下面就让我们一起学习生涯人物访谈步骤,并根据生涯人物访谈的方法,完成当前大学期间的“学业生涯人物访谈”任务吧!

步骤一:找人

找人是进行生涯人物访谈工作的第一步,这也是进行访谈工作比较重要的一步。做职业生涯的访谈可以通过院系的校友通讯录、微信、QQ 等通讯方式与优秀的校友进行联系,也可以通过学校组织的优秀校友座谈会与其进行对接。

同学们在进行学业生涯访谈之前,首先就要做好定位,看自己的大学生涯主要是想以什么样的方式度过,想要了解哪一条成长道路方向的优秀学长学姐,由于学业生涯访谈的对象基本都是在校生,所以寻找访谈对象的时候也相对容易。那么,你在进行学业人物访谈时会采用哪些途径进行找人?

____

____

步骤二:邀约

邀约时,注意千万不要太过突然,一定要给被访谈者充分的准备时间,最少要留有3天以上的时间,并且邀约时要选择合适的时间段和地点进行访谈。你认为在邀约的过程中还要注意哪些要素?

____

____

步骤三:开口

做好了邀约的准备下一步就是开口,开口交谈一定要注意礼貌,并且要做好自我介绍、最重要是一定要让被访问者感到安全。

例如:您好,您是 *** 吗?(确认对方身份,是否为你要邀约的对象)

我是 *** 。(进行自我介绍)

我是通过何种方式或何人找到您的联系方式。(给对方提供安全感)

我要对您进行一个职业生涯访谈或学业生涯访谈,访谈大概会进行半个小时左右(确认时间)

您看我们什么时间可以见面谈一下?(确认时间)

我们在哪里见面您比较方便?(确认地点)

你在邀约开口过程中会怎么进行交谈呢?

____

____

步骤四:准备

准备阶段也是整个访谈过程中最核心的环节,主要是我们要准备一份访谈提纲,在访谈提纲中我们要着重的问一些对于我们职业生涯较为重要的信息。例如:关于工作性质、任务或内容、工作地点和环境、所需教育、培训或经验、所需个人的资格、技巧和能力、收入或薪资范围、福利以及未来展望等。下面是一份针对某个职业岗位的访谈清单。

××××岗位生涯人物访谈清单

Q1:您的学历是？（本科;硕士研究生;博士研究生;其他）
Q2:您是文科生还是理科生？学什么专业的？
Q3:您从事的工作与您所学的专业相关吗？
Q4:您对未来的职业生涯是否有过沉着冷静的考虑？
Q5:是什么样的机缘让您从事了如今的工作呢？
Q6: 您更加愿意接受安稳的工作还是充满“冒险”和变化的工作呢？
Q7:您有哪些可以作为职业发展的爱好或技能呢？
Q8:您找工作的渠道有哪些呢？您更加愿意接受哪种渠道或方式？
Q9:您感觉您在此行业或领域当中独特的优势有哪些呢？
Q10:您自己设想的职业成长路径是怎样的？
Q11:在日常生活和工作中,当工作和生活发生冲突的时候,您该如何应对呢？
Q12:您是怎样认为“个人人品”和“工作能力”这两种特质的？
Q13:您所从事的职业都需要哪些必备的技能和专业知识？
Q14:您在工作当中曾经遇到了哪些挑战和困难？
Q15:您所从事的工作领域能够满足您对薪酬的期望吗？
Q16:您的经历、学历以及能力能够让你胜任这份工作吗？
Q17:该行业以及领域未来的发展是怎样的？
Q18:通过在该行业该领域工作,您得到了怎样的成长和锻炼？
Q19:该行业的工作能否满足你对于工作的设想？
Q20:工作到现在,您是否考虑过跳槽？或者转换行业？
Q21:工作至今,该行业与您曾经设想的有着怎样的差别呢？

上述访谈问题仅供同学们参考,请大家根据自己的需求去设计一份针对大学四年成长发展道路的“学业生涯人物访谈”清单。

××××学业生涯人物访谈清单

Q1:
Q2:
Q3:
Q4:
Q5:
……

步骤五:详谈

在进行详谈过程中,并没有什么需要特别注意的,需要提醒的一点就是要注意倾听,尽量引导被访谈者回答您想知道的信息。在交谈过程中你还会特别注意到哪些方面？

____

____

步骤六：会谈之后

会谈之后是最后一个环节，做好访谈录音的整理，并及时对被访问者表示感谢。除此之外，你认为还需要完成哪些工作？

____

____

在进行生涯人物访谈工作时，我们应注意以下几个方面：

(1)为了保证访谈结果的客观有效性，访谈人物至少选择3位以上；

(2)为了充分找出探索信息的代表性和完整性，访谈人物的选择覆盖面尽量广泛；

(3)为了保证访谈结果的全面性，要对生涯人物进行分类访谈，既要有在该工作职位上成绩优异的生涯人物，又要有在该职位上默默无闻及对该职位心存不满的生涯人物；

(4)要保证访谈的专业性，同学们要为访谈做足充分的准备，根据访谈人物的特点和期望获取的信息，设计访谈清单，这样才能深入及高效的完成访谈，达到访谈目的。

7.7 深度阅读

7.7.1 “三海一核”领域的行业特色及发展前景

序号	行业类型	行业特色	发展前景	代表企业
1	船舶海洋	为船舶设计制造、水上交通运输、海洋资源开发、海军国防建设提供智力支持	21世纪是海洋经济时代，建设海洋强国、多方位开发利用海洋是时代发展潮流，船舶与海洋工程有着广阔的发展前景	中国船舶重工集团公司 中国船舶工业集团公司
2	核电技术	在核安全与仿真、核动力装置性能与设备、核反应堆热工水力、核反应堆物理、乏燃料后处理技术、辐射应用及探测技术、辐射防护与环境保护技术提供技术支持。核电行业具有清洁环境、运行稳定、安全高效等独特优势	在响应节能、环保、减排的时代背景下，中国正在大力发展清洁电源，其中核电是我国今后电源结构调整的主要方向。国家对核电发展的战略由“适度发展”到“积极发展”。在这样的背景下，中国的核电能源将获得很好的发展机遇	中国核工业集团公司 中国工程物理研究院

序号	行业类型	行业特色	发展前景	代表企业
3	航空航天	为航空、航天等国防单位以及其他民用单位等相关企事业单位提供国防现代化领域前沿科技支持服务	中国长期以来无论从政策上还是资金上，都在向发展自主创新的航空航天产业方向不断努力。近些年，我国的神舟飞船上天、“嫦娥登月”计划、国产大飞机复飞、北斗卫星的发展、歼 -20 的服役等等事件的发生，说明我国的航空航天事业一直在稳扎稳打的推进	航天科工集团公司 航天科技集团公司 中国航空工业集团公司 中国航空发动机集团公司
4	通信电子	通信电子重点服务于国防、船舶、航空航天和工业信息化等信息与通信领域的技术支持	从“中兴事件”爆发，到中美“贸易战”不断升级，让我国的高端信息技术领域出现一定变数，我国开始意识到必须加强国产化进程，加大自主创新的能力，才能在走科技强国的路上不受人制约。“中国制造 2025”开始逐渐发酵，中国的通信电子行业也将迎来高速发展的进程	中国电子科技集团公司
5	兵器工业	兵器工业是一个特殊行业，与民用工业相比具有很大不同。兵器生产既要按经济规律运行，又受战争规律的制约。兵器工业存在许多兵器产品的军民兼容性差和军转民难度大等特点。兵器工业的布局要服从战略需要，以国防效益为中心	党的十九大报告中强调，坚持走中国特色强军之路，全面推进国防和军队现代化。确保到 2020 年基本实现机械化，信息化建设取得重大进展，战略能力有大的提升。力争到 2035 年基本实现国防和军队现代化，到本世纪中叶把人民军队全面建成世界一流军队。所以我国的兵器工业领域将有十分光明的发展前景	中国兵器工业集团公司 中国兵器装备集团公司

7.7.2 我校在国家建设发展中的卓越贡献

哈尔滨工程大学前身是创建于1953年的中国人民解放军军事工程学院（“哈军工”）。1970年，以海军工程系全建制及其他系（部）部分干部教师为基础，在“哈军工”原址组建哈尔滨船舶工程学院。1978年被国务院确定为全国重点大学；1982年成为首批具有博士、硕士学位授予权单位；1994年，更名为哈尔滨工程大学；1996年，成为首批“211工程”重点建设高校；2002年，获批建立研究生院；2007年，由原国防科工委、教育部、黑龙江省、海军四方共建；2011年，成为国家“985工程”优势学科创新平台项目建设高校；2017年，入选“双一流”建设高校；学校是首批入选“卓越工程师教育培训计划”高校，并被教育部、总政治部列入“21世纪人才强军计划”。学校现隶属于国家工业和信息化部，是国家“三海一核”（船舶工业、海军装备、海洋开发、核能应用）领域重要的人才培养和科学研究基地。

1. 学校在科研方面的贡献

截至2018年8月，“十一五”以来，学校承担国家重大科技攻关、国家和国防“973”计划及“863”计划、国防预研和科研型号等一批科研项目，获得省部级以上科技奖励300余项，获得高技术武器装备发展建设工程突出贡献奖和航母建设突出贡献奖；科研产品质量管理通过ISO9000质量体系认证，是中国国内高校首家通过“双认证”的大学。

学校取得了中国国内第一艘实验潜艇、第一艘水翼艇、第一台舰载计算机、第一套条带测深仪等数十项填补中国国内空白的重大科研成果，双工型潜器、气垫船、梯度声速仪等成果摘取过世界第一的桂冠。

学校在船海核领域的水下机器人、减振降噪、船舶减摇、船舶动力、组合导航、水声定位、水下探测、核动力仿真、大型船舶仿真验证评估、三体船设计、水面无人艇等技术居中国国内领先或国际先进地位。

学校是中国首座数值水池虚拟实验系统的联合牵头研制单位，是中国第七代超深水半潜式钻井平台、两万箱超大型集装箱船、智能船舶核心设计研发单位，是“蛟龙号”7 000米载人、深海勇士潜水器水下导航定位系统国产化的装备提供方，为中国首条三体搜救艇、万吨集装箱船、钻井平台等新船型开发及深海工程装备研发提供了全面的基础技术支撑。

2. 学校在人才培养方面的贡献

建校以来，学校为国家培养了12万多名各类高级专门人才，其中包括200多名共和国的将军、部长、省长、院士以及2 000多名高等院校、科研院所、大中型企业的技术领军和高级管理人才。他们为国防现代化建设和国家经济社会发展做出了重要贡献。

7.7.3 “三海一核”知名企业介绍

公司名称	中国船舶重工集团公司		
公司简介	中国船舶重工集团公司(简称中船重工. CSIC)成立于 1999 年 7 月 1 日,是在原中国船舶工业总公司所属部分企事业单位基础上组建的特大型国有企业,是国家授权投资的机构和资产经营主体,由中央管理。 中船重工是中国最大的造修船集团之一、拥有 46 个工业企业、28 个科研院所,员工 14 万人,总资产 1 900 亿元。中船重工拥有我国目前最大的造修船基地,集中了我国舰船研究、设计的主要力量,有 3 万多名科研设计人员,8 个国家级重点实验室,7 个国家级企业技术中心,150 多个大型实验室,具有较强的自主创新和产品开发能力,能够按照世界知名船级社的规范和各个国际公约设计、建造和坞修各种油船、化学品船、散货船、集装箱船、滚装船、LPG 船、LNG 船及工程船舶等,并出口到世界五大洲 60 多个国家和地区,已形成年造船能力 500 万吨。 中船重工的战略目标是创建中国最强最大、国际一流的船舶集团,成为中国造船业的主导力量和中国海军装备最强最大的供应商。		
集团下属单位名称	造船厂	大连船舶重工集团有限公司	重庆江陵仪器厂
		渤海船舶重工有限责任公司	重庆长平机械厂
		武昌船舶重工有限责任公司	重庆清平机械厂
		天津新港船舶重工有限责任公司	淄博火炬能源有限责任公司
		青岛北海船舶重工有限责任公司	保定风帆集团有限责任公司
		山海关船舶重工有限责任公司	湖北华舟重工应急装备股份有限公司
		大连船用柴油机有限公司	中船重工海声科技有限公司
		宜昌船舶柴油机有限公司	沈阳辽海装备有限责任公司
		河南柴油机重工有限责任公司	北京长城电子装备有限责任公司
		陕西柴油机重工有限公司	山西江淮重工有限责任公司
		武汉船用机械有限责任公司	重庆前卫仪表有限责任公司
		武汉重工铸锻有限责任公司	西安东风仪表厂
		大连船用推进器有限公司	山西汾西重工有限责任公司
		大连船用阀门有限公司	深圳船舶工业贸易公司
		山西平阳重工机械有限责任公司	中船重工物业管理有限公司
		中船重工中南装备有限责任公司	昆明船舶设备集团有限公司
		宜昌江峡船用机械有限责任公司	中船重工远舟(北京)科技有限公司
		重庆长征重工有限责任公司	中国船舶工业贸易公司
		重庆齿轮箱有限责任公司	中国船舶工业物资总公司
		重庆红江机械有限公司	香港华联船舶有限公司
		重庆跃进机械厂有限公司	国际联合船舶投资有限公司
		重庆江增船舶重工有限公司	上海瑞舟房地产发展有限公司
		重庆衡山机械有限责任公司	上海东舟实业公司
		中船重工船舶设计研究中心有限公司	海南和平实业股份有限公司
		天津七所高科技有限公司	远东(海南)联合航运公司
		天津七所精密机电技术有限公司	海南京润公司
		九江七所精密机电科技有限公司	上海齐耀热动力有限公司

<table>
<tr><td rowspan="2">集团下属单位名称</td><td>造船厂</td><td>上海齐耀系统工程有限公司
上海齐耀发动机有限公司
上海齐耀螺杆机械有限公司
中船重工柴油机动力有限公司
连云港杰瑞电子有限公司
青岛杰瑞自动化有限公司
连云港杰瑞模具技术有限公司
厦门双瑞船舶涂料有限公司
青岛双瑞海洋环境工程有限公司
洛阳七维防腐工程材料有限公司
洛阳双瑞橡塑科技有限公司
洛阳双瑞达特铜有限公司
厦门翔瑞科技投资有限公司
风帆股份有限公司
重庆川东船舶重工有限责任公司</td><td>邯郸汉光科技股份有限公司
北京汉光朗威信息技术有限公司
重庆海装风电设备有限公司
大连船舶工业公司(集团)
西安船舶设备工业公司
武汉船舶工业公司
重庆船舶工业公司
天津船舶工业公司
中船重工财务有限责任公司
中船重工科技投资发展有限公司
中国船舶重工国际贸易有限公司
中船重工物资贸易集团有限公司
中船重工重庆液压机电有限公司
重庆长江涂装机械厂
河北汉光重工有限责任公司
重庆华渝电气仪表总厂</td></tr>
<tr><td>研究所</td><td>中国舰船研究院
中国舰船研究设计中心
中国船舶科学研究中心
哈尔滨船舶锅炉涡轮机研究所
上海船舶设备研究所
西安精密机械研究所
天津航海仪器研究所
武汉数字工程研究所
宜昌测试技术研究所
上海船用柴油机研究所
武汉船用电力推进装置研究所
郑州机电工程研究所
船舶信息研究中心
杭州应用声学研究所
江苏自动化研究所
华中光电技术研究所</td><td>武汉船舶通信研究所
扬州船用电子仪器研究所
南京船舶雷达研究所
洛阳船舶材料研究所
上海船舶电子设备研究所
大连测控技术研究所
昆明船舶设备研究试验中心
中船重工公司热加工工艺研究所
中船重工公司天津修船技术研究所
中船重工公司规划发展战略研究中心
中船重工公司测控技术中心
中船建筑工程设计研究院
中船重工公司军品技术研究中心
邯郸净化设备研究所
武汉第二船舶设计研究所</td></tr>
</table>

<table>
<tr><td colspan="2">公司名称</td><td colspan="2">中国船舶工业集团有限公司重工集团公司</td></tr>
<tr><td colspan="2">公司简介</td><td colspan="2">中国船舶工业集团有限公司(简称“中船集团”)组建于 1999 年 7 月 1 日,是在原中国船舶工业总公司所属部门企事业单位基础上组建的中央直属特大型国有企业,是国家授权投资机构,由中央直接管理,在世界 500 强中名列第 364 位。
1963 年 9 月,国务院决定将船舶工业从三机部分出来成立第六机械工业部。1982 年 5 月,经国务院批准,在六机部 135 个企事业单位和交通部 15 个企事业单位基础上组建成立中国船舶工业总公司。1999 年 7 月,经国务院批准,在原中国船舶工业总公司基础上组建中国船舶工业集团公司和中国船舶重工集团公司,2017 年底,公司正式改制为中国船舶工业集团有限公司。
中船集团能够设计、建造符合世界上任何一家船级社规范、满足国际通用技术标准和安全公约要求、适航于任一海区的现代船舶,以及具有国际先进水平的大型海洋工程装备产品。产品种类从普通油船、散货船到具有当代国际先进水平的超大型油船(VLCC)、液化天然气(LNG)船、大型集装箱船、液化石油气(LPG)船、液化乙烯(LEG)运输船、自卸船、化学品船、客滚船及超深水半潜式钻井平台、自升式钻井平台、大型海上浮式生产储油船(FPSO)、多缆物探船、深水工程勘察船大型半潜船等,形成了多品种、多档次的产品系列,产品已出口到 150 多个国家。</td></tr>
<tr><td rowspan="3">集团下属单位名称</td><td>上海地区</td><td>中船上海船舶工业有限公司
中国船舶工业股份有限公司
江南造船(集团)有限责任公司
上海外高桥造船有限公司
沪东中华造船(焦团)有限公司
上海船厂船舶有限公司
中船澄西船舶修造有限公司
中国船舶及海洋工程设计研究院(708)
上海船舶研究设计院(604)
上海船舶工艺研究所(611)
中船工业成套物流有限公司
上海瑞苑房地产开发有限公司
中船科技股份有限公司</td><td>南京中船绿州机器有限公司
海座企业集团有限责任公司
中船航海科技有限责任公司
上海卢浦大桥投贡发展有限公司
上海瑞舟房地产发展有限公司
上海江南造船厂有限公司
中国船舶(香港)航运租赁有限公司
沪东重机有限公司
上海中船三并造船览油机有限公司
中船动力研究院有限公司
安庆中船柴油机有限公司
中船第九设计研究院工程有限公司
中船勘察设计研究院有限公司</td></tr>
<tr><td>九江地区</td><td>中船九江工业有限公司
九江中船消防设备有限公司
江西中船航海仪器有限公司</td><td>九江海天设备制造有限公司
江西朝阳机械有限公司
中船九江科技研发中心(6354)</td></tr>
<tr><td>北京地区</td><td>中国船舶工业系统工程研究院
中船电子科技有限公司
中国船舶工业综合技术经济研究院
中国船舶工业贸易公司
中船财务有限责任公司</td><td>中船投资发展有限公司
中国船舶工业机关服务中心
中国船舶报社
中国船舶工业离退休干部局</td></tr>
</table>

公司名称	中国核工业集团公司中国船舶工业集团有限公司重工集团公司	
公司简介	中国核工业集团公司(简称“中核集团公司”,CNNC)是经国务院批准组建的特大型国有独资企业,其前身是二机部、核工业部、中国核工业总公司,由100多家企事业单位和科研院所组成,现有中国科学院院士9人,中国工程院院士10人,主要承担核军工、核电、核燃料、核应用技术等领域的科研开发、建设和生产经营业务。 中国核工业集团公司是经国务院批准组建、中央直接管理的国有重要骨干企业。由100多家企事业单位和科研院所组成,现有员工约10万人,其中专业技术人才达3.6万人,中国科学院、工程院院士18人。 中国核工业集团公司主要从事核军工、核电、核燃料循环、核技术应用、核环保工程等领域的科研开发、建设和生产经营,以及对外经济合作和进出口业务,是目前国内投运核电和在建核电的主要投资方、核电技术开发主体、最重要的核电设计及工程总承包商、核电运行技术服务商和核电站出口商,是国内核燃料循环专营供应商,核环保工程的专业力量和核技术应用的骨干。	
集团下属单位名称	中国原子能工业有限公司 中核四川环保工程有限责任公司 中核建中核燃料元件有限公司 中国同辐股份有限公司 中核辽宁核电有限公司 核工业计算机应用研究所 中国中原对外工程有限公司 中核新能核工业工程有限责任公司 核工业二九〇研究所 中国原子能科学研究院 中国中核宝原资产控股公司 核工业大连应用技术研究所 中国核电工程有限公司 中核湖南桃花江核电有限公司 中核北方核燃料元件有限公司 海南核电有限公司 中核三门核电有限公司 中核(北京)核仪器厂 中国核动力研究设计院 中核汇能有限公司 西安核仪器厂 核工业第四研究设计院 中核深凯利集团有限公司 西安核设备有限公司 核工业西南物理研究院	建中化工总公司 深圳中核集团公司 中国辐射防护研究院 中国核能电力股份有限公司(测试) 上海光华仪表厂 核动力运行研究所 中国核科技信息与经济研究院 中核财务有限责任公司 核工业标准化研究所 中核四〇四有限公司 上海中核浦原有限公司 核工业第八研究所 核工业理化工程研究院 福建福清核电有限公司 核工业地质局 中核集团地矿事业部 核工业北京地质研究院 江苏核电有限公司 核工业第五研究设计院 中核控制系统工程有限公司 核工业航测遥感中心 核工业北京化工冶金研究院 陕西中核地矿油气工程有限公司 核工业无损检测中心

公司名称	中国航天科技集团有限公司	
公司简介	中国航天科技集团有限公司是在我国战略高技术领域拥有自主知识产权和著名品牌，创新能力突出、核心竞争力强的国有特大型高科技企业集团，世界 500 强企业之一，成立于 1999 年 7 月 1 日。其前身源于 1956 年成立的国防部第五研究院，历经第七机械工业部、航天工业部、航空航天工业部、中国航天工业总公司和中国航天科技集团公司的历史沿革。 中国航天科技集团有限公司是我国航天科技工业的主导力量，国家首批创新型企业，辖有 8 个大型科研生产联合体、10 家专业公司、12 家境内外上市公司以及若干直属单位。主要从事运载火箭、各类卫星、载人飞船、货运飞船、深空探测器、空间站等宇航产品和战略、战术导弹武器系统的研究、设计、生产、试验和发射服务。科研生产基地遍及北京、上海、天津、西安、成都、香港、深圳等地。中国航天科技集团有限公司坚持军民融合发展战略，致力于发展卫星应用、信息技术、新能源与新材料、航天特种技术应用、空间生物等航天技术应用产业；大力开拓卫星及其地面运营、国际宇航商业服务、航天金融投资、软件与信息服务等航天服务业，是我国境内唯一的广播通信卫星运营服务商、我国影像信息记录产业中规模最大、技术最强的产品提供商。长期以来，为国家经济社会发展、国防现代化建设和科学技术进步做出了卓越贡献。 当前，中国航天科技集团有限公司正在加快推进航天强国建设，继续实施载人航天与月球探测、北斗导航、高分辨率对地观测系统等国家重大科技专项，启动实施重型运载火箭、火星探测、小行星探测、空间飞行器在轨服务与维护、天地一体化信息网络等一批新的重大科技项目和重大工程，积极开展国内外交流与合作，锐意创新，勇于开拓，努力为和平利用太空、造福全人类的伟大事业做出新的贡献。	
集团下属单位名称	中国运载火箭技术研究院（中国航天科技集团公司第一研究院） 上海航天技术研究院（中国航天科技集团公司第八研究院） 中国空间技术研究院（中国航天科技集团公司第五研究院） 航天推进技术研究院（中国航天科技集团公司第六研究院）	四川航天技术研究院 航天动力技术研究院（中国航天科技集团公司第四研究院） 中国航天电子技术研究院 中国航天空气动力技术研究院（中国航天科技集团公司第十一研究院）
公司名称	中国航天科工集团公司	
公司简介	中国航天科工集团公司（China Aerospace Science & Industry Corp. 简称中国航天科工）是中央直接管理的国有特大型高科技企业，前身为 1956 年 10 月成立的国防部第五研究院，先后经历了第七机械工业部（1981 年 9 月第八机械工业部并入）、航天工业部、航空航天工业部、中国航天工业总公司的历史沿革，1999 年 7 月成立中国航天机电集团公司，2001 年 7 月更名为中国航天科工集团公司。航天科工现由总部、5 个研究院、2 个科研生产基地、11 个公司制，股份制企业构成。控股 6 家上市公司。现有职工约 15 万余人，其中各类专业人员约占 70%。涉及学科与专业领域近 200 个，共有 600 余户企业和机构，分布于国内各省市自治区以及 20 余个国家和地区，拥有包括 8 名两院院士、200 余名国家级科技英才在内的一大批知名专家和学者，且素质高、年纪轻的科技人员已成为企业创新人才队伍的主体。拥有多个国家重点实验室、技术创新中心、成果孵化中心以及专业门类配套齐全的科研生产体系。 2017 年 11 月 21 日“中国航天科工集团公司”变更为“中国航天科工集团有限公司”。	

集团下属单位名称	中国航天科工信息技术研究院（中国航天科工集团第一研究院） 地空导弹研究院（防御技术研究院，长峰机电技术研究设计院） 中国航天科工集团公司第二研究院 中国航天科工飞航技术研究院（中国航天科工集团第三研究院）	中国航天科工运载技术研究院（中国航天科工集团第四研究院） 中国航天科工集团第六研究院 中国航天建设集团有限公司（中国航天科工集团公司第七研究院） 中国航天科工集团第十研究院
公司名称	中国兵器工业集团有限公司	
公司简介	中国兵器工业集团有限公司（简称兵器工业集团、中国兵器，英文：China Northindustries Group Corporation Limited. 英文缩写 NORINCO GROUP），又名中国北方工业集团有限公司。 1999 年 7 月 1 日根据党中央、国务院、中央军委关于深化国防科技工业体制改革的重大决策，在原中国兵器工业总公司的基础上改组设立的，现为中央直接管理的特大型国有重要骨干企业，中央企业、国家计划单位企业。 中国兵器工业集团有限公司是国家安全和三军装备发展的基础，是陆军装备研制生产的主体，是三军毁伤打击和信息化装备发展的骨干，是国家实施“走出去”和“一带一路“战略的支撑，是国家推进军民融合深度发展的主力。集团公司始终坚持国家利益高于一切，始终秉承“把一切献给党”的人民兵工精神，以服务国家国防安全和服务国家经济发展为使命，下设 50 余家子集团和直管单位，分布在全国 20 个省、市、自治区，以建设技术先进、自主可控、军民融合、经济高效、充满活力的中国特色先进兵器工业体系，实现有质量、有效益、可持续发展为目标，全面深入实施全价值链体系化精益管理战略、军品、工业民品、战略资源、金融流通四大业务板块协调快速发展，发展质量和效益持续改善，为国防现代化建设和国民经济发展做出了重要贡献。	
集团下属单位名称	北方材料科学与工程研究院有限公司 长春设备工艺研究所 内蒙古金属材料研究所 北方电子研究院有限公司：西安电子工程研究所 北方导航科技集团有限公司北方导航 控制技术股份有限公司 哈尔滨建成集团有限公司 中兵通信科技股份有限公司 北方电子研究院有限公司华东光电集成器件研究所 华东光电集成器件研究所 西安电子工程研究所 北方光电集团有限公司：江苏北方湖光光电有限公司 西安应用光学研究所 北方华安工业集团有限公司北方华安工业集团有限公司	北方华安工业集团有限公司 吉恩斯公司 北方凌云工业集团有限公司 凌云集团西南区域 亚大集团公司 北方激光研究院有限公司：西南技术物理研究所 北方特种能源集团有限公司：西安庆华公司 辽宁北方华率特种化工有限公司 陕西庆华汽车安全系统有限公司 缺西庆华汽车安全系统有限公司 北方通用动力集团有限公司：中国北方发动机研究所 北方信息控制研究院集团有限公司：北方联创通信有限公司 北方信息控制研究院集团有限公司 北方自动控制技术研究所 江苏曙光光电有限公司

集团下属单位名称	北方夜视科技集团有限公司:北方夜视技术股份有限公司 辽沈工业集团有限公司 内蒙古北方重工业集团有限公司:内蒙古北方重工业集团有限公司技术中心 内蒙古北方重型汽车股份有限公司 西安现代控制技术研究所 内蒙古第一机械集团有限公司:包头北方创业股份有限公司 内蒙古第一机械集团有限公司 山西北方机械制造有限责任公司 山东特种工业集团有限公司 西安近代化学研究所:西安近代化学研究 西北工业集团有限公司 西北机电工程研究所 豫西工业集团有限公司 吉林江北机械有限公司 南阳北方向东工业有限公司	中国北方化学工业集团有限公司:泸州北方化学工业有限公司 中国北方车辆研究所 中国北方工业公司 中国北方化学工业集团有限公司 甘肃银光化学工业集团有限公司 辽宁庆阳特种化工有限公司 山西新华化工有限责任公司 四川北方硝化棉股份有限公司 西安北方惠安化学工业有限公司 中国兵器工业规划研究院 中国兵器工业试验测试研究院 重庆铁马工业集团有限公司 北京北方车辆集团有限公司 哈尔滨第一机械集团有限公司 齐齐哈尔北方机械有限责任公司 湖北江山重工有限责任公司 江南工业集团有限公司
公司名称	中国兵器装备有限公司	
公司简介	中国兵器装备集团有限公司,是中央直接管理的国有重要骨干企业。是国防科技工业的核心力量,是国防建设和国民经济建设的战略性企业,是我国最具活力的军民结合特大型军工集团之一,集团公司现拥有 60 多家企业和研发机构。培育出了“长安汽车”、”天威变压器”等一批知名品牌。作为国防科技工业骨干力量,目前已形成了末端防御、轻武器、机动突击、先进弹药、信息光电、反恐处突等装备体系。汽车形成了以轿车、微车、客车、卡车、专用车为主的产品系列,年产销量稳居行业前四,自主品牌汽车销量位居中国汽车企业第一,坚定不移朝着世界一流车企迈进。输变电产业瞄准高端产品领域不断深化自主创新,由下属企业保定天威参与的“特高压交流输电关键技术、成套设备及工程应用”项目荣获国家科技进步奖特等奖,以该项技术为支撑研制的世界首台 1 000 MVA/1 000 KV 特高压交流变压器,创造了电压等级最高、单相容量最大等世界纪录。在光电、机械装备、医药化工等领域拥有多个“隐形冠军”企业。集团公司积极实施“引进来”、“走出去”战略,在全球建立了 30 多个研发、生产基地和营销网络、与福特、铃木、马自达、雅马哈、标致、雪铁龙等跨国公司建立了战略合作关系。	
集团下属单位名称	黑龙江北方工具有限公司 成都光明光电股份有限公司 湖北华中光电科技有限公司 中国长安重庆青山变速器分公司 云南西仪工业股份有限公司 北京北机机电工业有限责任公司 重庆嘉陵特种装备有限公司 河南中光学集团有限公司	河南中光学集团南方智能光电有限公司 利达光电股份有限公司 中原特钢股份有限公司 湖南天雁机械有限责任公司 洛阳北方企业集团有限责任公司 中国长安汽车湖南江滨活塞分公司 武汉滨湖电子有限责任公司 重庆长江电工工业集团有限公司

集团下属单位名称	西安昆仑工业(集团)有限责任公司 湖南云箭集团有限公司 中国兵器装备集团公司制导航空弹药研究开发中心 中国兵器装备集团自动化研究所 北京长安汽车公司 中国兵器装备集团兵器装备研究所 中国兵器装备集团上海电控研究所 中国兵器工业第五九研究所 哈尔滨东安汽车动力股份有限公司 哈尔流东安汽车发动机制造有限公司 中国兵器装备集团(成都)火控技术中心 洛阳北方易初摩托车有限公司	武汉长江光电有限公司 重庆虎溪电机工业有限责任公司 湖南华南光电(集团)有限责任公司单位 重庆建设工业(集团)有限责任公司 重庆望江工业有限公司 四川华庆机械有限责任公司 江西长江化工有限责任公司 贵州高峰石油机械股份有限公司 南方英特空调有限公司 保定天威保变电气股份有限公司 重庆嘉陵华光光电科技有限公司 万友汽车投资有限公司 哈尔滨龙江特种装备有限公司
公司名称	中国电子科技集团公司	
公司简介	中国电子科技集团公司(简称中国电科)是经国务院批准、在原信息产业部直属电子研究院所和高科技企业基础上组建的国有重要骨干企业,是中央直接管理的副部级军工集团。主要从事国家重要军民用大型电子信息系统的工程建设重大装备、通信与电子设备、软件和关键元器件的研制生产。2016 年 7 月 20 日,《财富》世界 500 强出炉,中国电子科技集团公司名列财富世界 500 强第 408 位。2016 年 8 月,中国电子科技集团公司在“2016 中国企业 500 强”中排名第 98 位。2017 年 7 月 12 日,中国电子科技集团公司获国资委 2016 年度经营业绩考核 A 级;2017 年 11 月,在“2017 年中国大陆创新企业百强榜单”中位列梯级Ⅱ。	
集团下属单位名称	中国电科电子科学研究院 中国电科信息科学研究院 西北电子装备技术研究所(中国电子科技集团公司第二研究所) 电视电声研究所(中国电子科技集团公司第三研究所) 广州通信研究所(中国电子科技集团公司第七研究所) 安徽光纤光掌传轴技术研究所(中国电子科技集团公司第八研究所) 西南应用磁学研究所(中国电子科技集团公司第九研究所) 西南电子技术研究所(中国电子科技集团公司第十研究所) 华北光电技术研究所(中国电子科技集团公司第十一研究所) 北京真空电子技术研究所(中国电子科技集团公司第十二研究所) 河北半导体研究所(中国电子科技集团公司第十三研究所)	南京电子技术研究所(中国电子科技集团公司第十四研究所) 华北计算技术研究所(中国电子科技集团公司第十五研究所) 合肥低温电子研究所(中国电子科技集团公司第十六研究所) 天津电源研究所(中国电子科技集团公司第十八研究所) 西安导航技术研究所(中国电子科技集团公司第二十研究所) 中国电波传播研究所(中国电子科技集团公司第二十二研究所) 上海传输线研究所(中国电子科技集团公司第二十三研究所) 四川固体电路研究所(中国电子科技集团公司第二十四研究所) 四川压电与声光技术研究所(中国电子科技集团公司第二十六研究所) 中原电子技术研究所(中国电子科技集团公司第二十七研究所)

集团下属单位名称	南京电子工程研究所（中国电子科技集团公司第二十八研究所） 西南电子设备研究所（中国电子科技集团公司第二十九研究所） 西南通信研究所（中国电子科技集团公司第三十研究所） 太原磁记录技术研究所（中国电子科技集团公司第三十三研究所） 桂林激光通信研究所（中国电子科技集团公司第三十四研究所） 江南电子通信研究所（中国电子科技集团公司第三十六研究所） 华东电子工程研究所（中国电子科技集团公司第三十八研究所） 西北电子设备研究所（中国电子科技集团公司第三十九研究所） 蚌埠接插件继电器研究所（中国电子科技集团公司第四十研究所） 华东电子测量仪器研究所（中国电子科技集团公司第四十一研究所） 华东微电子技术研究所（中国电子科技集团公司第四十三研究所） 重庆光电技术研究所（中国电子科技集团公司第三十二研究所） 北京半导体专用设备研究所（中国电子科技集团公司第四十五研究所）	天津电子材料研究所（中国电子科技集团公司第四十六研究所） 东北微电子研究所（中国电子科技集团公司第四十七研究所） 长沙半导体工艺设备研究所（中国电子科技集团公司第四十八研究所） 东北传感技术研究所（中国电子科技集团公司第四十九研究所） 上海微波技术研究所（中国电子科技集团公司第五十研究所） 上海微波设备研究所（中国电子科技集团公司第五十一研究所） 杭州计算机外部设备研究所（中国电子科技集团公司第五十二研究所） 东北电子技术研究所（中国电子科技集团公司第四十四研究所） 石家庄通信测控技术研究所（中国电子科技集团公司第五十四研究所） 南京电子器件研究所（中国电子科技集团公司第五十五研究所） 无锡微电子科研中心（中国电子科技集团公司第五十八研究所） 华东计算技术研究所（中国电子科技集团公司第二十一研究所）

公司名称	中国航空工业集团公司
公司简介	中国航空工业集团公司（简称航空工业，英文 Avwatron Industry Corporation of China. 英文缩写 AVIC），是中国国家出资设立，受国务院国有资产监督管理委员会直接监督管理的国有大型企业。是国家授权投资的机构。于 2008 年 11 月 6 日由原中国航空工业第一、第二集团公司重组整合成立，中国航空工业集团公司设有航空装备、运输机、发动机、直升机、机载设备与系统、通用飞机、航空研究、飞行试验、贸易物流、资产管理、金融、工程建设、汽车等产业板块，下辖 140 余家成员单位、近 30 家上市公司，员工逾 50 万人。航空工业公司系列发展歼击机、歼击轰炸机、轰炸机、运输机、教练机、侦察机、直升机、强击机、通用飞机、无人机等飞行器，全面研发涡桨、涡轴、涡喷、涡扇等系列发动机和空空、空面、地空导弹，强力塑造歼－10、飞豹，枭龙、猎鹰、山藏等飞机品牌和太行、秦岭、昆仑等发动机品牌，为政府及军队提供先进航空武器装备。

集团下属单位名称		中国航空综合技术研究所(301 所) 北京航空精密机械技术研究所(303 所) 北京长城计量测试技术研究所(304 所) 沈阳飞机设计研究所(601 所) 中国直升机设计研究所(602 所) 中航工业第一飞机设计研究院(603 所) 中国特种飞行器研究所(605 所) 沈阳航空发动机研究所(606 所) 中航雷达与电子设备研究院(607 所) 中国航空动力机械研究所(608 所) 中国航空附件研究所(609 所) 中国航空救生研究所(610 所) 成都飞机设计研究所(611 所) 中国空空导弹研究院(612 所) 洛阳电光设备研究所(613 所) 中国航空动力控制系统研究所(614 所) 中国航空无线电电子研究所(615 所) 西安飞行自动控制研究所(618 所) 中国航空系统工程研究所(620 所) 北京航空材料研究院(621 所)	中国飞机强度研究所(623 所) 中国燃气涡轮研究院(624 所) 中国航空工业制造工程研究所(625 所) 沈阳空气动力研究所(626 所) 哈尔滨空气动力研究所(627 所) 中国航空信息中心(628 所) 结构热强度研究所(629 所) 中国飞行试验研究院(630 所) 中国航空计算技术研究所(631 所) 上海航空测控技术研究所(633 所) 北京长城航空测控技术研究所(634 所) 济南特种结构研究所(637 所) 海飞机研究所(640 所) 贵州飞机设计所(648 所) 贵州航空发动机设计所(649 所) 南昌飞机设计研究所(650 所) 原国防部第六研究院中国航空研究院 北京航空发动机研究院 北京航空工艺研究所(622 所)
公司名称	中国航空发动机集团有限公司		
公司简介	中国航空发动机集团有限公司(简称中国航发,英文 Aero Engine Corporatuon of Cnina,英文缩写 AECC)是中央直接管理的国有特大型企业,由国务院、北京市人民政府、中国航空工业集团公司、中国商用飞机有限责任公司共同出资组建,2016 年 5 月 31 日,中国航空发动机集团公司在北京市完成工商注册,标志着该公司已正式成立,2016 年 7 月 13 日,国资委发布关于组建中国航空发动机集团有限公司的公告。公告称,经国务院批准,新组建的中国航空发动机集团有限公司由国务院国有资产监督管理委员会代表国务院履行出资人职责。		
集团下属单位名称	主机所	中国研发研究院 中国航发商发 中国航发动力所 中国航发动研所	中国航发涡轮院 中国航发动控所 中国航发航材所 中国航发贵阳所
	主机厂	中国航发黎明 中国航发成发 中国航发西航	中国航发黎阳 中国航发南方 中国航发东安
	附件厂	中国航发控制 中国航发西控科技 中国航发红林 中国航发北京航科 中国航发中传 中国航发长江	中国航发哈轴 中国航发精铸 中国航发动科 中国航发南方宇航 中国航发资产

<table>
<tr><td>公司名称</td><td colspan="2">中国工程物理研究院</td></tr>
<tr><td>公司简介</td><td colspan="2">中国工程物理研究院(China Aeademy Of Enqineering Physis),简称“中物院”,是国家科研计划单列的中国唯一的核武器研制生产单位,是以发展国防尖端科学技术为主的集理论、实验、设计、生产为一体的综合性研究院。
中物院成立于1958年的北京第九研究所,1964年更名为二机部第九研究设计院,1968年被授予军队番号中国人民解放军第九研究院,1973年使用第二机械工业部第九研究院名称,1982年更名为核工业部第九研究院,1985年对外使用中国工程物理研究院。中物院的研究领域包括物理学、力学与数学,化学与材料,信息科学与电子工程等方面。中物院共有在职员工约23 000人,其中专业技术人员近10 000人,技能人员近9 000人,拥有中国科学院14人,中国工程院14人;截至2012年4月、研究院拥有12个研究所,2个新型科研中心,100余个科研室和30多个生产车间,有7个国防科技重点实验室。截至2016年9月,中物院开设4个博士后科研流动站、5个一级学科博士点、17个二级学科博士点、25个二级学科硕士点。</td></tr>
<tr><td>集团下属单位名称</td><td>中国工程物理研究院流体物理研究所
中国工程物理研究院核物理与化学研究所
中国工程物理研究院化工材料研究所
中国工程物理研究院总体工程研究所
中国工程物理研究院电子工程研究所
中国工程物理研究院机械制造工艺研究所
中国工程物理研究院上海激光等离子体研究所</td><td>中国工程物理研究院材料研究所
中国工程物理研究院激光聚变研究中心
中国工程物理研究院北京应用物理与计算数学研究所
中国工程物理研究院应用电子研究所
中国工程物理研究院计算机应用研究所</td></tr>
</table>

7.8　课堂收获

1. 通过本单元学习,你对外部职业世界有哪些认识?

2. 你认为适合自己的工作种类有哪些?职业兴趣类型是什么?在“三海一核”领域将来打算进入哪个行业工作?

7.9　推荐阅读

1. 林少波. 读大学怎么读[M]. 天津:天津教育出版社,2010.

第8章　生涯决策

8.1　知识点导读

(1)了解信息加工理论;

(2)掌握信息加工过程的 CASVE 循环模型,并且能够运用该模型分析决策问题;

(3)熟练掌握决策平衡单的使用方法,能够通过决策平衡单梳理、分析问题和选项;

(4)了解个人决策风格,能够运用 CASVE 循环解决生活的困惑;

(5)理解元认知的含义,能够理性地看待决策的结论。

8.2　生涯故事

金龙是一名大二年级飞行器设计专业的学生。通过一年的大学学习生活,他已经适应了大学的学习节奏,熟悉了大学校园的各项资源,但是进入大二年级之后他的学习生活并没有变得闲适和从容,反而更加忙碌,与此同时对于未来的成长方向他也产生了深深的迷茫。

进入大二年级,金龙的课程增加了很多,公共基础课、专业必修课、专业选修课每天上课就占用了他一天时间的大部分比重。而且为了能够跟上老师快节奏的授课进度,金龙还需要每天抽出一定时间完成课后作业、实验报告、个人复习。

作为工科专业的学生,学校为他们提供了许多的科创比赛和科创平台,金龙在开学不久就和同学组队参加了一个科技创新大赛,为了准备比赛,金龙几乎将以往所有的休闲娱乐时间,甚至原本的自习时间都用来和队友补充专业知识,尝试各种实验方案,但科创的进展仍旧有许多磕绊。

金龙在大一年级加入了学院学生会,学院足球队,生涯成长社团等多个学生组织。通过一年的学生组织工作,他结识到许多志同道合的小伙伴,认识的学长和学姐对他的学习生活产生了有益的帮助。此外通过这些社团活动,金龙的活动组织策划经验更加丰富,与人交流的表达能力、应变能力也提升了许多,因此他希望能够继续留在现有的社团。但是社团活动的组织和策划也比较耗费时间和精力,他经常会因为临时性的工作指派打乱他原本计划好的学习、科创安排。

面对专业课程学习、科技创新、学生社团组织等多项事务,金龙感觉一直处于如消防员般救火的情景:在没有考试压力的情况下,他和队员去实验室搞科创;当社团有活动时,他需要随时暂停当前事务,完成社团交办的工作;在某门课程结课考试来临之前,他又要放下其他工作,抓紧突击复习考试科目。一段时间下来,金龙不但感觉自己非常地疲惫,而且学习、科创、社团等各方面都没有取得预想的成绩，他现在陷入深深的迷茫当中。他说，他明明知道学习和各项活动之间难以兼顾，但学习、科创、社团都是他很在意的事情，他不知道究竟哪个该放手哪个该坚持，他希望能够从这三个选项中做出一个适合自己的选择，找到最适合他未来发展的一个方向，否则按照现在的状况发展下去就会导致他浪费了很多时间，却没有收获到对自己有益的进步。

8.3　生涯故事讨论

请仔细阅读前面的【生涯故事】，深入思考后与小组同学讨论，并把自己的观点记录在下面：

(1) 对于这个案例，你是这样理解的：

____

____

(2) 对于案例中的金龙同学，你认为他的观点有哪些不合理的地方：

____

____

(3) 如果你是金龙同学的学长，你会建议金龙如何选择，采取哪些行动？

____

____

(4) 对于当前的学习成长，你有哪些学习、科创、学生组织、社团或实习兼职等活动安排？是否也面临类似的情况？

____

____

(5) 对于你面临的难以抉择的事情，最终你通过哪些方法得到了解决？效果如何？

____

____

8.4　案例总结

前面案例中金龙同学面对的问题其根本就是决策的问题：当他明确了自己的成长重心放在哪里，自然就能够统筹安排每天的日程安排，摆脱终日如消防员般时刻处于救火状态的紧张情绪。

其实决策组成了我们生活的全部：

从一天生活来看，当早晨醒来睁开眼睛之时，我们就开始决策是果断起床迎接新的生活，还是继续赖在床上玩一会儿手机。接着我们会面临早饭如何解决、衣服如何更换、上课走哪条道路、午饭在哪个食堂、自习复习哪门课程、休息时间如何度过、夜晚几点入睡，等等。日常生活中细微的决策对我们很难产生直接的转变，人们往往会忽略它的存在。

从人生历程来看，正是一次又一次足以影响未来生活与方向的决策，构成了我们多姿多彩并且各具特色的人生,高考志愿的填报、大学成长路径的选择、男(女)朋友的交往、读研或是就业的比较、第一份工作的取舍……

决策对于我们每个人而言,都是一场不断发生、无法避免的修行。每个人都会在愈加关键的决策面前愈加谨慎和犹疑,那是源于我们缺乏直面结果的信心和勇气,我们会担心失误、担心错失更好、担心后悔,在这种情绪的影响下,每个人都采取各不相同的方式去应对。

有些人开始不停获取各种层面的资料信息,他们确信只有掌握全部信息,才能够做出最为完美的选择。结果这样的人被零散琐碎的信息淹没,却始终没能深入到对信息的分析和整理之中,面对众说纷纭的观点,迟迟无法做出决策。

有些人恰好相反,他们不愿陷于多项比较的困境当中,经常会干脆利落地选择当前最为便捷或是熟悉的选项。可是这样的果断并非来自于他们对问题的宏观把控,而是对存在困难的无力与回避。他们不愿花费精力去搜索更多的信息,那么他们则会面临更大的风险,去承担未曾预见的结果。

也有人在决策时没有太多的缘由和分析,以直觉作为判断的标准。他们将现实生活与虚幻命运结合在一起,以“得之我幸,失之我命”的心态放弃决策的主动权。他们一方面期盼外界环境能够带来一个最好的选择,另一方面在结果不利之时,又感叹命运的忽视和不公,变得怨天尤人。

还有些人习惯跟随身边人的潮流:大家都读研,他就读研;大家都搞科创,他就加入科创小组;这样的人相信“大多数人总会是对的”、“跟着趋势前进总不会被落下”。然而在潮流的方向上遇到阻碍的时候,他却找不到克服阻碍的内生动力,最终的结果就是半途而废,另寻他途。

还有些人只是习惯性地拖延。想到那些令人挠头的问题,他们就会悄悄地把问题遮挡起来,不看、不听、不想,将问题拖延到最后的时刻。这样的人看似一直没有进行决策,但其实他们采用了另一个选择:不做决定。“不做决定”的选择看似轻松,但问题始终存在,悬而未决不能使人放下包袱,不得不解之时却只剩下差强人意的选项。

在面对那些人生重要决策的时刻,我们究竟该采取什么样的方式,去寻找最为适合自己的答案呢?大家一起参考训练活动 8 - 1“反思我的决策风格”,通过回顾 5 个你以往重要时刻的决策经历,总结出你习惯的决策风格特点。

8.5 生涯理论

前面我们根据以往事件归纳了自己的决策风格,那么如何完善,让它变得更加理性与全面呢?下面为大家介绍一个描述人们在决策当中大脑思维过程的理论:信息加工理论。他有助于我们了解人类思考的完整过程,掌握获取有效论断的关键因素。

在 20 世纪 80 年代的美国弗罗里达州立大学,有一支以盖瑞·彼得森为首的研究团队,他们在研究认知心理学的基础上,尝试着构建了一个新的研究方向。这个研究方向目的在于帮助人们结合自我认知和职业信息这两个部分的知识,进行更加有效的信息加工处理,以便于解决个人的生涯困境。这就是由认知心理学发展而来的信息加工理论(Cognitive Information Processing model),即 CIP 理论。信息加工理论的观点促使人们对待生涯选择问题从关注结果转向关注过程，即从关注结果是否适当转变为关注选择过程的经历是怎样。它强调，一个人如果掌握了生涯选择的认知过程，就能够提升他的生涯选择能力（图 8－1）。

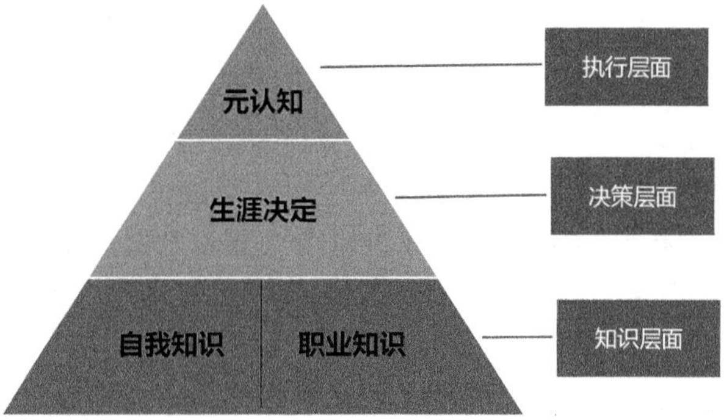

图 8－1　信息加工层面的金字塔

CIP 理论将人类大脑的信息加工功能比作计算机的运作：人们对各种信息的获取就如同计算机对数据文件等资料的输入；人们将所获取信息进行加工处理就如同计算机中程序软件进行运作；人们对各种策略选项的排序与选择就如同计算机按照预设的逻辑选择程序执行的先后顺序。彼得森等学者将这些观点组合成一个金字塔形状的认知信息加工流程图，即“信息加工层面的金字塔”，它分为三个层面：最底层为知识层面，也就是计算机原始资料信息，包括自我知识和职业知识两个部分；中间层面为决策层面，如同计算机对程序的运算过程；最顶层是执行层面，如同计算机已经预先设置好的顶层逻辑，主宰着所有运算的执行。

8.5.1　知识层面

知识层面包括：职业知识和自我知识这两大部分。

职业知识既包含职业世界中某个职位的具体信息，例如，船舶设计工程师，这项职业的工作对象、工作要求、工作内容、工作环境、基础知识理论等职业信息。职业知识也包含构成职业世界框架间的连接关系：它可以是某个行业内部不同职位间的关联，例如船舶制造行业中，船舶设计员、船舶工艺员、船舶检验员、船舶建造师等职业间的区别与联系。它也可以是相同工作性质在不同行业中的特点与区别，例如水声装备工程师、机电控制工程师、自动化设备软件工程师、材料工程师都具有与机器设备打交道的工作性质，但却分别归属于船舶、通信、材化等不同的行业。了解职业知识能够帮助我们在纷繁复杂的职场信息中抓住脉络，按照行业、企业、岗位的顺序获取个人需要的职业信息。

自我知识，是指个人的成长经验以及个性化的兴趣、能力、价值等相关信息。每个人对自我知识的统合与编排形成了个人对自我的认知，而更多的自我知识往往隐藏在表象之下，被个人所忽略。因此，经常有大学生在学习生活中存在不同情况的迷茫：有的人感觉我似乎什么都喜欢，什么都能做，面临众多选项而难以抉择；有的人认为自己什么都不行，什么都不喜欢，对未来没有方向进而无所适从。只有了解全面的自我知识才能够有效比对出个人亟待解决的生涯困惑卡点。

知识层面在“信息加工层面的金字塔”底层，他是进行决策的基础。人们对知识层面信息的掌握程度不同，决策难度和决策成效的结果也不同。

对于那些熟知信息的问题,人们能够快速并且坚定地做出决策,例如通往教学楼的道路有3条,我们能够轻松、准确地选择最短、最便捷的道路。

对于那些无法了解全面信息的问题,人们的决策就担负一定的风险,它正是我们大部分困惑的原因,既抱有期待,却又存有疑虑。例如,一个大二年级的学生体会过高校课程学习的紧张节奏;参与过社团活动的凌乱繁忙;经历过科创竞赛的废寝忘食,他就对学术研究、学生工作、科技创新这三条个人成长发展的道路具备了一定的认知。但是这位同学无法预测未来专业课程的学习情况、不了解学生社团骨干成员的付出与收获、更不知道深入科创研究将遇到的瓶颈和阻碍,因此当他在进行个人成长发展道路决策的时候就会犹疑徘徊,难以找到完全符合心意的方向。此时这位同学首先需要完成的,就是获取更多至关重要的信息。

还有一种情况是人们不了解任何信息,无法想象不同选择会产生怎样的结果,他将对于这个问题无从下手。就像是刚刚踏入大学校门的新生,他无法做出个人成长发展道路的选择,因为无论哪个方向,他都毫无经验可谈。再比如一位虽然升至大二年级、但依旧三点一线生活的同学,恐怕于他而言同样无法形成选择个人成长发展道路的观念。

不同个体掌握底层知识的深度和广度不尽相同,那么最终解决问题的全面性和完整性也差别巨大。人们只有从知识层面提供的信息出发,才能完成下阶段的分析、比较、选择、行动等过程。生涯规划课程的宗旨也是鼓励同学们通过各种活动和经历,丰富个人的认知,拥有贴合自身、真实有效的信息知识。因此在解决生涯问题之前,建议同学们先评估一下自己对职业知识和自我知识的掌握程度,确定是否需要更多的探索和收集。

8.5.2 决策层面

决策层面在"信息加工层面的金字塔"的中间位置,它将知识层面的相关信息加工处理,形成观点。心理学家发现,人们在进行重大决策的时候,为了减少风险、充分考虑各种因素,大多会经历沟通、分析、综合、评价、执行,这五个步骤,并将这五个步骤确定为CASVE循环,如图8-2。

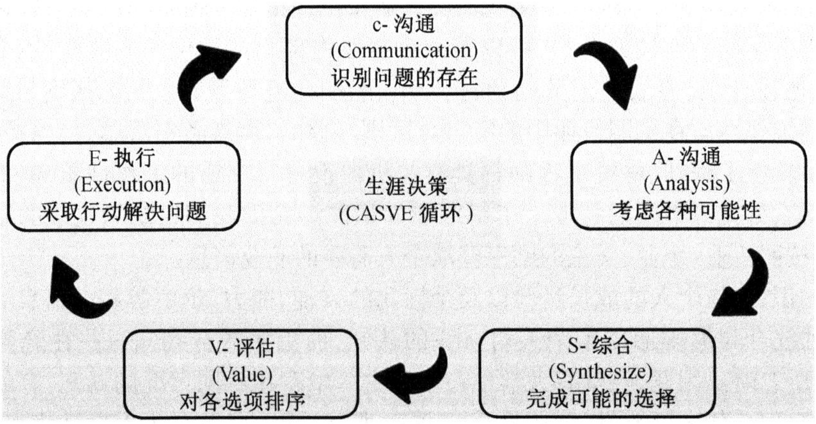

图8-2　CASVE循环

1. 沟通

沟通是决策的第一步。当人们发现某个问题的理想假设与实际现状间存在差距时，一般都能够找到若干种解决的选项，然而每个选项往往各有所长，难以组合成令人满意的完美结果，再加上外界环境的诸多干扰因素，人们面对的问题变得非常复杂。

沟通的作用就是首先意识到问题的存在，然后在错综复杂的思绪中，看清楚问题的本质，厘清理想和现状的差距，并且做好决策过程中“取”和“舍”的准备。

以“生涯故事”中金龙同学的困惑为例，当金龙出现精力疲惫、目标迷茫的时候，他首先意识到自己对成长的期许与现实的回报出现了差距，学习、科创、社团工作并不能按照他预计的那样施行。然后金龙通过回顾近期出现的各种不顺利事件，找到产生烦恼的根源在于他没有明确的成长发展目标。金龙在“沟通”这个环节中，看到了自己的问题并做好进一步解决问题的思想准备。

2. 分析

分析的过程就是加工知识层面相关信息的过程。人们首先需要分析是否已经充分且深入地看到自己的个人特质；是否全面、客观地掌握决策问题的信息内容。其次，分析自我知识以及职业知识在当前问题中的关联，并且明确自己对于解决当前问题所需要的结果期许——决策的性质、具体的目标、决策的标准等。

继续以金龙故事为例，在“分析”的环节，金龙可以通过生涯测评、个体咨询、个人总结等形式探索自己的兴趣、能力、价值倾向，在探索的过程中，他还会不断地反问自己：“我的特质就这些了吗？还可以增加什么补充吗？”，以此勾画出较为丰满的个人特质。同理，金龙通过学长访谈、师长咨询、亲身体验、资料查阅等方式充分了解学术研究、科技创新、学生干部这三个成长发展道路的信息。之后，金龙运用 SWOT 分析法，将个人特质与三个发展方向分别进行关联和比对。在比对的过程中，金龙进一步思考自己针对这项决策的最终结果期许是什么：他不想在保留过多的选项给自己增加干扰，也不需要仅仅用于缓解焦虑的应急策略，而是需要一个能够解决长远发展的、唯一的、明确的答案作为今后的成长核心。

3. 综合

第三步综合的作用就是形成几条具体选项。人们根据分析得到的成长发展可能性，以头脑风暴的形式，罗列出所有可以供于参考的具体行动选项，然后再根据各种现实条件和决策者自身的习惯、特性删除掉那些并不适用的选项内容，最后形成若干决策者能够接受的方案。

金龙在“综合”的过程中，根据前一步的 SWOT 分析罗列出未来大学期间可以选择的方向：1. 只专注于学术研究；2. 只专注于科技创新；3. 保持学习成绩在中等水平同时增加社团工作；此时金龙需要尽量扩充他的选项，以减少将来因考虑不周产生的遗憾。然后，金龙结合他的学习习惯、价值认同、资源与限制，划掉那些不适用于自身的选项。

4. 评价

评价是在综合的基础上对保留的几条选项进行衡量比较。首先决策者根据个人的价值倾向对每个选项的优势与不足进行权衡评定，然后将几个选项的优先级进行排序，通过排序产生最为适合方案、替补方案等。本质上评价排序的过程就是价值取舍的过程，每个选项必然都有支撑其存在的价值信念，而排序就意味着要在重视的价值体系中放弃一些意义，这往往会造成人们情绪的波动，如焦虑、犹豫、逃避等。而且随着排序结果的产生，人们又多会产生后悔的心理，这源于此时人们总是无意识强调第一方案的不足，同时夸大其他方案的优势。

对于金龙而言，就是依据个人的考量维度对保留下来的几条选项进行评定比较，对于各位同学而言，你的大学生涯发展道路是否找到了明确的目标，大家可以参考训练活动 8－2“生涯决策平衡单”进行澄清和分析。

5. 执行

尽管在 CASVE 循环的最后一个阶段人们会存在后悔、质疑等情绪，但无论如何仍旧需要产生一个具体清晰的行动计划并付诸实践。只有通过行动实践，人们才能够切实促进生涯成长——或是靠近目标，解答困惑；或是获得其他启示，发展出新的生涯问题。至此人们将进入到新一轮识别问题、分析问题、综合选项、评估排序、采取行动的 CASVE 循环过程中。就如同金龙在明确成长道路具体方向之后，还需要制定详细的行动方案并持续执行下去，最终将期望变成现实。对于行动方案的详细制定和执行，我们将在第九章节中介绍。

由此可见，CASVE 循环是“信息加工层面的金字塔”的核心，决策是一个螺旋上升的过程，通过 CASVE 循环问题信息得以愈加深入和细化，解决问题的思路也愈加全面和理性。下面让我们根据训练活动 8－1 中回顾的 5 个重要决策经历，分析一下当时的决策过程是怎样的。具体可参考训练活动 8－3“回顾我的 CASVE 循环流程”。

8.5.3 执行层面

对于人类的大脑，执行层面就像是电脑的 CPU，它控制着决策层面对认知策略的选择与排序，它的主要表现就是我们的“元认知”，“元认知”也被称为后设认知，是一种“对认知过程的觉察”，在认知过程中起到“综合性监督”的作用，通俗的理解就是人们对认知的认知。例如，当你观看一部情节细腻、场景熟悉的文艺影片时，会跟随故事的发展时而伤感时而喜悦，你的感受就是你的认知；忽然你意识到自己的情感起伏变化，并开始分析、评价自己情感波动的原因，进而打算控制个人情感，这段认知就是你的元认知。

元认知使得我们经常与自己对话，“我这么做根本没有意义啊”、“我跟人家说这些干什么”；元认知使得我们不断自我觉察，“这件事我是不是做的不对”、“我刚才和她说话是不是语气太重了”；元认知也使得我们监督与控制自己，“明天我会早点起床，不再浪费时间”、“下午我就和同学去图书馆自习”。

元认知主导着人们进行决策时的倾向与排序，同时它又受限于人们的遗传特点与成长经历，因此不同个体间具有显著的差异。在面对同样问题的时候，不同个体获得的结论也各不相同。有时我们存在难以选择的困惑，也许导致问题的卡点并非是掌握信息的片面或是决策步骤的缺失，而是我们头脑中存在的某个非合理信念，例如追求所有人都认可和喜欢的人际关系；既想做学霸还要成为科创达人又不愿失去充足娱乐时间的“全都要”心态；宿舍所有成员都必须认同自己观点的想法……那些持有非合理信念的人们总会在某个相似的问题上陷入求全责备、自怨自艾、异想天开等负面情绪中，难以在现实选项中找到满意的答案。非理性信念的不合理之处往往在于将事情绝对化，例如“我必须今天完全按照计划完成学习任务，才算是学有收获”、“我必须用大块完整的时间，才能够静下心去学习”、“我只有按照当前的专业方向，才能找到适合的工作”等等，类似的描述中经常会出现“应该”“必须”“只有”等毫无回旋余地的词汇，这是非合理性信念显著的特征，它将个人限制在一个狭窄、封闭的境地当中，使得个人受到束缚，缺乏弹性。在现实生活中，我们可以经常反思存在于头脑中的非合理信念，对其作出适当的调整，用“期待”、“希望”等词汇代替

“必须”、“应该”的描述,例如我们可以对自己说,“我希望所有人都认可我,但每人立场各不相同,即使有人不喜欢我,我也可以接受”。通过这样的调整,我们能够更加开放地接纳自己,同时更加深刻地看待问题,作出切合实际的决策。

当然改变自己的元认知决非易事,就像有人说过的那样“世界上最困难的事情就是改变人们的想法”,由此可见改变元认知并非是一朝一夕可以实现的事情,我们只有在日常生活中有意识地保持觉察,并不断地练习,才能够更好地掌控自己。那么在大家的成长经历中,都存在哪些非合理信念呢?让我们一起来完成训练活动8-4“发现我的非合理信念”。

元认知的改变,对人的改变非常彻底,随着元认知的改变,人们会发现产生困惑的问题也转变甚至消失了,所以有人曾说“影响我们的不是事情的本身,而是我们对事情的看法”。

按照信息加工理论,即CIP理论,它将导致人们在决策困难的原因划分为三个梯度:第一级是信息,我们首先检查自己是否缺乏对问题的了解,也许伴随掌握信息的丰富,问题自然得到答案;第二级是方法,我们需要运用CASVE循环,全面、系统的地分析、解决问题,找到适合的结果;若经过前两个梯度均不能解决问题,那么在第三级元认知方面,一定是人们在自我的信念上出现了卡点,我们需要找到这个卡点,并尝试调整。

CIP理论的优势在于帮助我们更加直观、便捷地解决困惑,它的局限是将人们头脑中的信息加工过程完全等同于电脑运行,忽略了个人情感对问题的影响作用,因此在真正的决策过程中,我们可以通过信息加工进行理性分析,后续还需要加入情感的调整。

以上就是认知信息加工理论,它研究的对象为独立个体内在对信息的加工处理过程。需要指明的是,随着社会环境的快速变迁和个体的成长,个人掌握的自我知识以及职业知识也会愈加深入、庞杂,人们处理这些知识的加工能力也会愈见精细。所以生涯决策的结果可能会随着时间的推移而变化,也许当时我们认为最为有利的选择在若干年后就不再具有优势,但无论什么样的决策都很难随着时间的改变以类似真理的形式存在。因此我们关注的是当下,即在当前情境下,我们已经做出了最为恰当的选择。

人们的决策能力直接决定了他的生涯成熟度。那些面对问题能够更加冷静、果断地进行恰当选择的人,我们总认为他更加的成熟,而那些在问题面前总是思前顾后、优柔寡断的人,我们则认为他的决策能力低,生涯成熟度较低。

8.6 训练活动

根据前面信息加工理论的学习,本部分我们将这些理论转化为指导自身成长的实践操作,共同完成下面的三个练习。

训练活动8-1 反思我的决策风格

迄今为止,你一定经历过许多对你而言非常重要的决策时刻,例如高中学校的选择;高考志愿的填报;兴趣爱好的取舍;友谊交往的困顿;大学社团的选择……面对这些重要但难以抉择的问题之时,你是如何整理思路,进行决策的呢?

步骤一:请你回顾以往生活中涉及决策的一件重要事件,并按照以下六个提问,将这件事情详细地描述出来。

(1)事情当时的背景情况,以及你期望解决后的目标结果是怎么样的?

(2)当时情况下,你所能够选择的所有选项都有哪些?

(3)当时情况下,你最终做出的选择是什么?

(4)根据丁克里奇提出的决策风格,包括痛苦挣扎型、冲动型、直觉型、拖延型、宿命型、顺从型、瘫痪型,这7种模式。分析一下,当时面对这件事情,你的决策风格是什么?

(5)现在回过头来再次看待这件事情,这件事情对你后续的学习生活产生了哪些影响?

(6)如今你对当时的决策如何评价?

步骤二:在分析完上面这件事情之后,请再次列举出四个以往你的重要决策事件,并按照这六个提问,重新将每个事件进行描述。

步骤三:比较你所描述的五个事件,并尝试发现你在这五个决策中的决策风格分别都是怎样的?它们的决策过程有相似之处吗?相似在哪里?

步骤四:进一步放宽思路,回想更多你以往经历的事情,你发现自己经常采用的决策模式都有哪些?

步骤五:请评价一下,你习惯性的决策风格的优缺点,并说说打算将要如何使得它们更加完善。

训练活动8-2　决策平衡单

通过前面章节的学习,我们已经了解了自己的兴趣、能力、价值观等特质,这时往往头脑中会对未来的成长发展产生多种想法。尽管我们已经对几种想法进行了能力范围内的探索,但是在综合各种因素的考量之后,我们仍旧难以抉择,此时的我们需要借助“生涯决策平衡单”从理性角度进行全面分析和排序,然后从感性角度去理解我们的经历和动机,对决策平衡单进行调整,最终在几种想法中探索出更好的解决方式。

下图是决策平衡单的整体形式，请各位同学按照步骤来体验一下进行科学决策的方法和步骤。

（1）请尽可能多地列出对于未来成长发展，你所考量的关注因素有哪些。（可参考你的价值观）

备注：常用的生涯成长考量因素大类（仅供参考）

经济报酬方向、成就感方向、智慧方向、能力运用方向、生活方式方向、社交关系方向、与上司的关系方向、与同事的团队方向、名声地位方向、工作环境方向、安全感方向、自主性方向、利他助人方向、审美方向、多样性方向、冒险与挑战方向、体能运动方向、创造力方向

（2）从上面的关注因素中挑选出6－8项你最为关注的因素，作为你关于“成长发展”决策平衡单当中的“参考因素”选项。

（3）为第2题当中的每个参考因素的重要程度进行评估打分，即为你的参考因素设置权重。你可以将权重分值设定为10分－1分，即最重要为10分，最不重要为1分。通常情况下，尽量避免出现相同权重的参考因素，如果存在令你难以取舍的参考因素，最多不能超过两项。例如，将“满足个人兴趣”和“提升科研能力”两个因素的权重都设置为8，那么其他参考因素都不能够再出现8分的权重。

请完成你所有参考因素的权重设置。

	1	2	3	4	5	6	7	8
参考因素								
权重值								

（4）列出在本次决策中，你可以面对的选项，描述越具体越清晰越好。需要注意的是，选项应当是在现实条件下你可以选择或有实现可能的选项，不能脱离现实，盲目设立脱离自己掌控的目标选项。同时，目标选项需要彼此独立且同质可比，它们都是在共同的价值观体系下衡量比较的，即它们都可以用前面第3题中的8项参考因素衡量比较。另外，选项的设置不能将同一问题的是非双面同时设置为两个选项，例如不能将“参加学生社团”和“不参加学生社团”同时设置为两个选项。

选项设置举例：

某大二年级学生在面对大学成长方向的决策中，他的选项有：①做学霸，凭借优异的学习成绩争取到保研资格；②搞科创，参加高级别科创大赛，成为科研精英；③去创业，与同学合作创办自己的实体产业。

通常为了保证决策的有效聚焦，你的选项不能设置过多，一般明确在2～3项左右即可。

请列出你在本次决策中的选项，并且按照你的理解，将它们清晰、具体的描述出来。

序号	选项	具体描述
1		
2		
3		

(5)将题目1-4中的结果(参考因素、参考因素权重、目标选项)填写在“生涯决策平衡单”当中,并为每个职业选项的不同因素进行评分。根据该选项与对应的参考因素在现实中的影响结果进行评分,同样将评分设置为10分,最满意为10分,效果最差为1分。

在评分时,需要按照同一参考因素的不同目标选项依次进行横向打分,例如,对同为参考因素“满足个人兴趣”,依次横向对选项“成为学霸”、“成为科研精英”、“成为创业者”完成评分。通过横向评分,可以同时衡量比较各个选项在某个参考因素下的优势与弊端,比较的效果更加鲜明。评价分数建议为整数,以便于计算统计。

(6)计算加权得分及各选项总分。在每项评分后,将评分乘以该因素的权重,得到该评分的加权分数。最后竖向累加目标选项的各参考因素加权得分,得到最终该目标选项的总分。

(7)分析和调整。

①看到每个选项的最终得分,你有什么样的感受?是如释重负,感觉选到了心中所想?还是略有不甘,感觉结果有些不可置信?请将你的感受如实记录下来。

②请竖向比较你的每列评分,哪些是每列里面的最低分数?将它们用红色圈出来。导致这些得分最低的原因是你的能力不够,还是没有满足你的心中期待?针对这些最低分数,你还能够再做哪些事情,从而提高它们?将这些想法记录下来。

③在评分的过程中,是否存在那些分数是由于你缺少亲身真实的体验,或对它的了解并不完整,从而比较犹豫标定的分数?将它们用黄色笔圈出来。这些分值是在你并没有获得完整真实信息基础上得到的,它们并不准确,未来的变动也非常大,因此具有的参考价值还有待提高,你可以通过哪些方式进一步调查了解这些得分的全面信息?(亲身经历、生涯访谈等)请记录下你的行动计划。

④重新衡量各项参考因素的得分和权重分数,你是否感觉有需要调整的分数?需要调整的理由是什么?将你的调整结果和原因记录下来,然后按照调整后的分数重新加权计算总分。

⑤在评分和分析的过程中，你是否发现除平衡单中的选项外，还有其他可行或更好的选择？将新的发现或思路记录下来。

____

____

⑥看到生涯决策平衡单的决策结果，你是否还有遗憾，哪些你可以从现在开始着手进行弥补？将你的感受记录下来。

____

____

生涯决策平衡单的重点不在于完成之后的结果，而在于填写过程中的衡量以及填写之后的分析与思考，通过这些思考挖掘那些被我们深深埋藏在潜意识中的价值倾向，发现一些我们还可以进一步努力的行动方向。

人生当中的每个选择都是夹杂在理想与现实之间，交织着自己与身边重要他人的诸多价值考量，因此，面对选择，我们总是摇摆不定、难以取舍。生涯决策平衡单是解决决策难题的一项非常有效的工具，它可以将我们最重要的价值考量全面展现出来，并且逐步梳理人们对待每个选项的态度。它可以作为我们理性决策的重要工作，但现实的变化无时无刻不在发生，我们对事物的理解也在不断变化，生涯决策平衡单仅能够提供当下的合理选择，并不适合成为一成不变的永恒真理。对于生涯成长，我们所能做到的就是在每一个当下做好自己，选择当下最适合自己的选择。面对未来，没有谁能够提供百分之百的保障，我们需要的是怀抱信心去勇敢面对，无论未来你的成长延伸到哪里，至少你选择了当时最适合的选项，从而减少成长同学们的遗憾和后悔。

训练活动8－3　回顾我的CASVE循环流程

请运用CASVE循环的五个步骤，选取训练活动8－1中的两个事件进行如下分析：

(1)对于这件事情，你是通过什么意识到出现了矛盾冲突，需要进行抉择？

____

____

(2)在发现问题之后，你是如何收集个人和事件相关信息，并且进行了哪些的分析？

____

____

(3)当时你构想了哪几条解决方案？如今重新来看，你是否还能想到其他的解决办法？

____

____

(4)当时你使用了什么方法对几条解决方案进行筛选，当时你筛选的标准是什么？

____

____

(5)你是如何落实决策结果的？行动的过程中是否产生新的思路或新的困惑？最终结果如何？

____

____

(6)经过重新的查看,你认为当时的决策过程中哪个步骤存在不足?

(7)借鉴对以往事件的分析,是否对训练活动 8 -2 决策平衡单的选择提供一些想法和思路?

训练活动 8 -4　发现我的非理性信念

以下是一些常见的与生涯相关的非理性信念,供大家借鉴:

1. 自我方面

(1)有关个人价值

- 我必须得到他人的认可
- 作为一个人的价值,与我所从事的职业有密切的关系
- 我不知道自己该干什么,很失败

(2)有关工作能力的信心

- 我无法从事任何与我本身能力、专长不合的工作
- 只要我愿意去做,我就能做任何事
- 虽然我很喜欢/很希望当一个……但如果我真去的话,也很有可能会做不好

2. 职业方面

(1)有关工作的性质

- 我想只有某一种职业才是真正适合我的,我一定要设法把它找出来
- 这个行业不适合男生/女生

(2)有关工作的条件

- 我所做的工作应该满足我所有的要求
- 专业工作所要求的条件是非常苛刻的

3. 决策方面

(1)方法

- 我会凭直觉找到最适合我的职业
- 总有某位专家或比我懂得多的人,可以为我找到最好的职业
- 也许有某项测试可以明确指出我最适合从事什么工作
- 在我采取行动之前,我必须有绝对的把握

(2)结果

- 一旦我做出了职业选择,就很难再改了
- 如果我改变了决定,那就面临失败
- 在我的生涯发展中,我只能做一次决定

4. 满意的生涯所需条件方面

(1)他人的期待

- 我所选择的职业也应该让我的家人、亲友感到满意

(2)自己的标准

- 除非我能找到最佳的职业,否则我不会感到满意
- 只有做到我想做的,我才会感到快乐
- 在选择要从事的工作领域中,我必须成为专家或领导者,才算是成功

根据以上提供的一些非理性信念,结合你以往曾面对的那些难以决策的事件,你发现哪些问题的卡点就是在于非理性信念,具体是哪些信念呢?

____

____

____

8.7 深度阅读

前面的课堂训练中,我们介绍了决策平衡单的使用,也许有些同学在使用决策平衡单进行决策之后,却认为它没有太大的作用,甚至有些同学评价它就像是数学公式一样,套用它将各种信息记录下来,可是之后仍旧无法有效进行选择。其实,问题的根本原因在于:CASVE循环是CIP理论的一部分,而决策平衡单又是CASVE循环的一部分,所以在进行决策平衡单之前,我们首先需要完成的准备工作就是知识层面基础信息的充分获取,另外就是与此问题相关的元认知是否理性、合理。在获取到充足知识信息和具备合理元认知之后,我们才能着手通过决策平衡单对几个备选选项进行比较。对于充分的知识信息,它主要依靠决策者通过不同途径的搜索而获取,没有过多技巧可言。而对于合理正确的认知,它往往被人们忽略,因此,当前我们需要在此详细介绍就完成决策平衡单之前需要具备的合理认知。

首先,决策者需要意识到决策无处不在。相比于获得当前问题的答案而言,学会决策的思路和方法更为重要。同学们当前面临的选择问题大多类似于选修A课程还是选修B课程;参加C学生组织还是D社团;时间精力倾向于社团活动还是倾向于科技创新等等大学生日常工作学习的抉择,但今后大家将会面临情况更加复杂,影响更加深远的抉择问题,例如签约E企业还是F企业;选择保送本校研究生还是考取其他高校研究生;工作多年后继续漂泊在北上广还是重新回到安逸的家乡……如果现在大家对决策方法缺乏练习,那么将来面对诸多的人生岔路,又将何去何从?所以,掌握决策方法才是我们课程学习的核心。

第二,决策者需要意识到没有完美的决策。凡是决策就意味着有得有失,意味着舍弃,而且同学们将要舍弃掉的必然是心生向往的事物,否则没有两边的势均力敌,怎会有当前的犹豫和纠结。学会决策就是学会坚定的舍弃,增加自身抗干扰的能力。比如在每天时间都是24小时的客观现实下,你选择了进入学生会,培养锻炼综合能力素质,成为一名学生会骨干成员,就无法保障始终具备充足的时间和精力用于科研项目的实验和学习。再比如在大家生活费有限的情况下,如果将大部分资金投入到某个前端电子产品上,此刻就无法再拥有随心所欲的美食追求。因此,我们需要知道,没有两全其美的决策,当选择了一方,就意味着必须坚定地舍弃对另一方的向往。

第三,任何决策都是有风险的。我们无法预见未来,所以我们不能苛求万无一失的结果,更没有完全保险的选项。决策就是意味着冒险,很多人之所以迟迟无法做出决策正是

因为他不愿意面向未来去冒险,所以他面临的就只能是被动的等待。好的决策,是指在当时的情境条件下,我们可以选择的最好的选项,哪怕在未来出现一些不尽如人意的状况,我们能够有勇气去寻找应对的方法,而不会为当时的决策追悔莫及。所以任何决策都是有风险的,人们之所以能够决策,不是因为他对当下的信息分析的多么理性,也不是他对未来判断有多么笃定,只是因为他们能够遇见到未来这个选项也许会带来的最糟糕情况,与此同时他们有勇气去面对和担当,仅此而已。

第四,一个真实有效的决策不仅仅包括选择,还包括了行动。比如,对于一个经常纠结于未来是出国留学还是在国内就业的同学而言,在对比选项之前,我们应该首先了解一下对于出国他准备了哪些?雅思、托福、GRE 他掌握了多少词汇?如果他当前英语学习几乎停滞,而且每星期英语学习时间不到 3 小时,那么也许他出国留学这个选项在未来也依旧停留在想象层面上,不会转变为现实。所以对于那些你纠结了很久,却迟迟没有答案的困惑,也许你需要的仅仅是一个缓解压力、宣泄情绪的途径,而不是真正的解决,至少在当前这个问题并没有十分的紧迫。这就告诉我们,不是有了选择才行动,而是有了行动才能选择。正如 CASVE 循环不是一个封闭的一次性行动,而是伴随着新认知与新能力而螺旋上升式的循环过程。对于那些因无法选择而产生的焦虑,我们不能期盼它的凭空消失,只有采取行动,才能在不断的调整中将焦虑慢慢消融。

8.8 课堂收获

1. 通过本单元的学习,反思在你以往的经历中,有哪些难以决策的事情源于自身不合理的认知?当前你是如何调整这些不合理认知?

2. 请选择你现实中一个属于决策类型的生涯困惑,使用决策平衡单对它进行分析和思考。

8.9 推荐阅读

1. 罗伯特 · C. 里尔登,珍妮特 · G. 伦兹,小詹姆斯 · P. 桑普森. 职业生涯发展与规划[M]. 北京:中国人民大学出版社,2010.

2. 贾杰. 活得明白[M]. 北京:北京大学出版社,2015.

第9章 制订计划与行动

9.1 知识点导读

(1)了解社会学习理论;

(2)了解社会认知职业理论;

(3)尝试积极把握偶然事件,促进个人生涯成长;

(4)能够了解个人以往的内外因素对个人发展的影响;

(5)能够使用生涯九宫格初步规划个人学业生涯发展;

(6)能够运用SMART原则合理制订行动计划;

(7)尝试以好奇、开放的心态面对生活中的各项新鲜事物。

9.2 生涯故事

建华是一名自动化专业的大二学生,他对自己的未来已经勾画出较为清晰的目标:博士毕业,成为专业领域内的科研专家。但是近期他还是在生涯成长方面遇到了困扰。建华认为学习是他擅长的事情,从小到大他的成绩一直保持在年级前10%,因此建华计划在大四年级获得保研资格。本学期建华每天都会安排3个小时以上的时间用于自习。同时,通过高年级学长的建议,他了解到在科研专家发展的道路上,进入实验室,进行科创研究是必不可少的工作。因此他本学期和高年级学长一起申报了一个科技创新项目,可是进入实验室后他才发现,搞科创并不简单,他每天不得不额外增加大量时间用于相关模块的专业学习,而且经常出现的故障使得他产生放弃科研项目的想法。

建华为人积极、热情,他在大一时就加入了学院的学生会组织,现在担任组织部副部长的职务;他还比较喜欢骑自行车,是学校自行车协会的成员。因为以往他对待学生工作的踏实肯干,他现在是学院学生会各项活动的骨干力量,同时也作为学校自行车协会的接班人重点培养。建华认为无论是学生会组织还是社团工作都是锻炼组织协调能力的有效途径,而且通过一年多的相处,他在这两个组织找到了归属感,结识了很多小伙伴,因此他并不想轻易放弃,但不可否认这些活动同样也占据了他大量的精力和时间。

建华家庭比较贫困,从大一开始他的生活费用就是靠自己做兼职和家教赚取支撑。他每周必须要外出完成两份家教任务,两份家教的工作地点都在距离学校较远的地方,每次辅导和往返时间加在一起大约就有小半天的时间。因此,建华现在每天都感觉非常的忙碌,每天都在马不停蹄的奔波中度过,甚至有段时间他觉得自己睡眠都是在浪费时间。现在的他感觉每一天都充满着匆忙与混乱,非常疲惫,他希望能够寻找到一种办法,既让他可以在自己目标的道路上努力前行,同时又不至于如此没有条理。

9.3 案例讨论

请仔细阅读前面的【生涯故事】,深入思考后与小组同学讨论,并把自己的观点记录在下面:

(1)你身边类似建华这样的同学多不多?你认为建华的问题出在哪里?

____

____

(2)如果你是建华的好友,你会给他哪些建议?

____

____

(3)对于当前的学习成长,你有哪些学习、科创、学生组织、社团或实习兼职等活动安排?

____

____

(4)对于众多你喜爱而且也非常有意义的工作,你是如何协调有限的时间呢?

____

____

(5)根据小组内成员的分享,你获得哪些解决类似问题值得借鉴的思路和办法呢?

____

____

9.4 案例总结

案例中的建华寄予学习成绩殷切期待;也伴随着初探科创领域的毫无头绪;还希望保留兴趣爱好的休闲时光,因此最终导致他身心俱疲的原因大致可以分为三个部分:其一,建华究竟要侧重学术研究还是侧重学生工作,当两者不能兼顾时,他必须要拥有一个明确的决策,这在第八章中已经详细介绍,我们不再赘述。其二,建华对科技创新活动的期待、怀疑、犹豫的情绪,表明这件事情对他而言尚且比较陌生,建华也没有培养出足够的兴趣,愿意发自内心克服各种困难。究竟应该如何应对类似的情况,这是我们本章的重点,后续将详细介绍。其三,建华希望在学习、工作之余还能够拥有从事个人兴趣爱好的时间,这是他对有张有弛平衡生活的需要,如何平衡个人的学习、工作与休闲,这部分内容将在第十章中介绍。

下面我们分析建华存在的第二个问题。可以发现建华非常喜欢自己的专业课程并且对未来的学习成绩具有很高的自信,然而对于从事科技创新活动却总是透露出迫于形势的无奈和些许的底气不足。其实建华的这些情绪归根结底都源于他以往的所有学习成长经历:建华从小到大一直保持着优异的学习成绩,长期处于学习佼佼者的位置使得他拥有良好的自学方法以及学习习惯,因此再面对今后的课程,他满怀自信,也期待能够获得保送研究生的资格,保障自己继续在学术研究的方向上发展。同时建华以往并没有接触过科技创新相关的活动,虽然从高年级学长那里听说过科技创新的诸多优势,但刚开始接触科创的他显然还没有摸到门路,在具体的实践过程中,建华时常碰壁,不具备科创活动所需要的专业知识,不清楚后续还将面临哪些困难,也尚未体会出科创对专业知识运用的促进。因此,在面对问题重重与时间不足时,建华首先萌生退出科创团队的想法,对于他的这个想法我们能够理解,但却并不支持。建华已经通过学长、老师等多方面了解到科创工作对于从事学术研究的重要意义,作为工科学生,这将是他躲避不开的课题。况且大学二年级是开启科创活动比较适宜的阶段,建华需要解决的问题是在合理取舍之后,学习时间管理的方法,以便对各种事情做出更加合理的统筹和安排。

9.5 生涯理论

前面案例中的建华对科技活动毫无把握,迫于今后的需求勉强加入科创小组,因此我们能够看出在当前建华对于科技活动并没有展现出内心的喜爱,但是我们不能因此而断定建华对科技活动不感兴趣,只能说他尚且处于对科技活动地探索当中,随着探索内容的深入他有可能培养出对科技创新的兴趣。关于人们的兴趣、行动和未来生涯道路发展之间的关联,美国著名的职业辅导理论家克朗伯兹提出了社会学习理论的观点。

9.5.1 社会学习理论

克朗伯兹整合了社会学家和心理学家的观点,认为个体的生涯发展是由社会因素和个人因素双方共同影响而决定的。一方面社会政治、经济、人文等环境因素会对个人职业选择过程发挥重要作用;另一方面个体的内在特质对生涯选择同样产生无法忽视的影响。最终克朗伯兹将影响个人生涯发展选择的因素归纳为四项:

1. 遗传因素和特殊能力

即为个体继承与父母的一些独特特质,包括种族、性别、形象外表、智商、特殊天赋等等。这些因素在一定程度上能够影响个体的某些职业选择及生涯发展。例如,男生去学习护理或幼师等专业,总会给人怪异的感觉。再比如,从事飞行员工作,对视力、身高、体型、健康状况等身体条件具有严格的要求。

2. 环境条件与偶然事件

是指一些人类活动以及自然力量的影响,包括教育和训练机会的数量和性质、工作机会的数量和性质、招聘选拔的政策和过程、不同职业的投资报酬率、劳动法和工会作用、地震以及洪水等物理环境的影响、科技的发展程度、社会组织的变革、家庭和教育系统的影响、邻居和亲朋好友的影响等等。大家都认可,家庭基本情况对个体生涯发展的影响不可忽视,例如个体出生在发达城市的中产阶层家庭还是在偏远山区的贫困家庭将对其未来的职业发展产生深远影响。另外像“改革开放”、“信息时代向概念时代转变”等重大社会经济变革或科技发展也将带来个体人生轨迹的转变。

3. 学习经验

我们所说的学习不仅是对专业知识的学习,还包括个体在日常生活中所积累的各种经验和认知。例如小朋友经过几次过马路的锻炼就会认识到在信号灯变绿并且从人行道穿行时会更加的安全和便捷，再例如某个学生在高中时期遇到一位随和可亲、积极乐观的英语老师，于是这位同学对英语产生了浓厚的学习兴趣，并且在高考时决定填报英语师范专业，打算未来也从事英语教育工作。还有某位同学在大学期间担任班长并组织了几次班级活动，获得同学们的一致认可，他会对组织、策划等相关工作形成自己的经验见解，并愿意以后参与更多的尝试。这些事例都是每个人在成长过程中积累的不同的学习经验，但每个人的学习经验又各具特色，这些涵盖广阔范畴的学习经验奠定了他们未来各自的生涯成长选择。

4. 任务取向技能

任务取向技能就是受到上述各种因素的交互作用，个体所锻炼出来的完成某项任务时的特定工作习惯、工作标准、价值观念、认知过程、心理状况以及情绪反应。例如大学英语六级考试这件事情，具有一定的难度挑战，初次参加考试的所有同学都没有经验可循。其中一部分同学积极面对困难，着手购置英语六级学习书籍、制定具体的学习计划、向高年级已经通过的学长请教学习经验、严格执行每天的英语学习目标，经过一段时间之后他们的英语水平将会有明显的提升，并且顺利通过考试。还有一部分同学碍于六级学习的难度和考试时间的宽松，则一味忽略拖延，直到考试临近才拿起书本准备复习，但短期的突击无法达到六级考试要求，因而他们很可能一次次失去通过考试的机会，最终彻底放弃英语六级考试。在这个事件中，我们能够看到不同的人表现出不同的习惯、标准、价值和心理状态，这就是他们各自不同的任务取向技能。

以上就是克朗伯兹的社会学习理论的主要内容，它帮助我们关注到影响个人生涯发展的各种因素，促使人们通过调整生命中的相关“重要事件”实现对个人生涯的把握和掌控。下面就请各位同学参考训练活动 9－1“画出我的生命线”，重新回顾组成我们当前人生的那些关键因素，并思考未来的人生，我们期待如何完成。

社会学习理论的重要意义在于，它从四个角度对人们的生涯成长提供有效的支持与帮助：

（1）促进人们扩展自己的能力与兴趣；

（2）帮助人们更好地做出准备，以应对社会政治经济变化带来的工作变动；

（3）帮助人们建立自信，鼓励以积极的心态采取行动；

（4）建议人们保持开放的态度面对偶然事件的发生。

9.5.2 社会认知职业理论

社会认知职业理论是在社会学习理论的基础上进一步细化提出的，它阐释了人们兴趣形成的过程与机制；人们探索职业目标选择的过程与机制；还有社会支持系统与就业市场在职业发展中是如何发挥的作用。当前尚处于生涯探索阶段的各位同学，了解兴趣的产生以及培养机制，对扩展未来生涯成长空间非常有必要。

社会认知职业理论与传统的霍兰德职业兴趣理论有相似的地方，两者都认同从兴趣出发选择与其相匹配的职业方向更符合人们在理想情况下的择业模式。但传统生涯理论设定的职业选择过程是：明确个人兴趣→寻找兴趣领域内的职业目标→执行职业选择行动。可见传统生涯理论对个人兴趣的理解较为刻板，它认为兴趣很大程度上是由个人先天特质决定的，即使后来受环境影响可以发生一定改变，但仍旧将兴趣视作相对稳定的因素，人们以兴趣作为稳定依据进行职业选择。与之不同的，社会认知职业理论在此基础上加入了动态的发展变化过程，将兴趣也作为中介变量，提出受自我效能和结果期待的直接影响，兴趣将会产生重要的变化。它认为随着人们参加某项具体活动的不断增加，随之针对该项活动的技能也会不断提高，从而获得的成功事件也会越来越多，最终人们将对该项活动的兴趣越来越高。社会认知职业理论强调行动，提倡在行动中拓展兴趣空间，开拓更多的职业选择，丰富生涯成长经历。下面就让我们学习社会认知职业理论的具体内容。

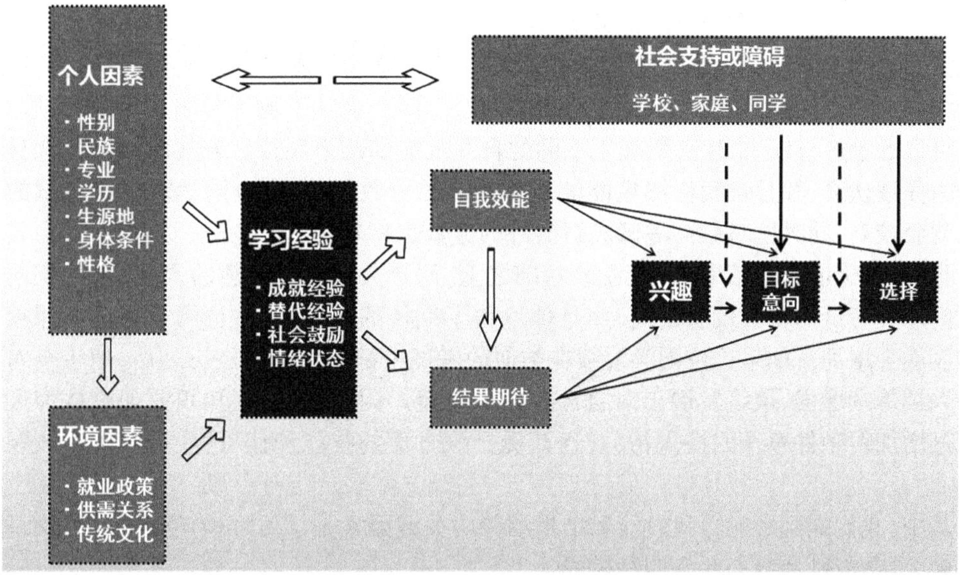

图 9－1　社会认知职业理论模型

社会认知职业理论与社会学习理论一样，都认可个人因素与环境因素对个体生涯发展选择所产生的重要影响，但是这两项因素都是客观存在的现实条件，个人无法进行改变。那么我们如何发挥个人的主观能动性改变自己的生涯发展选择呢？社会认知职业理论提出了两个概念：自我效能和结果期待。

自我效能是指个人在特定情境中从事某种行为并取得预期结果的能力，是个体对自身是否有能力成功地完成某个任务的信念和判断。在这里我们需要将自我效能与成就感进行一下比对，两者是截然不同的含义。自我效能是我们在做某件事情之前，对自己能力的推测和判断，也就是我们在完成这件事情之前的自信程度，例如一个学生参加学校演讲比赛，他在比赛之前对自身演讲能力的评估以及他对自己能否出色完成这次演讲活动的自信心就是他在这个事件中的自我效能情况。而成就感是指个体完成一件事情或者做一件事情时，为自己所做的事情感到愉快或成功的感觉，它是人们在完成所做事情之后的感受，例如，一个学生完成了演讲比赛，他在整个演讲过程中将情感发挥的淋漓尽致，获得现场阵阵掌声，此时感受到的喜悦和满意就是成就感。有些人在开启工作之初的自我效能感很高，雄心壮志、摩拳擦掌，但是缺乏具体的行动力，最终获得的成就感就很低。也有可能有些人在工作之初并没有很高的自我效能感，但通过稳扎稳打的行事作风，最终获得较高的成就感。

结果期待是指个人对参与的某项活动所设想的结果，例如上面事例中将要参加学校演讲比赛的学生,他认为本次比赛可以取得前三名的优秀成绩,或是认为自己勉强能够保持在中等的水平,类似的预期就是他对本次活动的结果期待。

当人们面对一件事情的自我效能和结果期待保持一致,且在较高水平的时候,人们才会对这件事情产生兴趣。也就是说,当他在做这件事情之前对自己充满信心,并且在完成事情之后还能够保证得到期待的结果,那么这个人自然就会对这件事情产生兴趣的强化。这就是社会认知职业理论提出的在客观因素之外,个人主观同样能够改变兴趣,并对生涯发展选择产生影响。

进一步,自我效能和结果期待又受到哪些因素的影响呢?社会认知职业理论认为人和环境交互作用的学习经验是它们的重要影响因素。也就是说自我效能和结果期待都是根据个体以往类似的学习经验获得的。面对考试,不同人会基于他平时作业掌握水平以及之前该科目的学习成绩,产生高低程度不同的自我效能和结果期待。若某同学以往课程作业完成的仔细认真,并且自我检测也能够获得较高的分数,那么这位同学对本次考试的自我效能就会较高,同时他对最终考试成绩期待的分数也将较高,反之亦然。也就是说,技能影响自我效能,价值影响结果期待,在此基础之上,两者共同影响兴趣的产生:当这位同学对于该门课程考试的自我效能很高,而且他取得了期待的高分时,这位同学对这门课程的兴趣程度就会增加。如果这位同学继续在类似的考试中都有相同的经历之后,他将会对本专业的兴趣持续增强,最终发展出对自己专业的喜爱。因此,社会认知职业理论认为人们可以通过增加对某件事情的投入精力,逐渐提升该方面的技能和认可度,培养出对该领域的兴趣。

其中,我们提到影响自我效能和结果期待的关键因素是学习经验,它包括成就经验、替代经验、社会鼓励和身心状态四种模式。

成就经验,是个人通过亲身经历获得成就感受的经验,它是提升自我效能最具有影响力的信息,为人们提供最为可靠的证明。对于一位高中经常组织班级活动并且每次活动都比较成功的学生而言,他拥有亲身体验过的成就经验,对自己的组织协调能力会给予正向积极的评价,相信有能力在日后处理好类似的问题。因此对于进入大学之后从事学生活动这件事情,这位同学将具有较高的自我效能和结果预期,他更有可能参加班级干部的竞选或参加学生会组织。

替代经验,也就是身边的榜样示范经验。在一些情况下,我们无法亲身经历某项活动,只能将自己与具有相似条件的他人进行比较,通过这样的比较结果产生一定程度的自我效能。例如,对于跨专业考研这件事情,作为大二年级的同学是没有办法经历的,这时大家会采取寻找身边相同专业、相似学习成绩、相似学习背景的学长咨询的办法,通过了解他们的跨专业考研结果来评估自己可以成功的可能性有多大。若大多数人都成功跨专业考取研究生,那么我们对自己未来成功的信心就很大,反之就会越小。以目睹或想象相似他人的成功表现,达到提高观察者自我效能的做法就是替代经验,观察者与榜样的相似性越大,榜样的成败就越具有说服力。

社会鼓励,就是重要的人对个体的能力表示的认可和肯定。当我们参加一次科创竞赛并且获得名次的时候,对我们而言的重要他人就是辅导员、参赛队友、指导教师、家人亲友等,这些重要他人对我们的积极正向的评价都将有效促进自我效能的提升。而且给予鼓励的重要他人的身份、可信性以及他们对活动的了解程度都将直接影响社会鼓励的效果。

身心状态,人们判断自己的能力时,会受到当时胜利和情绪状态所传达的身体信息的影响：紧张不安和内心焦躁的情绪会带来较低的自我效能；舒缓放松和内心镇定的情绪会带来较高的自我效能。同样完成英语模拟考试，当睡眠充足、精神放松的状态下我们的自信心会比焦急疲惫、情绪低落时高出很多。生理指标对健康、力量和韧劲活动的自我效能判断产生影响，情绪状态则在更为广泛的活动领域中发挥作用。

社会认知职业理论强调个体与社会环境的动态影响，它阐释了人的认知调节和具体行为是在自我效能和社会环境的双重影响之下体现出来的，人们不仅需要重视个人能力和回报等客观因素，更应当关注社会认知相关的各个中间变量对个人生涯发展产生的影响。社会认知职业理论是建立在心理学、社会学、经济学等学科理论之上的一个动态的理论框架，展示了个人如何形成兴趣，强化能力和价值，最终做出职业选择的过程。

在社会认知职业理论中，自我效能、结果期待、个人目标这三个概念是核心根基，也是在生涯选择时主导个人能力发挥的主要机制，其中自我效能对个体而言有更强的操作性，它的提升方法相对比较容易掌握，因此对于该理论，人们更喜欢通过提升自我效能来增强个人对学习、生活以及工作的掌控力，增加个人面对挫折、挑战的自信心，从而提升人生幸福感，促进个人的生涯发展。在本章起始的案例当中建华同学对科技创新的矛盾情绪，其实就可以通过增加科技创新方面的成就经验、替代经验、社会鼓励以及身心状态四个方面的学习经验，以期提升在该方面的自我效能，最终培养出对科技创新的兴趣，从而保障攻读博士，进入科研专家行列的成长目标顺利实现。

对于各位同学而言，大家尚且处于人生亟待展开的起始阶段，当前的兴趣方向仅代表大家从以往经历中所获得的感受，但世界之广阔、科技之迅速，我们尚未见识到许多新鲜事物，因此大家不能过早停止个人兴趣的探索，将自己的职业兴趣和未来发展道路限制在狭小的范围之内，下面请大家参考训练活动9－2“重新判定我的兴趣”，找出那些我们缺乏真正了解却过早否定了的兴趣选项，之后完成训练活动9－3“大学生涯九宫格”的填写。

9.5.3　行动计划的制订原则

本章案例故事中的建华在树立了通过增加实践活动培养科创兴趣之后，他的问题并没有彻底解决，建华仍旧面临的困惑是去如何制订符合自身特点的行动计划。在此向大家介绍行动计划制订的目标管理法，即SMART原则。

SMART原则在1954年由美国管理大师彼得·德鲁克在著作《管理实践》中提出。通过SMART原则的运用，我们能够更加明确、高效地了解工作内容，同时也能够更好地考核以及评估个人的行动实施效果。SMART原则要求制订的计划必须符合明确的、可衡量的、可实现的、相关联的、有明确时间限制的五个标准。

1. 明确的(specific)

制订的计划需要用具体、清晰的语言进行说明，而不能模棱两可、笼统的概念替代。例如，某同学以“提高英语听力水平”作为自己的英语学习计划，显然这个标准并不清晰明确，也很难通过某个标准来具体检验他是否实现了计划目标。若将这个计划改为“每天背诵英文单词30个，大声朗诵英语文章30分钟，跟随VOA广播边听边写练习40分钟，最后达到听懂BBC等英语新闻广播”，可以看出修改后的行动计划变得更加明确具体，人们在执行之时的目标性也更加清晰。

2. 可衡量的(measurable)

为了方便评价是否达到了预期的目标，我们需要将计划变得能够衡量，最简单的方法

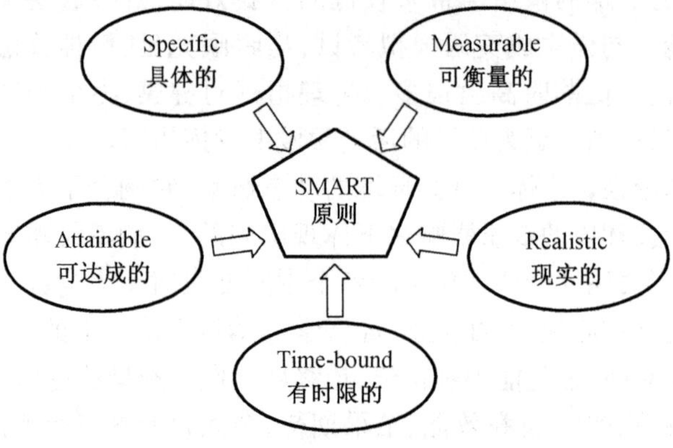

图 9-2　SMART 原则

就是以具体数字来描述计划的具体要求。例如,“提高我的学习成绩”这个计划就非常难以衡量,究竟提高到怎样的水平才能够符合这位同学的内心要求呢?如果该同学的最终成绩是某专业课程刚刚及格,而平均成绩比上学期提高了 0.5 分,那么他是否算达到了目标呢?由此可见“提高学习成绩”这样的计划并没有提供可以参考衡量的标准。若改为“专业课程均保持在 80 分以上,选修课程达到 90 分以上,平均成绩比上学期提高 3 分”这样他就拥有明确的行动方向,而且也可以准确客观地评价是否达到了自己的目标。

3. 可实现的(Realistic)

可实现的是指我们在行动中既具有一定挑战能够充分调动自身的积极性与潜力,又不至于超出能力范围而打击自信心。可实现的目标需要根据个人的能力特点而定,具有一定难度也符合现实制约。例如制订一个“每天跑步 5 公里”的行动计划,需要了解执行者以往的锻炼习惯以及自身身体素质,若对于一个长期参与各种体育竞赛,日常保持 5 公里以上慢跑习惯的运动员而言,这样的计划并不能提高他的体质提升要求,也无法带来挑战的热情。若对于一个很少参与体育锻炼,体育测试很难达标的同学而言,这份计划反而给他带来巨大的压力,最终只能变成一张废纸而束之高阁。

4. 相关联的(Attainable)

计划制订的相关性是指实现此项小目标与其他小目标的关联情况。如果实现了这项小目标,但与其他计划毫不相关,甚至矛盾冲突,那么这项计划的执行就毫无价值。例如,你制订本学期促进专业课程学习的计划,可以涉及到专业学习的自习安排;可以涉及到提升体质的体育锻炼;可以涉及到张弛有度的娱乐休闲;可以涉及到实践研究的科技活动;也可以涉及到协调工作学习的社团工作,但是若突然加入一项考取教师资格证书的条目似乎就与这份计划的实施没有多少关联,反而占用了时间和精力。

5. 有明确时间限制的(Time - bound)

我们只有确切的最终期限,才能够坚定自己落实完成的决心。明确的时间限制就是根据计划要求设定合理的时间限制,以此加强执行者的紧迫感。对于大学的成长,我们有许多的小目标要去实现,例如通过英语四级考试、通过英语六级考试、完成专业课程学习、提升人际交往能力、探索职业世界地图、划定个人发展方向……但是我们不能不设期限地将所有事情向后拖延,总认为“在毕业前再完成”。所有的小目标都有落实它最为合适的时期,我们可以将它们分配在大学的不同阶段,设定具体的实现时间,步调均匀地度过美好并且充实的大学时光。

在上述 SMART 原则的 5 个标准之外，学者们后续增加了制订计划的第六个标准，即可控的。可控是指我们对计划目标的实现因素具有控制能力。例如，“我要在本学期成为某某的男朋友”这个计划就不符合可控性的标准，因为成为某某的男朋友这件事情的决定权在于对方女生，而她完全有拒绝的可能。若将计划改为“在本学期创造与她共同自习的机会，并向她表白”，这就是执行者本人可以控制的计划。可控性的原则表明：我们能够控制的只有自己，不要将目标的实现寄托于他人的帮助，而要学会自己去负责。

通过以上六个标准制订的行动计划能够有效增强人们目标的实现，而且随着计划的实施，我们能够时刻评估自己获得的进步与不足，进行更加合理的调整。下面请大家参考训练活动 9 －4“制订我的行动计划”。

9.6　训练活动

训练活动 9 －1　画出我的生命线

（1）请在白纸正中间位置画出一条直线，这条直线的长度代表你当前年龄的长度。将这条直线标注出刻度，你可以按照一年一个刻度进行划分。直线的左端起始位置代表你生命的起始，你可以在此标注为“0 岁”，直线的右端代表你当前的年龄，你可以在此标注为“＊＊岁”。

（2）回顾你过往生命历程中关于“遗传因素和特殊能力”引起发生的重要事件，并在相对应的年龄刻度上进行标注，对你产生积极正向影响的标注在直线上方，对你产生消极负面影响的标注在直线下方。

（3）回顾你过往生命历程中关于“环境条件与偶然事件”引起发生的重要事件，并在相对应的年龄刻度上进行标注，对你产生积极正向影响的标注在直线上方，对你产生消极负面影响的标注在直线下方。

（4）回顾你过往生命历程中关于“学习经验”引起发生的重要事件，并在相对应的年龄刻度上进行标注，对你产生积极正向影响的标注在直线上方，对你产生消极负面影响的标注在直线下方。

（5）回顾你过往生命历程中关于“任务取向技能”引起发生的重要事件，并在相对应的年龄刻度上进行标注，对你产生积极正向影响的标注在直线上方，对你产生消极负面影响的标注在直线下方。

（6）分析一下上述四个影响个人生涯发展的因素中，哪类因素对你的影响最为强烈，它是有力地促进了你的发展还是对你的成长造成了阻碍。

（7）思考以上这些因素促成的事件如何影响了你相关的选择，它们是如何使得你成为今天的样子。

训练活动 9 －2　重新判定我的兴趣

（1）重新打开你的霍兰德职业兴趣测评量表，找到测评量表中第二至第四部分的内容，重新审视“你所感兴趣的活动”、“你所擅长或胜任的活动”、“你所喜欢的职业”三部分的选项说明。

(2)看看哪些属于你并没有亲身体验过,仅仅是依靠直观印象或他人评价就给予否定的选项,对于这些选项排除那些你确信非常厌恶的内容,尝试对其他选项改为肯定和认可。

(3)重新核算你的霍兰德兴趣测评分数,画出新的霍兰德职业兴趣分布曲线图,并标出调整后的霍兰德职业兴趣代码,比较之前的测评结果,你有哪些发现。

(4)除此之外,你还有哪些新的兴趣方向打算体验和尝试?

(5)对于这些有待培养的兴趣方向,你初步有什么计划和安排?

训练活动9-3　大学生涯九宫格

大学生涯九宫格其实是根据舒伯的生涯发展理论演化而来,它是生涯彩虹的横截面,表示在某一确定时刻中,人们所需要完成的各项工作。大学生涯九宫格可以用于填充精彩多元的高校生活,具体介绍将在下一章涉及,大学生涯九宫格也可以用于全面规划我们的在校生活,这部分功能将在下面着重介绍。下面请参考上一个训练活动中你发现的新的兴趣培养目标,结合本学期的学习工作内容,完成这份表格。

表9-1　大学生涯九宫格

学习进修	职业发展	人际交往
个人情感	身心健康	休闲娱乐
财务管理	家庭生活	服务社会

(1)第一个“学业进修”,请回顾本学期你的课表上要求学习的主要课程都有哪些,除此之外还有哪些是你计划额外学习的内容?请将它们简要填写在对应的空格当中。

(2)第二个“职业发展”,大学的时光就是要为你将来的职业选择做好铺垫和准备,为了更好地探索职业世界,你在本学期将计划开启哪些实习实践或是调查访谈工作?

(3)第三个“人际关系”,已经成年的我们,不再简单地把人际关系定义为非好即坏,也开始学习与那些价值观念不同的人们和平友好地相处在一起。请你思考当前带给你最大困扰的相处个人都有哪些,如果能够更加平和、舒适地与他们生活在一起,你可以做哪些改变？

做到了以上这三点，并且每项都能够达到及格，说明你可以成为一名合格的大学生，即完成学业要求，拥有职业目标，学会人际交往。

（4）第四个“个人情感”，除了普通的人际关系之外，我们都会有亲密的感情维系，比如与我们的挚友之间，再比如与我们的恋人之间。如何更好地建立、保持或修复这份情感，是我们必修的功课。你往往通过什么样的方式获得一份友谊？你与挚友、恋人之间存在哪些误解或缝隙吗，打算在本学期采取什么样的修补措施？

（5）第五个“身心健康”，所谓“身体是革命的本钱”，保持良好的健康状态是我们成就一切事业的基础。健康的状态不仅指身体的健康，还包括心理的放松与舒适。为了保证身心的健康状态，你以往都有哪些锻炼方式？本学期你打算进行什么样的锻炼安排？当面对压力与困境，你将如何排解心中的负面情绪？

（6）第六个“娱乐休闲”，这是一个与兴趣相关的话题，在紧张学习工作之余，我们需要恰当的娱乐项目放松自己，使生活变得张弛有度，丰富充盈。你的兴趣爱好都有哪些？它们是否都符合积极、健康、向上的标准？你将如何安排娱乐休闲对学习的调剂？

做到以上这六点，并且每项都能够达到及格，说明你已经成为一名优秀的大学生，在满足基本大学教育基础上，懂得维系深厚的情感，能够保持身心的健康，学会合理调节忙碌与空闲。

（7）第七个“家庭关系”，家庭是人们动力的来源，步入大学之后，我们开始学会与父母的相处由从前的“小孩与大人的相处”变为“成人与成人的相处”模式。回顾以前你曾对父母的抱怨与不满，现在是否能够站在他们的立场上更加地体谅？本学期你打算怎样持以更加尊重的态度与他们沟通理念的不合以及情绪的不满？

（8）第八个“个人财务”，随着步入大学，你已经开始管理自己每月甚至每学期的生活费用，日后你更需凭借个人本领获取生存的物资，财务管理是生活必不可少的技能。当前你每个月的财务状况如何？你通过哪些方式系统管理自己的账目？为了创造更好地生活条件，你在本学期有哪些开源或是节流的财务计划？

（9）第九个“社会责任”，作为社会的成员，我们有义务维护社会的和谐发展；作为受到高等教育的大学生，我们更应该承担更多的社会责任。你曾参加过哪些志愿服务活动？在本学期你计划参加哪些公益组织或社会团体，让自己的人生变得更加富有意义？

____

____

以上九项全部都能够做到的学生，才算卓越的大学生，他具有明确的学习方向，能够建立良好的情感交流，拥有平衡的学习生活，掌握必要的生活技能，创造充满意义的个人价值。

训练活动 9－4　制订我的行动计划

根据训练活动 9－3 大学生涯九宫格的填写内容，选取九个事项当中的一项，制作你本学期的行动计划。

(1)确定你选择制作行动计划的项目是______________________________

(2)根据本学期的时间安排，将你选择的项目划分为哪几个阶段进行：

第一阶段：__月__日至__月__日，主要工作是：______________________

第二阶段：__月__日至__月__日，主要工作是：______________________

第三阶段：__月__日至__月__日，主要工作是：______________________

(3)对于第一阶段的工作，我们可以进一步将时间进行细化，你可以按照一个星期作为时间节点，也可以根据事项步骤进行划分，等等。至此，你可以将第一阶段的工作细化为具体哪些小目标？请按照时间先后顺序写出。

小目标 1：______________________________ 时间：__________

小目标 2：______________________________ 时间：__________

小目标 3：______________________________ 时间：__________

小目标 4：______________________________ 时间：__________

小目标 5：______________________________ 时间：__________

……

(4)按照制订计划的 SMART 原则，你可以根据自己的生活习惯和做事风格，将第一阶段分解后的小目标进行详细描述。

小目标 1：______________________________________

____

____

小目标 2：______________________________________

____

____

(5)你根据你对第一阶段设定的时间期限，你将根据哪些标准评估该阶段计划实施的效果？

____

____

(6)经过你的评估，你将对后续计划做出哪些调整？

____

____

9.7 深度阅读

社会认知职业理论认为生涯发展的目标“在于增进当事人对技能、兴趣、信念、价值、工作习惯与个人素质的学习，期待每一个当事人能够在快速变迁的社会中，创造出幸福美满的生活。”基于这样的观点，我们可以获得关于大学生涯发展的如下启示：

大学期间，我们不能受限于当前的兴趣、能力来圈定未来的职业方向，而应该尝试扩展更加广阔的兴趣、能力空间。大学阶段是人们开拓视野，将认知从书本理论转向社会体验的重要时期。此外，当前社会经济的巨大变革，使得人们的生活模式产生了迅速、颠覆性的改变。这些因素促使大学生在兴趣、能力方面都将快速发展和变化。大学生应该抓住这个阶段的成长特点，有意识地拓展个人兴趣、能力范畴，为日后的职业方向提供更多的发展空间，决不能仅仅依据现有特质，狭隘地给自己设置过多限制，过早屏蔽掉其他的可能。例如，在学生进行兴趣方面的自我探索时，经常会被问道，“是否喜欢用机械加工工具”、“是否喜欢蹦极”、“是否喜欢饲养小动物”等类似的问题，同学们会根据当前情况选择出“喜欢”的条目。但是对于那些“不喜欢”的条目，却存在两种情况：一种是“我体验过，并且的确不喜欢”，另一种是“我对这个方面没有亲身体验过，不知道是否会喜欢它，所以不想将它划分在‘喜欢’的范围内”。由此可以看到，许多我们认为自己不感兴趣的事物，实质上仅仅是缺乏对它的了解和亲身感受。这些所谓“不感兴趣”的事物不应该被我们过早地排除在个人职业方向之外，它们应该被列为“待开发领域”，然后在大学期间得到有意识的体验。在大学期间，我们可以通过自我归纳、生涯测评、生涯咨询等方法看清当前自我兴趣，在此基础之上，通过社团活动、课余兼职、休闲旅游等机会多走走，多看看，使自己经历更多，体验更多，由此扩展出更多的兴趣空间。生涯发展就是不断获取新的知识，接受新的挑战，培养新的技能，使得人们适应环境变化的能力越来越强，拥有丰富愉悦的人生。

为了能够适应当前日新月异的时代变迁和不断更新的职业要求，我们必须培养快速的事业应变能力。当前的时代是一个变化巨大的时代，之前大学生判定自己未来所需具备的职业技能，往往参考此时该岗位的工作内容就可以获得相差不多的答案，然而随着人工智能、生物工程等科技的发展及应用，职业世界的岗位变革越来越迅速以及彻底。因此当前同学们在校园里得到的职业信息、储备的职业技能必然无法满足毕业后的职业要求。这种情况下，大学生不能依据传统，期望在当前条件中培养的专长可以适用于未来的职业竞争。保持终身学习的心态，有意识地让自己经常接受不同能力的训练，培养快速的职业应变能力，是当前大学生涯发展需要的重要素养。

生涯选择不可能有万无一失的保证，相比于纠结哪个才是获得完美结果的途径，不如在切实的行动中感受生命的成长。对于未来的未知和环境的变革，人们总希望能够通过测评或专家指导，代替我们选出一条最适合的发展道路，人们也常常止步于各种测评结果或生涯选项之前，迟迟不愿采取行动。其实人生的发展并不是非黑即白，也没有非对即错，与其彷徨犹疑，不如选择其一以行动去突破自我，因为每一处转角除了挑战还隐藏着机遇，很多人就是因为意料之外的尝试从而打开一扇通往别样绚丽人生的大门。

我们需要保持包容、开放的心态，面对生涯成长中的每一个偶然事件。在绝大多数人看来，生涯规划的核心应该是设定出一个明确的目标，然后按照既定的计划与轨迹前行。

这样的认知使得人们不希望成长的道路中出现意料之外的偶然事件。可是对于每个人而言,偶然事件的发生是必然,我们无法控制偶然事件的发展。从某种角度来讲,我们之所以成为今天的我们,恰是由过去的每一个偶然事件促成的。所以,人们不仅不需要提心吊胆地规避偶然事件,反而可以在心中预演着期盼的场景,抓住机遇,主动创造偶然事件。不可否认,马云缔造的电商神话离不开上世纪末的互联网时代大发展的社会经济大环境,但是如若没有马云在从事翻译工作的几年中对国外经济的观察,形成了敏锐的市场洞察力,再好的机遇也将就此悄无声息地溜走。因此,规划与偶然并不矛盾:在已知的领域内,我们合理规划,成为不再随波逐流的浮萍;在未知领域中,我们悦纳偶然,成为包容、乐观并且善于把握机缘的探索者。偶然事件很可能带来一个新的生涯发展轨迹。在今后的学习生活中,我们可以有意识地训练自己的好奇、坚持、弹性、乐观、冒险等品质,这些品质都可以帮助我们尽快发现偶然事件的存在,争取到更多的时间去规划那些偶然事件。

9.8 课堂收获

1.通过本单元的学习,按照 SMART 原则反思,你以往那些没有坚持下来的行动计划,可以进行哪些调整或完善?

2.根据大学生涯九宫格当中的九项发展任务,你可以对本学期制订怎样的行动方案?

9.9 推荐阅读

1.谢尔.过你热爱的生活[M].北京:中国轻工业出版社,2004.

2.古典.跃迁:成为高手的技术[M].北京:中信出版集团,2017.

第10章　生涯的平衡

10.1　知识点导读

(1)了解生涯发展理论关于生活空间的理念；
(2)理解生涯平衡的概念；
(3)能够使用生涯角色饼图,促进生涯满意度的提升；
(4)能够使用生涯平衡轮和日程表有效协调日常的学习生活；
(5)尝试通过各种生涯工具的运用,探索更加充盈多彩的大学生活。

10.2　生涯故事

在此我们继续使用第八章的故事,解决建华同学的第三个问题:

建华是一名自动化专业的大二学生,他对自己的未来已经勾画出较为清晰的目标:博士毕业,成为专业领域内的科研专家。但是近期他还是在生涯成长方面遇到了困扰。建华认为学习是他擅长的事情,从小到大他的成绩一直保持在年级前10%,因此他计划在大四期间获得保研资格。本学期建华每天都会安排3个小时以上的时间用于自习。同时,通过高年级学长的建议,他了解到在科研专家发展的道路上,进入实验室,进行科创研究是必不可少的工作。因此建华本学期和高年级学长一起申报了一个科技创新项目,可是进入实验室后他才发现,搞科创并不简单,他每天不得不额外增加大量时间用于相关模块的专业学习,而且经常出现的故障总是打乱每天的日程计划,甚至使得建华产生放弃科研项目的想法。

建华为人积极、热情,在大一年级就加入了学院的学生会组织,现在担任组织部副部长的职务;他还比较喜欢骑自行车,是学校自行车协会的成员。因为以往对待学生工作的踏实肯干,建华现在是学院学生会的骨干力量,同时也作为学校自行车协会的接班人重点培养。建华认为无论是学生会组织还是社团工作都是锻炼组织协调能力的有效途径,而且通过一年多的相处,他在这两个组织找到了归属感,结识了很多小伙伴,因此他不想轻易放弃,但不可否认这些活动同样也占据了他大量的精力和时间。

建华在生活上非常自立,从大一开始生活费用就是靠自己做兼职和家教赚取。他每周都要外出完成两份家教工作,同时每天还要花费一些时间与女朋友相处、处理个人生活琐事等等。建华认为生活的琐碎事情破坏了他完整的时间,甚至觉得睡眠都是浪费时间,而又不得不去完成,他每天都非常忙碌,非常疲惫。因此建华希望能够寻找到一种办法,既让可以在自己目标的道路上不断前行,同时又可以舍弃那些繁杂的事情,让生活更加有条理。

10.3 生涯故事讨论

请仔细阅读前面的【生涯故事】,深入思考后与小组同学讨论,并把自己的观点记录在下面:

(1)你如何看待建华希望保留自行车协会社团骨干的身份,以及保持每周固定的兼职工作?

____

____

(2)如果你是建华的好友,对于社团和兼职带给他的困惑,你会给他哪些建议?

____

____

(3)你是否存在个人休闲与工作学习难以协调的矛盾冲突呢?请举例说明。

____

____

(4)你如何在有限的时间中协调兴趣与专业的冲突?

____

____

(5)根据小组内成员的分享,你获得哪些解决类似问题值得借鉴的思路和办法呢?

____

____

10.4 案例总结

在前一章节中我们已经分析了案例故事中建华存在的三个问题:第一,学术研究和学生工作的取舍;第二,科技创新能力、兴趣的培养;第三,学习工作与休闲娱乐的平衡。今天我们将着重探讨第三个问题。

首先,建华存在认知的偏差。他重视学习、科创等活动,认为这些是有意义的事情,但同时建华将休息,甚至睡眠看做是毫无用处甚至浪费时间的事情,这个观点是不正确的。人生幸福价值的追求,不仅是成绩、成就等外显事物的获取,心灵的充实,情感的丰盈同样是美好生活的必备条件,建华不应该将美好的人生完全限定在学习成绩这一个标准之上,他可以尝试着拓宽视野,发现那些在生活中也能带来成就感与幸福感的小确幸。

其次,建华缺少有效管理时间的工作方法。尽管建华经过了审慎的决策,排除掉诸多不符合其发展方向的干扰因素,但他每天仍旧面临许多有待完成的任务。这不仅是建华面临的困扰,大多数处于当前时期的大学生都会受到类似的干扰:原本完整的学习时间被各种琐碎事项割裂。更好地分配各种角色所占用的精力,如何更有效地利用零散的时间。这是大学期间我们需要学会的重要技能。随着个人的成长,大学生肩负的责任将越来越多,承担的工作也越来越复杂。未来大家面对的条件将比现在更加严峻。本章后续会介绍一种解决该类问题的方法——“角色饼图”,同学们可以参考训练活动 10 - 1 进行练习。当然,解决角色平衡、时间管理的方法还有诸如“时间管理四象限”等很多方法,大家可以参考本章推荐阅读的书籍详细学习。

学习与休闲是我们日常生活中经常讨论的话题,但往往人们总会将两者放在对立的两端,认为鱼与熊掌不能兼得,但是人们又总会不可避免地为缺失的另外一项而倍感遗憾。其实,无论是学习还是休闲都是生活的一部分,就如同上一章节“大学生涯九宫格”活动所体现,包括情感、职业、健康、责任等九项内容共同构成了我们每天、每周、每月、每年的生活,而所有这些串联在一起,组成了我们独一无二的人生。学习与休闲对我们而言并不是二选其一的选择题,而是根据当前侧重点,进行协调、平衡的论述题,毕竟有张有弛的生活,才能带给人们幸福和喜悦。

10.5　生涯理论

在本书的第一章节,我们介绍了生涯辅导理论大师舒伯所提出的生涯发展理论,他通过构建生涯彩虹图展示了“生活广度”和“生活空间”两个理念。前面我们学习了生活广度的相关知识,了解了人生可以划分为不同的成长阶段,每个阶段都有当时最为关键的生涯发展任务,同时为了下一个生涯阶段更好地发展,人们需要在当前阶段做出充足的准备。在本章我们将关注生涯发展理论的另一个重点:生活空间。

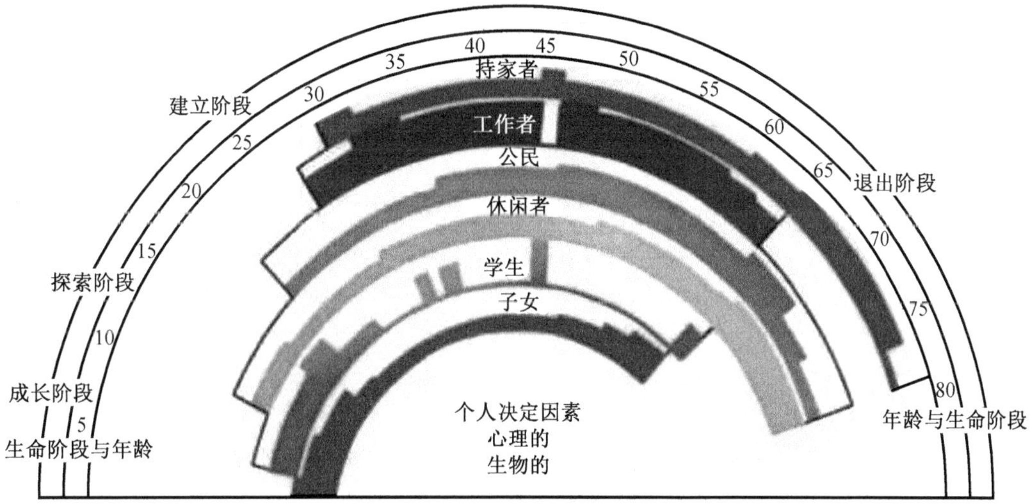

图 10 - 1　生涯彩虹图

如果我们继续观察生涯彩虹图会发现在每个具体时间节点上,人们往往同时承担着多种生涯角色,例如,当前同学们是大学生,但除此之外还是父母的孩子,是需要娱乐放松的休闲者,还是承担一定社会责任的公民。对此,舒伯认为人们在其一生当中必定会承担 9 种主要的角色,分别为:儿童、学生、休闲者、公民、工作者、夫妻、家长、父母、退休者。无论人们愿意与否，从进入校园成为学生开始，大家就无法摆脱多种角色在不同场合的切换，并且随着年龄的增加，加之身上的角色将越来越多。即使在退休之后，人们因工作任务的减轻卸下许多身份，但终究需要承担父母、夫妻、公民、休闲者等角色，一直延续至生命的终点。

众多的角色塑造了我们丰富多彩的人生。相比于两点一线的学习生活模式，我们更向往那些充满欢笑与激情的运动场、宁心静气的展览馆、舒缓胸怀的野外自然。广阔的生活空间带给我们更多的角色体验，但同时也挑战着我们面对不同角色时的统筹分配能力。因为时间和精力的限制，人们无法对所有的角色都做到百分百的投入，只能根据自身的价值观调控每个具体时段不同角色间的比重，例如，有人重视事业，那么他将在学习或工作上投入大量的精力与时间；有人重视家庭，那么他即使求学在外也经常花时间和家人联系，并且打算毕业后在家乡附近工作；还有人只是想拥有更多的个人经历，那么他会比较平均的分配个人时间和精力，在各类活动中都能看到他参与的身影。

人们一方面无法摆脱追求幸福的过程中对众多角色的需求，另一方面也被要求按照个体特质对不同角色进行排序和取舍。因此影响人们生活满意度质量的并不是失去了什么，而是失去的原因，以及如何在其他方面获得情感的填补。只有找到当前阶段的生涯发展重心，并且合理分配不同角色的侧重点，人们才能悦纳那些生命中的“求不得”，顺利度过成长的每个阶段。舒伯所描绘的生涯彩虹图代表了大部分人们的典型生涯历程，但具体到不同的个体，每人都将展示出一幅独一无二的生涯彩虹画作。

为了帮助人们更加形象、清晰地探索自己的角色分配方案，找到个人的平衡点，学者们将人们在不同维度上对生涯角色的需求进行归纳和提炼，提出了生涯四度的概念，它们分别是：生涯高度、生涯深度、生涯宽度和生涯温度。

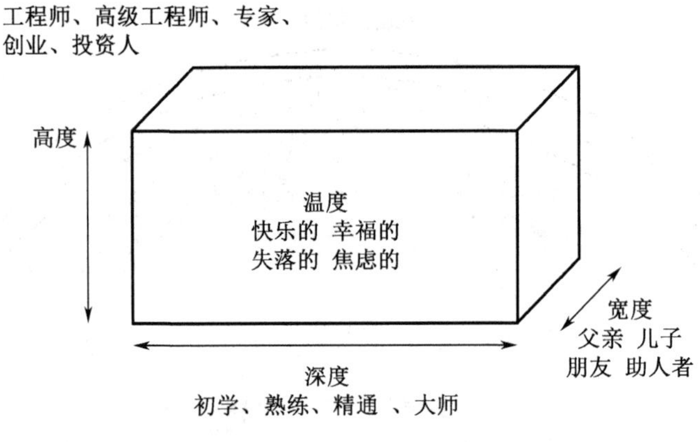

图 10－2　生涯四度

1. 生涯高度，是指人们对更大平台、更广资源、更强影响力的追求。这样的生涯追求，意味着他们将在职业中投入更多的精力和热情，致力于将职业发展成事业。他们愿意在职场中不断向上攀登，以进入实力更强者圈子，拥有更加广博的资源，具备更加有效的号召力和影响力。拥有这样生涯追求的人，在大学期间的表现就是热衷于校园学生会或社团工作。他们能够在低年级担任部员时就满怀热情地投入到每一次活动当中，他们更愿意成为社团骨干的可靠助手，出色地完成每个任务，以此得到认可，获得提升的机会。最终追求高度的同学大都成为学生会、社团的领导人物，组织策划着校园中丰富多样的学生活动。

对于生涯高度的选择，会给人带来强烈的自信心和成就感，在事业上也能够拥有较高的地位和回报，但对“工作者”角色的过多投入，使得人们忽略身为夫妻、父母、休闲者等其他角色的关注，最终绘制出的生涯彩虹图也将是只有一种色彩的单调画面，终将人生感到孤独和苍凉。

2. 生涯深度，是指人们在自然科学、社会科学等专业领域对思想、技能的精深追求。这样的追求，意味着他们渴望获得更多的真知，以及对相关领域终极认知的无限靠近。他们渴望探索真理，追求极致，更愿意通过个人的研究与努力发现更加深奥、真实的事物本质，在学识的海洋中不断深潜。这样的生涯追求造就了一代又一代的学术大师，它在大学期间的体现就是那些发自内心对于学术研究或是科技创新的热爱。怀有这样追求的同学，或是乐此不疲地沉浸在各种逻辑、原理的推演之中，或是沉迷在解决科创难题的反复推敲尝试之中，他们大多选择通过学历的提升，将某领域的研究不断深入。

对于生涯深度的选择，满足了人类探求真理的天性，在不断的探索研究中，也能够培养严谨、缜密的逻辑思维能力。但随着研究的不断聚焦，人们的视野将越来越狭窄，这使得他们的生涯选择范围越来越小，限制了转换职业的空间。

3. 生涯宽度，是指人们对更多角色的体验、感受的追求。这样的追求，使得人们愿意认真参与生命中的每一个角色：在求学时，就当一名上进的学生；在工作时，就做一个负责的员工；在休闲时，就果断放下所有羁绊；在家庭中，就耐心地陪伴家人。除此之外，他们对许多新生的事物同样好奇，愿意为生涯注入更多的色彩。这样的生涯追求，使得他们总是拥有一份淡然，虽然参与了生命中的许多活动，但似乎在任何活动中都并不执着于回报。在大学期间，怀有这样生涯追求的同学，经常同时参加多个社团组织，此外，他们也积极参加各类竞赛和活动，他们会出现在许多场馆，却并不一定是其中的骨干成员，他们经常的口头禅就是“没什么事就多体验体验吧”。

对于生涯宽度的选择，人们可以充分体验生活的多姿多彩，也更加容易调整沮丧和失败的情绪，因为他们在某一领域的失落情绪，能够快速在其他领域得到填补。但往往因为他们铺展开的人生角色太多，使得有限的精力更加分散，终将在忙忙碌碌中，事事平庸，引发挫败的情绪。

4. 生涯温度，是指人们对内心精神世界的追求。这样的追求意味着人们关注心灵的自由以及生命的意义，更希望无论从事哪方面的工作都能够保持自我的真实样子，这样追求的人们往往生活得更率真、恣意、鲜活、个性化突出。这是生涯最内在的一个维度，也是人们关注最少的一个维度。对于生涯温度的选择，可以使人们保持激情与自由，提升幸福感，但过多的倾注也容易使人变得过于自我和漂泊不定。在大学阶段侧重生涯温度的同学，经常会有意识地保持自我觉察，他们更愿意尊崇内心的想法，去完成自己认同的工作、经营自己的兴趣所在。但生涯温度的追求也是大学生们很难把控的尺度，在大学生没有经过前期的磨炼和积淀就过早倾向于生涯温度的追求时，容易导致内耗，流失掉大量的青春资本和时光。

以上就是生涯四度的概念，它将个人比作容器，在个体精力和时间有限的前提下，容器的容积是固定的，每个人可以在固定的容积中塑造自己希望的容器外形：任何一边的突显都是以另外两边缩减为代价的。往往导致生活难以平衡的原因，就是人们只看到了某一维度的重要性，使得原本立体的人生变得只能在一个方向上延续。因此生涯成熟度高的人懂得从不同维度获得生涯温度的提升，最终拥有一个立体的生命呈现。

因此舒伯的生涯发展理论告诉我们，虽然人们在不同阶段需要承担不同侧重点的角色任务，但生活绝不是单一的颜色，我们总会有其他身份角色将生活填充的更为多样。倘若人们能够合理地协调不同角色，将得到充盈完满的人生，倘若没有妥善解决角色间的冲突，人生将变得苍白单调或是混乱无序。对于大学生而言如何具体平衡个人生涯，大家可以参考训练活动 10－2“生涯平衡轮”。

10.6 训练活动

训练活动 10－1 角色饼图

由舒伯的生涯彩虹图，我们可以演化出角色饼图用作角色平衡的生涯工具。角色饼图利用个体在当前现实中的角色分配方案与未来期待的理想角色分配方案进行比较，帮助人们找出现实和理想之间的差距，思考对现实做出调整的办法，以此达到生活中各种角色间令个体满意的平衡状态。下面我们一起学习它的具体操作。

（1）当前和未来的对比，涉及到时间的范畴，因此在具体填写饼图之前，我们需要明确“当前”和“未来”这两个时间的具体区间。同学们可以根据自身解决的问题，首先确定两个时间的节点。在本次训练中，我们将“当前状态”设定为最近一周的情况，将“未来状态”设定为下个月所期待能够达到的理想情况。

（2）在确定了时间范畴之后，首先思考当前状态的角色饼图。请回顾自己在最近一周之内参与了哪些工作和活动，扮演了哪些生涯角色？例如，学习者、休闲者、学生干部、恋人、子女等等，将这些角色记录下来。

（3）思考你最近一周在以上角色中投入的时间和精力怎样？如果将一周时间作为完整的 100% 来衡量，你在不同角色间投入的比重分别是多少？请用百分比记录下来。

（4）绘制出你当前状态的角色饼图。按照不同角色分配的比例，划分饼图并在图形中填写所扮演的角色及分配比重，如下图 10－3 范例所示。

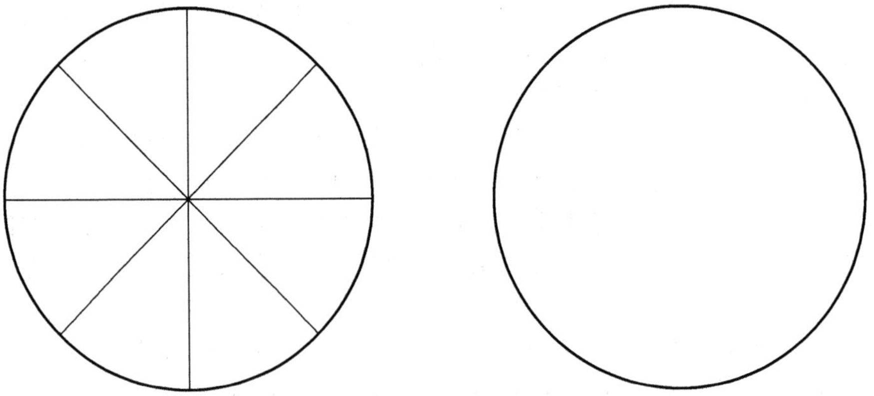

图 10－3

（5）展望你设定的未来理想时期，那时你是否需要增加或减少某些活动，以丰富或压缩当前的角色？记录未来角色的变化。

(6)思考未来你期待的所有角色将如何分配时间比重？即未来的角色间实现怎样的比重分配,才能够满足你内心的要求？

(7)绘制出你期待的未来状态角色饼图。按照不同角色分配比重进行划分,并标注出角色及所占百分比。如下图 10－4 范例所示。

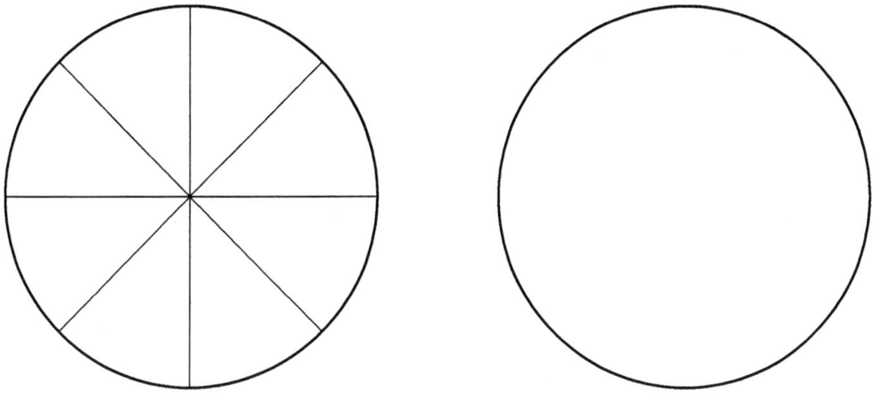

图 10－4

(8)比较两个饼图之间的差距,分析前后两个饼图间,每个角色的变化,尝试找到促成角色比重变化的具体措施或方法。

(9)按照第九章介绍的 SMART 原则,制订有效时间内的具体行动计划。

角色饼图能够完整地呈现人们期待未来的生涯状态,同时与当前状态形成清晰的对比,帮助人们更加快速地找到调整目标与方法。

训练活动 10－2　生涯平衡轮

生涯平衡轮基于舒伯生涯发展理论中角色平衡的理念。根据舒伯的生涯彩虹图可以看到,人的一生之所以丰富多彩正是因为人们在不同阶段拥有众多的角色,而人们存在很多的生涯困惑也源于个人对众多角色缺少把控和平衡,因此生涯平衡轮定格人们当前发展阶段,将生涯彩虹图中的各种角色归纳为学习进修、职业发展、人际交往、身心健康、休闲娱乐、财务管理、家庭生活、服务社会八个重要的生涯方向,并思考在某个特定时间段内的整体发展计划。

生涯平衡轮同样需要有明确的时间范畴,为了便于同学们的实际运用,我们在此将时间区间设定为一周,即以一周为单位,从八个生涯任务中规划生活重要事件。通过每周起始通盘的思考,填入促进成长发展的关键事件,再通过周末复盘总结,修正下周的行动目标,将生涯发展从脑海中的设想变为落地的行动。生涯平衡轮的制作,使得人们看到生活的全貌,而不会被当时某些局部的紧急状况所蒙蔽双眼。

下面让我们一起来学习生涯平衡轮的制作方法。

(1)首先在一张 A4 大小的白纸中心画出一个大大的圆形,并且将圆形从圆心平均分为八个部分。你需要保证划分好的八个部分有足够的空间,能在每个部分中填写 2～3 件事情。

(2)按照顺时针顺序,在八个部分靠近圆心的位置标注出每部分代表的内容,如“学习进修”、“职业发展”、“人际交往”等等。你也可以用自己能够理解的简易图形代表各部分的含义。这八个部分的内容具体说明如下：

①学习进修：你的专业课程学习情况。

②职业发展：你对将来毕业后的职业贮备情况。

③人际交往：闺蜜、挚友、男(女)朋友，以及在你生活中经常出现的人们，你与他们的相处情况如何。

④身心健康：为保障你的身体健康和心理健康，你的安排情况。

⑤休闲娱乐：在紧张学习、工作之外，单纯为了放松，使自己保持愉快心情的活动情况。

⑥财务管理：你的财务方面情况。

⑦家庭生活：你和父母以及其他重要家人的相处情况。

⑧服务社会：能够发挥你的价值，促进社会和谐，促进自我实现的事情。

最后绘制出的生涯平衡轮模板样式如图 10－5。

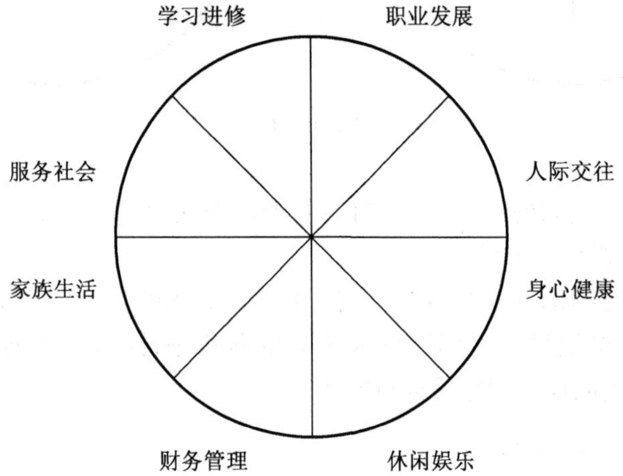

图 10－5　生涯平衡轮

(3)开始填写。假如这一周时间过去，当回想起一周的生活，让你觉得充实而又有收获，那是因为你在这周完成了哪些事情？请将这些你第一印象想到的事情按照八个不同的类别填写在生涯平衡轮当中。

其中，需要注意的是：

①你所想到的未来一周的事情，不是将会发生哪些事情，而是你自己做了哪些事情，因为我们无法控制也不可预期外在环境，我们需要的是把控好自己，通过自己的努力获得进步和幸福感。

②在每个类别填写的事情不要超过 3 件，因为一周时间有限，同时还需要平衡其他角色占用的时间。

③如果在某个方面你一时想不到需要完成哪些事情，那么宁可留下空白也不要随意填写，确保填写的都是让自己充满动力的事情。

(4)填写完成生涯平衡轮之后，请整体看一下未来一周你将要完成的事情都有哪些，根据自己以往的学习生活习惯，考虑一下完成这些事情需要花费的时间和精力怎样？是超出还是低于你的能力要求？如果过多超出你的能力范畴，请重新审核一遍填写的事件，看看哪些事情可以简化或适当延迟;如果远低于你的能力范畴,看看生涯平衡轮中的哪些事件最为重要,是否需要提高完成它的标准。

(5)将生涯平衡轮最终确定下来的事情按照日程安排填写到下面的日历当中。在安排日程的时候,请注意以下事项:

①先安排需要其他人员共同合作完成的事情,因为这样的事情人数较多,协调统一时间也较为困难,所以一旦确定下来就需要优先完成。

②在保证前面一条的基础上,首先完成容易被挤占而放弃的事情,然后再安排一定要去做的事情。因为计划就是为了促进我们完成平时不会去做的事情,那么我们需要优先安排重要但却容易被忽略的事情,而那些平常也会做的事情即便不做计划也一定会完成。最后的日程表模板样式如图。

<table>
<tr><td>周一</td><td>周二</td><td>周三</td><td>周四</td></tr>
<tr><td>例:上午 9 点完成高等数学第二章复习。</td><td></td><td></td><td></td></tr>
<tr><td>周五</td><td>周六</td><td>周日</td><td rowspan="2">备注:</td></tr>
<tr><td></td><td></td><td></td></tr>
</table>

图 10－6　生涯日程表

(6)完成日程表之后,你需要再整体检查一遍,看看有没有前后时间冲突的事情安排?有没有可以更加合理优化或合并的事项?是否留有空余机动时间?这份计划是否符合自己的一贯学习生活习惯?这份计划是否较大挑战了个人的能力从而造成自己较重的心理负担?对照以上问题进行排查和调整。

(7)在完成以上工作之后,最重要的就是用一周的时间将这份日程安排执行下去。每完成一件事情,在你的日程表对应的事情上画出“已完成”的标注。

(8)在一周结束之时,重新拿出本周的生涯平衡轮和日程表,进行复盘和评估。你可以将已经做完的事情用笔划去,以满足完成工作的成就感。对于没有完成的事情用特定颜色的彩笔划线标注,并且分析自己没有做到的原因有哪些?是时间安排不合理,还是超出自己的能力范畴,或是事情发展出现新的变动?总结分析的原因,避免下一周的计划出现类似的情况。

那么现在,就请你拿出一张白纸,根据前面介绍的方法,开始绘制你未来一周的生涯平衡轮和日程表吧,行动就从现在开始!

10.7 深度阅读

在本章和第一章都介绍了舒伯的生涯发展理论,我们将两章内容融合在一起,就构成舒伯完整的生涯发展理念,它以生涯彩虹图的形式具体描述。舒伯认为有意义的生涯发展,不仅仅是事业上的成功,它还包括由工作而产生或受工作影响的其他角色在个体完整人生中的依次充分展开和合理统筹安排。因此舒伯的生涯发展理论是不同人生阶段与不同角色间的交互影响所形成的复杂发展系统。任何复杂系统都存在一个最为恰当的平衡点,只有在平衡点附近时,系统间所有因素得到充分有效调动,才能实现最优效果的输出。作为生涯发展的系统,个人是系统的掌控者,个人的需求与价值观是设定系统平衡点的重要参数,因此,不同的个体意味着不同的生涯发展体系以及不同的系统平衡点。我们每个人在生涯发展的过程当中,就是要去尝试、探索,找到调动个人潜能的最优平衡点,这就是本章希望同学们学习到的理念。

在文章的训练活动10-2,我们介绍了生涯平衡轮的使用方法,通过它的绘制,人们合理安排某一时期内的各项任务,达到协调发展的目标。实际上,平衡轮的使用方法不仅限于日程安排。它也可以用于帮助人们平衡生活角色,增加幸福感,使人生的车轮顺利转动,具体方法如下。

(1)同训练活动10-2相似,将生涯平衡轮从圆心以车轮形状划分为几个区域,每个区域代表个体不同的生涯发展方向,大家可以参照前面列举的八个重要方向根据自身情况增加或删减。

(2)依次对划分的几个重要方向进行评分,评分的依据为个人当前对每个方向的付出、收获以及个人感受。

(3)将目光聚焦到未来,并给自己聚焦的未来设定一个明确的时间期限,设想在这个不久的将来,个人的生涯发展将达到令自己满意的状态,那么那时的每个重要方向都分别达到怎样的分数?给未来满意的状态评定一个分数。

(4)将每个重要方向的当前分数和未来分数进行比较,你发现都有哪些变化?未来实现每个区域的变化,你将分别采取什么样的措施?

(5)根据自己对未来设定的时间期限,将行动措施制订出中期目标和短期目标,并按照SMART原则,制订行动计划。

通过以上生涯平衡轮的运用,帮助人们清晰地找到不同角色间的平衡方式。在具体操作中,我们会发现,原本一直困扰自己的某些问题,也许我们原本对它的期待并不是很高,那么我们可以学会合理地面对和接纳,例如,某同学一直自卑于自己沉默内向的性格,但是通过对未来的畅想,发现自己满意的人际关系需求就是拥有三五个至交好友,那么当前于他而言就无需在倾羡他人的长袖善舞。在操作中我们也会发现某个自己长期忽略的角色获得很低的分数,这说明在你的生涯发展中存在缺腿部分,也许这正是生涯平衡轮无法快速转动的原因,那么我们就可以有针对性地对其修补。在操作中,我们还能够发现对提升生涯满意度至关重要的决定因素,往往我们关注的生命角色间都具有相互的关联,当我们找到那个提升它之后,其他角色满意度也会随之提升的关键因素,我们就找到了改善问题的关键点和突破口,通过它的改变,使整个生涯平衡轮得以更快速的旋转。

以上就是生涯平衡轮的第二种运用,同学们可以根据自身的需求,进一步拓展生涯工具的不同使用方法。通过生涯平衡轮等工具的使用,希望同学们能够具有这样一种意识:丰富多变的角色造就了丰富多彩的人生。我们都知道,工作狂的人生是单调的,因为他的生活中除了工作,放弃掉其他。但如果人生中只有休闲者的角色呢?失去了学习者、儿女、公民等其他角色的浓墨重彩,这样的人生同样是苍白的。

平衡是一种生涯成熟的表现。成为大学生之后,我们不再受到家长禁止谈恋爱的要求,不再受到老师严禁打游戏的管束,每天拥有充足的时间去自主安排听课、自习、恋爱、娱乐、工作等等,那么我们是如何掌控这份自由的呢?让我们开始尝试着担任学生工作的同时,也不会逃课挂科吧;让我们尝试着奔跑在学霸之路也不会脱离群体活动吧;让我们拥有美好爱情也能够掌控未来方向吧,毕竟,你的生涯发展黄金时期已经到来,错过它,你将错过一生。

10.8　课堂收获

1. 通过完整的生涯规划学习,你对生涯规划理念产生了哪些新的想法或认知?
2. 你怎样看待生涯中的“平衡”?你认为个人当前需要完善哪些方面的生涯平衡?

10.9　推荐阅读

1. 古典. 你的生命有什么可能[M]. 湖南:湖南文艺出版社,2014.
2. 金树人. 生涯咨询与辅导[M]. 北京:高等教育出版社,2007.

参考文献

[1] 古典. 生涯规划师[M]. 南京:江苏凤凰科学技术出版社,2016.
[2] 张林,布俊峰,石兆俊. 大学生职业生涯规划[M]. 成都:电子科技大学出版社,2017.
[3] 王兆明,顾坤华. 大学生职业指导教材　就业创业实务[M]. 修订版. 苏州:苏州大学出版社,2008.
[4] 刘玉升. 大学生职业生涯规划与就业指导[M]. 苏州:苏州大学出版社,2018.
[5] 唐德勇. 大学生职业生涯规划与就业指导[M]. 北京:中国纺织出版社,2018.
[6] 李金亮,杨芳,周欣. 大学生职业生涯规划[M]. 长沙:湖南教育出版社,2019.